Herbert Keller
Kleine Geschichte der Gartenkunst

Fachbibliothek Grün

Blackwell Fachwissen

Herbert Keller

Kleine Geschichte der Gartenkunst

2., neubearbeitete und erweiterte Auflage

Mit 103 Abbildungen, davon 20 auf teils farbigen Tafeln

Blackwell Wissenschafts-Verlag · Berlin 1994
Oxford · Edinburgh · Boston · London · Melbourne · Paris · Wien · Yokohama

Blackwell Wissenschafts-Verlag GmbH
Kurfürstendamm 57, D-10707 Berlin

Blackwell Science Ltd
Osney Mead, GB-Oxford OX2 0EL
25 John Street, GB-London WC1N 2BL
23 Ainslie Place, GB-Edinburgh EH3 6AJ

Arnette Blackwell SA
Librairie Diffusion Edition Abonnements
1, rue de Lille, F-75007 Paris

Blackwell Science, Inc.
238 Main Street, 5th Floor, USA-Cambridge, Massachusetts 02142

Blackwell MZV
Medizinische Zeitschriftenverlagsges. m. b. H., Feldgasse 13, A-1238 Wien

Blackwell Science Pty Ltd
54 University Street, AUS-Carlton, Victoria 3053

Blackwell Science Japan
290-2 Nase Totsuka, J-Yokohama

Die Ansichten und Pläne dieses Buches wurden vom Autor gezeichnet.

1. Auflage 1976
erschienen im Verlag Paul Parey, Berlin und Hamburg

Anschrift des Autors:
Prof. Dr. rer. hort. Herbert Keller
Natruper Straße 218 b
D-49090 Osnabrück

Die Deutsche Bibliothek – CIP-Einheitsaufnahme

Keller, Herbert:
 Kleine Geschichte der Gartenkunst / Herbert Keller. – 2., neubearb. und erw. Aufl. – Berlin ; Oxford [u.a.] : Blackwell-Wiss.-Verl., 1995
  (Blackwell-Fachwissen : Fachbibliothek Grün)
  ISBN 3-8263-3022-6

© 1994 Blackwell Wissenschafts-Verlag, Berlin.

ISBN 3-8263-3022-6 · Printed in Germany

Dieses Werk ist urheberrechtlich geschützt. Die dadurch begründeten Rechte, insbesondere die der Übersetzung, des Nachdrucks, des Vortrages, der Entnahme von Abbildungen und Tabellen, der Funksendung, der Mikroverfilmung oder der Vervielfältigung auf anderen Wegen und der Speicherung auf Datenverarbeitungsanlagen, bleiben, auch bei nur auszugsweiser Verwertung, vorbehalten. Eine Vervielfältigung dieses Werkes oder von Teilen dieses Werkes ist auch im Einzelfall nur in den Grenzen der gesetzlichen Bestimmungen des Urheberrechtsgesetzes der Bundesrepublik Deutschland vom 9. September 1965 in der Fassung vom 24. Juni 1985 zulässig. Sie ist grundsätzlich vergütungspflichtig. Zuwiderhandlungen unterliegen den Strafbestimmungen des Urheberrechtsgesetzes.

Einbandgestaltung: Rudolf Hübler, D-12683 Berlin, unter Verwendung eines Fotos von Sven John und einer Zeichnung des Autors
Herstellung: Schröders Agentur, D-14165 Berlin
Schrift: Korpus New Baskerville
Satz: Schröders Agentur, D-14165 Berlin (Ventura Publisher)
Lithographie: Christian Stefanescu, D-12203 Berlin, Bildtafeln: C. Schütte & C. Behling, D-12103 Berlin
Druck und Bindung: PDC - Paderborner Druck Centrum, D-33100 Paderborn
Gedruckt auf chlorfrei gebleichtem Papier

Meiner Frau Lore

Vorwort zur zweiten Auflage

Gegenüber der Situation in den siebziger Jahren, als die erste Auflage erschien, finden sich heute weit mehr Veröffentlichungen über die Geschichte der Gärten. Meist handelt es sich um Werke, die einzelne Zeit- und Stilepochen ausführlich behandeln (s.Literaturverzeichnis). Demgegenüber gibt es nur wenige Abhandlungen über eine Gesamtentwicklung von den ersten frühgeschichtlichen Anfängen bis in die jüngste Vergangenheit. Die »Kleine Geschichte der Gartenkunst« soll, den gesamten Zeitraum umfassend, über die Entstehung von Gärten und Parkanlagen im weitesten Sinne, über Stilelemente und Nutzungsformen berichten und informieren, wobei als Erweiterung Einflüsse aus dem Nahen und Fernen Osten aufgegriffen wurden. Sie sind in den Kapiteln über islamische und maurische Gärten sowie über chinesische und japanische Gartenkunst behandelt. Ihr zeitweiliges Einwirken auf Europa ist unverkennbar.

Die »Kleine Geschichte der Gartenkunst« beschränkt sich auf entscheidende Entwicklungsstufen und auf Zusammenhänge innerhalb der einzelnen Epochen. Von der detaillierten Darstellung vieler einzelner Gärten und der historischen Ereignisse, die sich um ihre Entstehung zahlreich herumranken, wurde im allgemeinen – bis auf bedeutende und charakteristische Geschehen – abgesehen.

Allen Stilepochen wurden nach ihrer Entstehung und Gewichtigkeit – zu welchem Zeitpunkt, unter welchen Umständen und in welchem Lande – eine entsprechende Breite und Ausführlichkeit gewidmet, wenn sich in ihnen eine entscheidende und richtungsweisende Phase abspielte. Dabei wurde versucht, politische, gesellschaftliche und geographische Zusammenhänge sowie auch andere eingreifende Kunstarten mit einzubeziehen. Zu diesem Zwecke finden sich am Ende ergänzend »Zeittafeln«, in denen als Anhalt wichtige politische, kultur- und kunstgeschichtliche Ereignisse aufgeführt sind; ferner eine Aufstellung der bekanntesten Garten- und Parkanlagen sowie der mit ihrer Entstehung verbundene Personenkreis (Bauherren, Architekten und Gartenarchitekten).

Die erforderliche textliche Begrenzung ließ eine Beschränkung auf das Herausragende der Entwicklungsabläufe geboten erscheinen, was der Übersichtlichkeit zugute kommt. Das Register und ein Verzeichnis der Fachausdrücke sollen darüber hinaus zur Überschaubarkeit und breiteren Information beitragen.

Alle Lagepläne wurden umgezeichnet. Soweit es möglich war und geboten erschien, wurden sie mit Maßstab, Himmelsrichtung und Höhenangaben versehen. Die vereinfachte Darstellung und die Ergänzung der technischen Angaben sollen den heutigen Sehgewohnheiten entgegenkommen und damit einen klareren Eindruck gegenüber historischen Abdrucken vermitteln, gleichzeitig aber auch Vergleiche nach Größe, Ausdehnung und Räumlichkeit ermöglichen. Das gleiche gilt für einen Teil der Abbildungen, bei denen durch zeichnerische Wiedergabe die Bildinhalte auf das Wesentliche reduziert und dadurch einprägsamer gemacht werden sollten.

In vergangenen Zeitepochen wurden bei fast immer gleichbleibenden Gestaltungsmitteln, wozu in der Hauptsache Pflanzen, Wasser, modellierter Boden und Terrassierungen zu zählen sind, die unterschiedlichsten, oft gegensätzlichen Stilelemente hervorgebracht. Im Gleichklang mit den geistigen und gesellschaftlichen Bedürfnissen ihrer Zeit wurden dabei Freiräume geschaffen, die vom naturlandschaftlichen Park bis zum architektonisch gegliederten Gartenraum alles nur an Gärten Denkbare einschließlich vieler Nebenvariationen umfaßten.

Diese aus alten Plänen, Abbildungen, Schilderungen und Funden erkennbaren Elemente, die alle formalen, gestalterischen und raumbildenden Mittel und Möglichkeiten widerspiegeln, wurden darzustellen versucht.

Die »Kleine Geschichte der Gartenkunst« soll in vertretbarer Kürze und in Übersichtlichkeit Grundinformationen liefern, die vor aller Spezialisierung auf Einzelobjekte oder -epochen angeeignet und vermittelt werden müssen.

Damit wendet sich das Buch zunächst an den Berufsnachwuchs, ferner im weiteren Sinne an alle mit der Gestaltung von Gärten und Grün Befaßten, wie überhaupt an Gartenkunst und Gartenkultur interessierten Fachleute und Laien.

Der Rückblick auf historische Gartenanlagen mag Anregungen und Maßstäbe setzen für das »Grün« in der gegenwärtigen Situation.

Der Verfasser dankt den Herren Klaus-Dieter Bendfeldt und Prof. Eberhard Fink für die farbigen Abbildungen. Sein Dank gilt ferner dem Verlag für verständnisvolles Eingehen auf Wünsche in der Gestaltung und Ausstattung des Buches.

Osnabrück, im Juli 1994   Dr. HERBERT KELLER

Inhalt

Einführung		*13*
1	*Das Reich der Pharaonen*	*15*
1.1	Geographische Gegebenheiten	15
1.2	Formelemente der Gartenanlagen	16
1.3	Pflanzweise und Pflanzenarten	19
1.4	Darstellung der Gärten	20
2	*Der alte Orient*	*21*
2.1	Das assyrische Erbe	22
2.2	Persische Baumparks	24
3	*Griechenland*	*25*
3.1	Die Frühzeit	25
3.2	Haine, Stadien und Gärten	26
3.3	Einflüsse aus dem Orient	27
4	*Das Römische Reich*	*28*
4.1	Die Villa als Landgut und Herrensitz	28
4.2	Der Garten am Stadthaus	28
4.3	Landsitze in späterer Zeit	31
4.4	Pflanzenauswahl und Gartenmotive	32
5	*Gärten bis zum ausgehenden Mittelalter*	*35*
5.1	Der Einfluß des Islam	35
5.2	Persische Vorbilder	36
5.3	Maurische Gärten	38
5.4	Die Zeit Karls des Großen und die Rolle der Klöster	41
5.5	Die Klerikerschriften	43
5.6	Gärten bei den Burgen	44
5.7	Gärten in den Städten	45
6	*Gärten der Renaissance in Italien*	*48*
6.1	Alberti und Bramante	48
6.2	Antike und neue Stilelemente	50
6.3	Die Gärten der Toskana	50
6.4	Gärten in und um Rom	55
7	*Die Renaissance in Frankreich*	*61*
7.1	Schlösser an der Loire	61
7.2	Das speziell Französische	63
7.3	Die Entwicklung zum »Kanalgarten«	65
7.4	Grottenanlagen	67
7.5	Der Weg zum Parterre	67

8	*England in der Renaissance*	*69*
8.1	Vorbilder aus Italien und Frankreich	69
8.2	Englische Eigenarten	69
8.3	Literarische Anleitung zur Gestaltung der Gärten	71
9	*Deutsche Renaissance-Gärten*	*73*
9.1	Mittelalterliches Erbe und italienische Einflüsse	73
9.2	Gärten des Bürgertums und Botanische Gärten	73
9.3	Einflüsse des Humanismus	75
9.4	Fürstliche Lustgärten	75
10	*Gartenkunst im Fernen Osten*	*78*
10.1	Gartenkunst in China	80
10.2	Gartenkunst in Japan	85
11	*Frankreich im Zeitalter Ludwigs XIV.*	*88*
11.1	Der Auftakt in Vaux-le-Vicomte	88
11.2	Andrè le Nótre	90
11.3	Das Gesamtkonzept von Versailles	92
11.4	Barocke Gliederung und Ausstattung am Beispiel Versailles	94
11.5	Formen des Parterres	95
11.6	Neue Elemente im barocken Gartensystem	97
12	*Die Ausbreitung des französischen Gartens in England und im deutschen Sprachraum*	*101*
12.1	Hannover-Herrenhausen	102
12.2	Kassel-Wilhelmshöhe	105
12.3	Schleißheim	107
12.4	Nymphenburg	108
12.5	Brühl	110
12.6	Schönbrunn	112
12.7	Belvedere	113
13	*Gärten in Holland*	*115*
13.1	Geographische Gegebenheiten	115
13.2	Heemstede und Het Loo	115
13.3	Gärten der Stadtbürger	116
14	*Barockgärten im übrigen Europa*	*118*
15	*Gärten des Spätbarock und Rokoko*	*120*
15.1	Dresdener Zwinger	120
15.2	Eremitage in Bayreuth	122
15.3	Potsdam-Sanssouci	125
15.4	Schwetzingen	126
15.5	Würzburg	127
15.6	Veitshöchheim	128
16	*Der Landschaftsgarten*	*131*
16.1	Allgemeine Tendenzen	131
16.2	Der Beitrag Englands	133
16.3	Lancelot Brown	136
16.4	Der Ausklang in England	138

17	*Der Landschaftsgarten in Deutschland*	*139*
17.1	Der Wörlitzer Park	139
17.2	C. C. L. Hirschfeld	143
17.3	Anlagen einer frühen Epoche	144
17.4	Friedrich Ludwig von Sckell	145
17.5	Fürst Pückler	153
17.6	Peter Joseph Lenné	155
17.7	Landesverschönerungskunst	157
17.8	Lennés Nachfolge	158
18	*Der Weg zu neuen Aufgaben*	*159*
18.1	Der Wandel in Frankreich	159
18.2	Der Ausklang in Deutschland – Das Ende des landschaftlichen Stils	160
18.3	Amerika als Vorbild in einer neuen Epoche der Grünplanung	162
18.4	Schrebergärten	164
18.5	Vom Kirchhof zum Friedhof	165
19	*Eine neue »Raumkunst im Freien«*	*167*
19.1	Die Entwicklung in England	167
19.2	Die Entwicklung in Deutschland	168
20	*Grün als öffentlicher Auftrag im 20. Jahrhundert*	*171*
	Erklärungen zu den Bildtafeln	*179*
	Literaturverzeichnis	*201*
	Verzeichnis der Fachausdrücke	*203*
	Zeittafeln	*207*
	Personen-, Länder- und Ortsverzeichnis	*235*
	Sachverzeichnis	*240*

Einführung

Europäische Gartengeschichte hat ihre Wurzeln in den frühen Kulturen des Mittelmeerraumes.

Als sich die geschichtliche Entwicklung von den Kulturländern, die dieses große Binnenmeer umschlossen, nach Norden verlagerte und damit die Geschichte und Kultur des heutigen Europa im frühen Mittelalter begann, blieben in allen Bereichen starke Bindungen zur Antike erhalten. Wenn auch dieses Erbe bei dem Drang zu eigener Aussage stark überdeckt wurde und das christliche Weltbild andere Lebensformen ausprägte, blieben doch genügend Kunstwerke als »handgreifliche« Beispiele erhalten, die immer wieder das Interesse an der Antike weckten.

Als nach wenigen Jahrhunderten die eigene Entwicklung mit der Weltoffenheit der Antike gleichgezogen hatte, begann die große Neuentdeckung mit der Renaissance. Nach Funden und schriftlichen Überlieferungen wurden bis ins kleinste Detail antike Gartenanlagen durchforscht und nachgeahmt. Allmählich trat damit die Differenziertheit der alten Welt und die Abfolge der verschiedenen Kulturen immer stärker ins Bewußtsein.

Wie auf allen geistigen und künstlerischen Gebieten ließ sich eine fortlaufende Linie auch bei der Entstehung und Weiterbildung von Garten- und Parkanlagen verfolgen, wobei in einzelnen Epochen und Ländern gemäß ihren geographischen, klimatischen und politischen Voraussetzungen besondere Eigenarten ausgebildet wurden.

So erscheint es unerläßlich, über diese »voreuropäischen« Zeiträume die für ein Verständnis der Zusammenhänge erforderlichen Hinweise zu geben.

Gärten und die spezielle Kunstfertigkeit ihrer Anlage waren in gewisser Weise immer ein Prozeß, der an friedliche Zeiten geknüpft war. Die Geschichte zeigt, daß sich nur in großen Phasen nach Kriegen oder in langen Friedenszeiten Gartenkultur entwickeln konnte. Diese Vorgänge sind durch einige grundlegende Voraussetzungen bedingt, die für die Entstehung von Gärten zu allen Zeiten gegeben sein mußten:

Eine gewisse Wohlhabenheit und das Bedürfnis nach Lebensinhalten über den Alltag hinaus waren eine der Triebfedern, um in Gärten als abgegrenzten Freiräumen Seltenes und meist über die Naturform hinaus Gezüchtetes anzupflanzen und zu sammeln.

Ferner brauchte es Zeit, um das Heranwachsen der Pflanzen zu erleben. Oft Jahre und Jahrzehnte. Nicht selten haben die Schöpfer von Parkanlagen den voll ausgewachsenen Endzustand von Baumgruppen und ihre Wirkung auf Raum und Proportionen nicht mehr sehen können, wie beispielsweise in den Epochen freier, landschaftlicher Gestaltung.

Ungeduldiger mit der Natur waren die Zeiten, in denen geometrische Stilformen bevorzugt wurden. Dann wurden die Pflanzen zu »Baumaterial«, und man wählte solche Arten, die durchgehend Sommer wie Winter möglichst gleichartig erschienen und die als Heckenkuben in verhältnismäßig kurzer Zeit die gewünschte Endform erreicht hatten. Individualität in Wuchsform, Laubart und Blüte stand in solchen Epochen nicht im Vordergrund. Bei aller Verwandtschaft zur Architektur und zum Hochbau ist der Entstehungsprozeß eines Gartens nicht allein in die künstlerische Absicht und die Handfertigkeit des Menschen gelegt. Hier müssen Jahreszeiten und Vegetationsepochen beachtet und Wachstumsfristen eingeräumt werden. Heranwachsen und eine ständige, äußerliche Veränderung sind das Wesen eines Gartens. Der optimale Zustand wird immer erst nach einem gewissen Zeitablauf erreicht, im Unterschied zu einem Gebäude, das den Glanzpunkt seiner Erscheinung im Moment der Fertigstellung zeigt, die sich annähernd genau festlegen läßt.

Bei so vielem Unwägbarem, dem Zufall der Witterung oder unterschiedlichen Bodenarten ausgesetzt und der sich laufend ändernden Pflanzenerscheinung anheimgegeben, sieht und sah sich der Gartenarchitekt immer als Künstler und Gärtner zugleich.

Je abstrakter in einzelnen Epochen mit den gärtnerischen Mitteln Pflanze und Boden umgegangen oder sie durch Elemente der Architektur ersetzt wurden, desto stärker kam jeweils Gartenkunst als ein Zweig der Baukunst zum Ausdruck.

1 Das Reich der Pharaonen

An der Gartenentwicklung im Mittelmeerraum hatten die alten Kulturen der Stromoasen am Nil, Euphrat und Tigris erheblichen Anteil. Das Wirkungsfeld dehnte sich in späteren Jahrhunderten auf Gesamteuropa aus; denn die Entwicklung im antiken Griechenland und im Römischen Reich setzte sich bis ins Mittelalter und darüber hinaus fort.

So wurden unter anderem Einzelerscheinungen aus antiken Epochen beispielsweise in der Renaissance wieder aufgegriffen und erfuhren dabei eine ihrer Zeit entsprechende Neugestaltung. Das traf auf Form und Inhalt der Gärten zu, auf gestalterische Elemente und auf die Verwendung gewisser Pflanzenarten.

1.1 Geographische Gegebenheiten

Die Vorgänge im alten Ägypten wurden durch eine extrem geographische Situation bestimmt. Das verhältnismäßig schmale, aber unendlich lang erscheinende Niltal bildete den eigentlichen Lebensraum des ägyptischen Volkes *(Abb. 1)*.

Bei *Abu Simbel*, fast 1400 km von der Mündung entfernt, betrat der Fluß das Reich der Pharaonen. Etwa 150 km südlich der Mittelmeerküste lag die alte Hauptstadt *Memphis*, von wo aus durch Gabelung in sieben Arme das Nildelta gebildet wurde. Das Deltagebiet umfaßte das alte *Unter*-Ägypten, für das als Wappenpflanze die charakteristische Papyrusstaude galt. Vom Delta aus stromaufwärts nach Süden erstreckte sich als schmaler Fruchtlandstreifen entlang der Nilufer *Ober*-Ägypten mit dem Sumpfgras, der Binse, im Wappen.

Das über 1200 km lange Flußband war eingegrenzt von flachwelligen Wüstengebieten im Wechsel mit felsigen Steilufern. Alljährlich erfolgte von Juli bis Oktober eine Überflutung der Nilebene, hervorgerufen durch die Schneeschmelze in den Abessinischen Bergen. Die Überschwemmungen waren von starken Niederschlägen begleitet und brachten fruchtbaren Schlamm aus Innerafrika, der sich auf den Ländereien absetzte.

Dieser regelmäßig ablaufende Naturvorgang bildete die Grundlage für Wirtschaft und Kultur im alten Ägypten. Jedesmal waren von neuem nach den Überschwemmungen Feldvermessungen und Instandsetzungsarbeiten des Kanal- und Bewässerungssystems erforderlich. Zur Bewältigung dieser umfangreichen Aufgaben waren mächtige Verwaltungsorgane entstanden, die einen großen Beamtenstab nach sich zogen.

Einen beachtlichen Einfluß auf die kulturelle Entwicklung hatte die durch die geographischen Eigentümlichkeiten gegebene Isolierung. Es bestanden natürliche Barrieren im Westen durch die Libysche Wüste, im Osten durch die Arabische Wüste, im Norden durch das Nildelta und im Süden durch die Katarakte.

16 Das Reich der Pharaonen

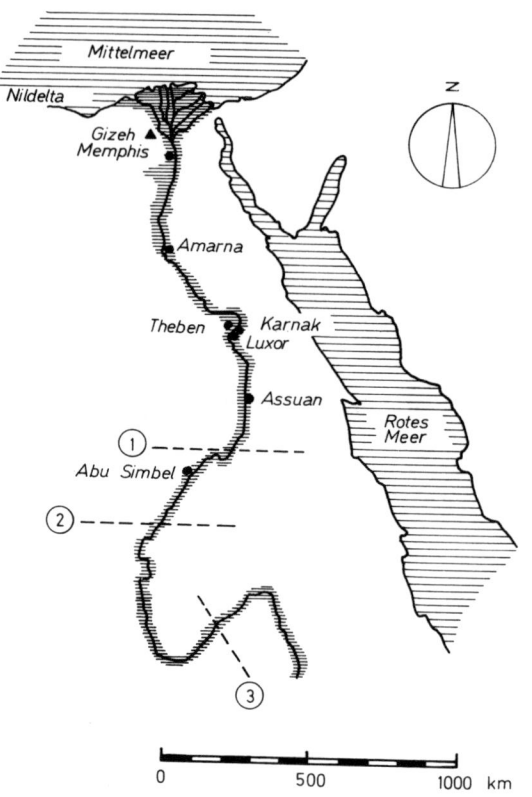

Abb. 1 Ägypten in altorientalischer Zeit
Gestrichelte Fläche = Kulturland am Nil
① Südgrenze des Alten Reiches
   (2650–2263 v. Chr.)
② Südgrenze des Mittleren Reiches
   (2052–1670 v. Chr.)
③ Südgrenze des Neuen Reiches
   (1580–1085 v. Chr.)

1.2 Formelemente der Gartenanlagen

Unsere Kenntnis von Gartenanlagen in Ägypten beruht auf verschiedenartigen Quellen:
1. Abbildungen und Darstellungen in den Gräbern.
2. Literarische Werke und schriftliche Berichte in den Gräbern.
3. Grabungsfunde von Gartenanlagen.

Diese Aufstellung deutet schon an, daß Totenkult und Grabkunst eine große Rolle spielten. Die Ägypter waren beherrscht von der Vorstellung der Fortexistenz mit allen irdischen Bedürfnissen.

Zu den Beigaben aus allen Lebensbereichen gehörten auch Gartenmotive, weil Gärten zum mindesten für die führenden Schichten im Lebenslauf nicht wegzudenken waren. Man konnte den Verstorbenen aber einen Garten ins Grab nur mitgeben, indem man ihn in eine Darstellung mit beschreibenden Texten übertrug.

Schon die Wappensymbole, Papyrusstaude und Binse, für Unter- und Oberägypten zeigen die Bedeutung der Pflanze in diesem Lande, das nicht nur ein klassisches Ackerbauland war, sondern mit Hilfe einer ausgeklügelten Bewässerungstechnik geradezu landwirtschaftliche und gartenbauliche Intensivwirtschaft betrieb.

Abb. 2 Ägyptische Darstellung von Gartenarbeiten
Sklaven bearbeiten und bewässern ein Gemüsebeet. Die Zeichnung gibt ohne bildhaften Zusammenhang verschiedene Informationen. Die Figuren in Seitenansicht stehen und hocken auf der Oberkante des in Aufsicht dargestellten Gemüsebeetes. Am oberen Bildrand sind Gartengeräte und -werkzeuge aufgereiht. Zwischen rechter Figur und Palme zwei Bündel mit geernteten Gemüsepflanzen; sie sind vergrößert dargestellt.

Kein Wunder, daß bei Gartendarstellungen meist Nutzpflanzen (Weinlauben, Feigen-, Granatapfelbäume und Gemüsearten) zu sehen sind einschließlich der Darstellung von Pflegegeräten (Messer aller Art, Klammern zum Anheften, Sicheln) und Pflegearbeiten, wobei Bewässerungsmethoden am häufigsten gezeigt werden *(Abb. 2)*.

Den Gartenplänen und bildhaften Wiedergaben entnehmen wir eine Reihe von immer wiederkehrenden Elementen und Motiven, die als charakteristisch bezeichnet werden können:
1. Rechteckige bis quadratische Gesamtform der nach außen abgegrenzten Gärten.
2. Reihenpflanzungen von gleichartigen Baum- und Straucharten bzw. zwei Arten innerhalb einer Reihe wechselnd. Raumbildung durch höhere Baumarten an der Peripherie.
3. Eingangstore und Gartenlauben als architektonische Elemente.
4. Axiale Ausrichtung auf das Gebäude innerhalb größerer Gärten mit entsprechend hervorgehobener Zuwegung.
5. Zentrales Wasserbecken oder mehrere kleinere Becken in regelmäßiger Verteilung. Die Entfernung vom Becken aus zu den Beeten ist wegen der Bewässerung für die Lage innerhalb des Gartens entscheidend.
   Neben einer rechteckigen Form für das Wasserbecken findet sich häufig eine »T«-Form, wobei sich der senkrechte Balken als Zuflußgraben anbietet.
   In jedem Fall wird eine geometrische Form verwendet, und es treten keine geschwungenen oder gerundeten Linien bei den Becken wie auch bei den Gräben auf.
   Oft führen Treppen zum Graben oder zum Wasserbecken herab. Es könnte ein Zeichen dafür sein, daß die Beckensohle bzw. der Wasserspiegel unter dem Geländeniveau lagen oder daß die Treppe zu dem allmählich absinkenden Wasserspiegel hinunterführte. Der tiefste Wasserstand ist kurz vor der Auffüllung durch die Nilschwemme anzunehmen.
6. Die Gärten befinden sich generell meist in ebener Lage, ausgenommen die Abstufungen zum Abflußgraben oder Wasserbecken. Aus der Topographie

18 Das Reich der Pharaonen

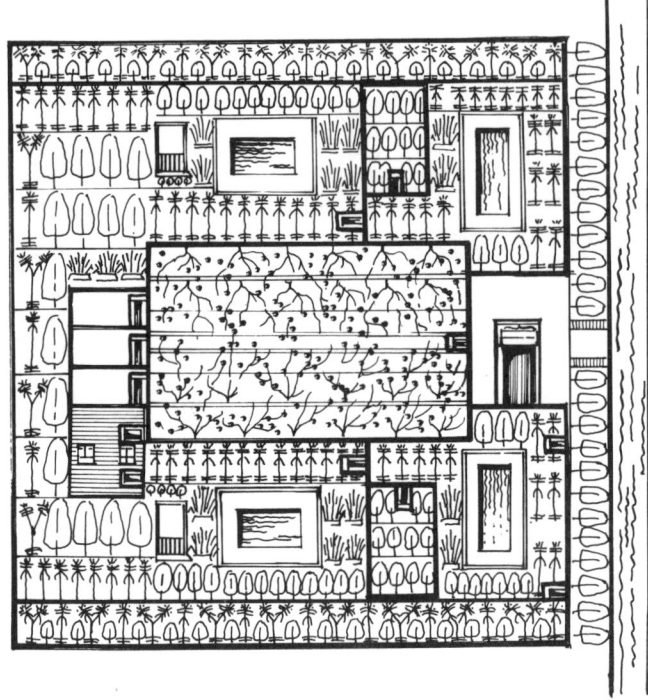

Abb. 3 Grundriß eines Gartens in Theben aus der Zeit Amenophis III. (1389–1361 v. Chr.) mit zurückliegendem Wohngebäude
Vom Kanal aus erreicht man das übertrieben groß dargestellte Eingangstor über Treppen, die die Böschung hinaufführen. Auf dem Wege zum Haus durchschreitet der Besucher einen in der Mitte gelegenen Weingarten. Das Grundstück ist fast quadratisch, von einer Mauer eingegrenzt und vollkommen symmetrisch aufgeteilt. Die Regelmäßigkeit der Gartenanlage wird noch durch die Anordnung und Gliederung der Teilräume, die durch kleine Mauern voneinander getrennt sind, unterstrichen. Ebenso liegen Wasserbecken und Pflanzenreihen symmetrisch in der rechten und linken Hälfte des Gartens. Die verschiedenen Pflanzenarten werden durch unterschiedliche Darstellung erkennbar. Entsprechend der ägyptischen Darstellungsweise werden einige Bildinhalte im Grundriß gezeigt (Mauern, Wasserbecken, Kanal), andere in der Ansicht, indem sie in die Grundfläche umgeklappt erscheinen (Pflanzen, Gebäude, Tore).

heraus ergeben sich keine Hanglagen, die eine Terrassierung erforderlich machten *(Abb. 3)*.

Die Gärten im alten Ägypten unterlagen einem geometrischen Ordnungsprinzip. Ihr Duktus war klar und kubisch nach demselben Prinzip wie die Architektur und Bildhauerei in diesem Lande. Der Pflegeaufwand war erheblich und meist nur mit einer großen Zahl von Arbeitskräften zu bewerkstelligen.

Funde und Berichte weisen auf Gärten bei Tempeln hin, ferner bei Palästen der Könige, bei Landhäusern von hohen Beamten, Offizieren und Priestern. Immer war eine Ähnlichkeit von Gebäudegrundriß und Gartengrundriß unverkennbar. Vermutlich lagen die Bauten am Rande des Fruchtlandes etwas erhöht, die Gärten dagegen tiefer, um an die Bewässerung Anschluß zu halten. Teilweise wurde für die Anlage der Gärten fruchtbarer Nilschlamm herantransportiert und auf den Sandboden außerhalb der bewirtschafteten Ländereien aufgetragen.

In *El-Amarna*, der kurzlebigen Residenz *Amenophis IV.*, wurden Gärten anhand der Humusauflage entdeckt und ihre Größe mit 100 bis 120 qm festgestellt. Andere Funde bzw. Angaben nennen Gärten mit 500, 800, ja sogar 2000 bis 3000 qm. Demnach scheint die Größe der Gärten je nach den Gegebenheiten recht unterschiedlich gewesen zu sein, aber die Gewinnung eines geeigneten Terrains und die Möglichkeit der Bewässerung beeinflußten immer Größe und Ausdehnung der Gartenanlagen. Auf jeden Fall trifft der Begriff »Garten« als überschaubarer, abgegrenzter Bereich zu, und man kann bei den Ägyptern nicht von Parkanlagen im allgemein gebräuchlichen Sinn reden.

1.3 Pflanzweise und Pflanzenarten

Die extremen klimatischen und geographischen Gegebenheiten verhinderten eine allzu große Vielfalt der Pflanzenarten. Immer sind es die gleichen, vergleichsweise wenigen Baum- und Palmenarten, die man wegen ihrer schattenden Eigenschaften oder wegen anderer Vorzüge pflanzte. Der Schatten hoher Bäume war gesucht in diesem heißen Land, und alte Baumsymbole weisen auf eine frühe, kultische Verehrung von Bäumen hin. So befinden sich bei Tempeln auch immer Baumhaine in Verbindung mit Tempelgärten.

Zur Pflanzung von Bäumen wurden bei felsigem Untergrund Gruben ausgehoben, wie es beim Totentempel der Königin *Hatschepsut* geschah, die ab 1490 v. Chr. regierte. Die Baumgruben wurden mit fruchtbarer Erde gefüllt und einem Bewässerungsnetz angeschlossen *(Abb. 4)*.

Abb. 4 Reste des Tempels von Deir-el-Bahri (Totentempel der Königin Hatschepsut um 1480 v. Chr.) Drei breite Terrassen mit Säulenhallen, gegeneinander abgestuft und durch Rampen verbunden. Auf den einzelnen Terrassen standen Baumreihen. Für die Pflanzung wurden Gruben aus dem felsigen Untergrund ausgehoben und mit fruchtbarem Nilschlamm gefüllt. Die Baumgruben waren durch Gräben miteinander verbunden und konnten so ständig bewässert werden.

Hatschepsut rüstete auch eine Expedition nach dem Land *Punt* weit im Süden (vermutlich Somaliland) aus. Von dort brachte man zahlreiche Pflanzen, wie unter anderem Weihrauchbäume, mit. Weitere Expeditionen haben auch in späteren Zeiten zur Bereicherung der Pflanzenwelt in den ägyptischen Gärten beigetragen.

Folgende Pflanzenarten finden sich auf Abbildungen und in Beschreibungen häufig wieder:

Baumarten:
- Dattelpalme — Phoenix dactylifera
- Dumpalme — Hyphaene Thebaica
- Feigenbaum — Ficus carica
- Granatapfelbaum — Punica granatum
- Maulbeerfeige (Sykomore) — Ficus sycomorus
- Akazie — Robinia pseudacacia
- Tamariske — Tamarix

Am Uferrand und im Wasser:
- Papyrusstaude — Cyporus papyrus
- Lotosblume — Nymphaea lotus

Gartenblumen, die man in den Totenkränzen der Mumien feststellte:
- Klatschmohn — Papaver rhoeas
- Kornblume — Centaurea
- Malve (Siegmarswurz) — Malva alcea
- Saflor (Zierdiestel) — Carthamus tinctorius

Dazu eine reiche Skala von Heil- und Gewürzpflanzen sowie viele Gemüsearten.

1.4 Darstellung der Gärten

Die Darstellung der Gärten geschah in Ägypten in ganz besonderer Weise. Ob Lageplan, also Aufsicht, oder bildliche Darstellung in der Ansicht, es wurde alles flächig gesehen und ohne Berücksichtigung von Perspektive mit der charakteristischen Ansicht ins Bild gestellt.

Sehr plastisch läßt sich das bei der Darstellung von Menschen erkennen, die wechselnd vom Kopf bis zu den Füßen im Profil oder von vorn, je nachdem, wie es sich flächig am besten wiedergeben ließ, gezeichnet wurden. In den Lageplänen erscheinen Bäume flach umgeklappt, so daß man ihre Größe und Wuchseigenart erkennen kann. Maßstäblichkeit in unserem Sinne spielte dabei keine Rolle. Das Wichtigste wurde am größten dargestellt, denn es handelte sich nicht allein um eine bildhafte Wiedergabe von Geschehnissen, sondern die Darstellungen hatten immer einen dokumentarischen Inhalt, wobei bestimmte Angaben (Mengen-, Größen- und Zahlenverhältnisse) mitgeteilt und gleichzeitig darüber qualitative Aussagen gemacht wurden.

2   Der alte Orient

Die Entwicklung im vorderen Orient hat sich in der Antike infolge der vielen Beziehungen zu Kleinasien von *Griechenland* aus auf den östlichen Mittelmeerraum ausgewirkt. Durch Kriege und Bündnisse mit den Persern, vor allem durch das Wirken *Alexander des Großen*, wurde die Verbindung zum *Persischen Großreich* und seinem vielfältigen kulturellen Erbe hergestellt.

Jahrhunderte später im Mittelalter wurden im Verlauf der *Kreuzzüge* die alten Kulturen Vorderasiens an Ort und Stelle entdeckt. Erfahrungen, Bräuche und persönliche Eindrücke im Orient, auch Einzelgegenstände von dort, wurden nach Mitteleuropa heimgebracht und fanden Verbreitung. So kommt es zur unmittelbaren Einwirkung in der Zeit der Kloster- und Burggärten im Abendland.

In Vorderasien liegen die greifbaren Zeugnisse einer Gartenkultur wesentlich später als in Ägypten und sind als Funde spärlich zu verzeichnen. Die Gartenentwicklung verlief anders als am Nil. Es entstanden bedeutende Städte als Residenzen von Königen und Stadtkulturen (Assur, Ninive, Babylon). In ihnen hat es nach den alten Berichten Gärten mit interessanten Konstruktionen und Einrichtungen gegeben, aber einschneidende Ereignisse, wie Überschwemmungen, Zerstörungen und die wenig stabile Ziegelbauweise, haben kaum etwas von den alten Bauwerken beispielsweise des alten *assyrischen* und *babylonischen* Reiches übrig gelassen.

Die beiden Flüsse *Euphrat* und *Tigris* verbanden das *armenische* Hochland, ihr Quellgebiet, mit dem *Persischen Golf*, der sich in der Frühgeschichte noch etwa 150 km tiefer ins Land vorschob. *Mesopotamien*, das »Zwischenstromland«, erhielt seinen Namen durch diese Flüsse, die es begrenzten und ihm Fruchtbarkeit gaben. Im Gegenteil zum Nil wurden Euphrat und Tigris bei der alljährlichen Überschwemmung zu reißenden Strömen. Sie überzogen das Land mit Schlamm und Geröll. Die Fluten kamen im Mai und gingen nach ein paar Wochen wieder zurück. Im Juli schon war das Land wieder wie ausgedörrt. Deshalb wurden große Staubecken angelegt und ein differenziertes Bewässerungssystem, häufig in terrassierten Lagen, ausgebaut.

In der ältesten Heldendichtung des Zweistromlandes, dem *Gilgamesch-Epos*, werden die Zedernberge des Nordens gerühmt. Es handelte sich hier um natürliche Wälder, nicht um regelmäßig aufgepflanzte und eingefriedete Waldungen, wie die späteren Jagdparks. Immerhin wurden sie durch ausgebaute Wege erschlossen, und für ihren Fortbestand waren Waldpfleger eingesetzt. Die angrenzenden Gebirge waren alte Waldgebiete, und so ist die vielseitige Nutzung der Bäume (Früchte, Holz, Bast, Blätter als Nahrung und Baumaterial) und der begehrte Schattenschutz seit der Frühzeit lebenswichtig und wurde als Segen empfunden. Das verschaffte den wichtigsten Baumarten eine Sonderstellung und nahm schließlich Formen sakraler Verehrung an.

2.1 Das assyrische Erbe

Bei den assyrischen Königen finden wir bewaldete Jagdgebiete mit parkähnlichen Anlagen und Baumpflanzungen. Ein ausführlicher Bericht besteht aus der Zeit um 1100 v. Chr. von *Tiglatpilesar I.*, der in erfolgreichen Kriegszügen dem assyrischen Reich zur Großmachtstellung verhalf. Kämpfe führten ihn bis zum Schwarzen Meer. Er legte in *Assur* am Oberlauf des Tigris einen ausgedehnten Park an, wo er zahlreiche Gewächse aus fremden Gebieten zusammentrug und aufpflanzte. Auch Wildtiere führte er ein und ließ sie im Parkgelände hegen, das den Charakter eines Jagdparkes wie die meisten in damaliger Zeit hatte. Dort wurden auch große Teiche als Wasserreservoire und vor allem zur Fischzucht aufgestaut. Bis 800 v. Chr. finden sich nur vereinzelt symbolhafte Baumdarstellungen, ganz ornamental und wenig naturalistisch wiedergegeben. Erst in der folgenden Zeit entstehen Abbildungen mit Landschaftshintergründen wie in den Palästen *Sargons II.* und seines Sohnes *Sanherib* in der Nähe von *Ninive* am Oberlauf des Tigris.

Die Schönheit der Parkanlagen wurde gerne und wiederholt mit dem *Amanus*-Gebirge im *Hethiterland* verglichen, das sich weit entfernt im Nordwesten zum Schwarzen Meer hin erstreckte. Scheinbar hatte es auch die Vegetation dort ihnen angetan, denn nach Berichten pflanzte man alles, von den vielen Baumarten bis zu den zahlreichen Waldkräutern, was im Hethiterland wild heranwuchs.

Sanherib berichtete auch von Wasserleitungen, deren geschicktes Verteilungssystem das Gedeihen der Pflanzen sicherstellte. Als er das tempelartige »*Festhaus*« des Gottes *Assur* auf einem Felsplateau errichten ließ, wurden im Innenhof und

Abb. 5 Assyrischer Tempel und Terrassengarten
Eine Zeichnung aus *Sanheribs* Zeiten zeigt einen Tempel auf einem bepflanzten Hügel, zu dem eine Mauer auf Stützbögen hinführt. Die Mauer ist bepflanzt und trägt einen Bewässerungsgraben, der am Hügel seitlich herabgeführt ist und sich mehrfach verzweigt. Diese sehr vereinfachte Darstellung gibt einen Begriff von aufgestelzten Pflanzflächen (Terrassengärten, hängende Gärten) und von den ausgeklügelten Bewässerungssystemen.

Abb. 6 Gartenszene am assyrischen Königshof
Assurbanipal (669–630 v. Chr.) speist mit seiner Gattin im Garten, umgeben von Speisen herantragenden, Fächer wedelnden und musizierenden Dienern.

außerhalb vor dem Gebäude, in mehreren Reihen dicht nebeneinander, kreisrunde Baumgruben ausgehoben und durch einen gemauerten Bewässerungsgraben miteinander verbunden. Dadurch konnte das Bauwerk vermutlich dicht eingegrünt werden und bot schattige Außenräume.

Paläste und auch Tempel der *Assyrer* lagen stets auf Hügeln erhöht, die reihenweise mit Bäumen bepflanzt wurden *(Abb. 5)*.

Diese Parkanlagen waren für ihre königlichen Besitzer nicht nur eine Nebenerscheinung, denn nach der Überlieferung griffen sie persönlich bei der Anlage ein und ließen über Entstehung, Ausstattung und Bepflanzung ausführliche Berichte verfassen. Sie errichteten Paläste als Residenzen, zu deren Vollständigkeit Parks gehörten, um mit ihnen Macht zu repräsentieren, gleichzeitig aber auch, um einen ihrer Stellung und ihren Ansprüchen entsprechenden Aufenthaltsort zu besitzen und genießen zu können.

Das kommt besonders sprechend auf einer Reliefdarstellung zum Ausdruck, wo *Assurbanipal* bei Musik und zahlreicher Dienerschaft mit seiner Gattin im Freien speist. Vielleicht galt diese Gartenszene sogar einem besonderen Anlaß und zeigte eher einen makabren Siegesschmaus, denn das geköpfte Haupt seines eben überwundenen Gegners sieht man ein paar Meter entfernt von einem Baum herabhängen *(Abb. 6)*.

Berühmte und bestaunte Gärten ließ *Nebukadnezar II.* in *Babylon* anlegen. Sie wurden als »*hängende Gärten*« bekannt, obwohl es eigentlich eher stufenartig übereinander in die Höhe gestaffelte Gartenterrassen waren. Sie bauten sich auf einer viereckigen Grundfläche von 480 Meter Seitenlänge auf. Die nach oben zurückspringenden Terrassen wurden von Backsteinpfeilern mit dazwischen gespannten Bögen getragen. Die Pfeiler waren zum Teil hohl und bis unten mit Erde gefüllt, so daß sie mit Bäumen bepflanzt werden konnten. Die Terrassendecken dieser selbsttragenden Konstruktionen bestanden aus verschiedenen, übereinandergelegten Schichten: Schilf mit Asphalt verkittet, doppelte mit Mörtel verbundene Ziegelschichten und Bleiplatten.

Durch diese Bauweise wurden die Terrassen wasserdicht, denn im Inneren lagen repräsentative Räume, die durch die Bewässerungsanlagen auf dem Terrassendach nicht gefährdet werden durften. Infolge der Wasserversorgung konnte dort eine üppige Bepflanzung gedeihen.

Man verwendete folgende Baumarten: Akazien, Birken, Eßkastanien, Lärchen, Mimosen, Palmen, Pappeln, Pinien, Zedern und Zypressen. Außerdem wurde der Anbau von Wein von altersher erwähnt, und Weinreben waren häufig auf den Reliefs gut erkennbar dargestellt.

2.2 Persische Baumparks

Meder und *Perser* waren die Erben der assyrischen und babylonischen Kultur. Sie übernahmen den Baumkultus, und wie bei den Assyrern galt ihnen als Symbol eines ewigen Lebens ein hoher Baum, unter dem eine Quelle entsprang.

Die Parks bestanden aus sorgfältig ausgerichteten Baumreihen. Fachgerechtes Pflanzen wurde bereits der Jugend beigebracht. Großgewachsene Baumhaine waren der Stolz ihrer Besitzer, und sie wurden besonders geschützt. Achtloses Fällen von Bäumen galt als Staatsverbrechen. Bei kriegerischen Auseinandersetzungen kam es gelegentlich zum Abhacken von Baumbeständen, womit der Gegner empfindlich gedemütigt wurde. Auch Feste und Staatsakte wurden im Schatten von Bäumen gerne abgehalten, und der Aufenthalt im Freien unter Baumkronen wurde bei Empfängen der Begegnung in geschlossenen Räumen vorgezogen.

Xenophon berichtet, daß man Gartenanlagen als »Paradies« (griechisch »paradeisos«) bezeichnete, um damit die große Wertschätzung für Gärten zu betonen, die man empfand. Besondere Bedeutung gewannen schließlich in späterer Zeit Baumhaine bei Grabanlagen. Sie waren häufig mit einer Mauer als Abgrenzung versehen und haben sich in dieser Form bis ins Mittelalter erhalten.

3 Griechenland

3.1 Die Frühzeit

In der Frühzeit Griechenlands bestanden zwei unterschiedliche Kulturkreise zeitweilig nebeneinander und in gegenseitiger Abhängigkeit: die *minoische* und die *mykenische* Epoche.

Auf der Insel Kreta lebte seit frühester Zeit ein friedfertiges Volk, das auf den sagenhaften König *Minos* zurückging und durch Jahrhunderte ohne nennenswerte, kriegerische Ereignisse regiert wurde. Durch das Meer vor Überfällen geschützt, konnte man auf Befestigungsanlagen verzichten, und so entstanden ausgedehnte, in die Landschaft gebettete Paläste wie *Knossos*, die sich in mehreren Stockwerken und Terrassen an den Hang schmiegten. In ihrer Umgebung lassen sich Gärten vermuten. Im Palastinneren sind deutlich Blumen- und Pflanzenmotive als Wanddekorationen der Innenräume erhalten.

Es herrschte ein anspruchsvolles und luxuriöses Leben, das vor allem auch ein reger Überseehandel ermöglichte. Die Hochblüte dieser Kultur hielt etwa von 2800 bis 1400 v. Chr. an. Um 2000 v. Chr. setzte eine Wanderung indo-europäischer Stämme aus Mitteleuropa und dem Uralgebiet ein und führte von Norden her zur Einwanderung ionischer und achaischer Volksgruppen.

Diese Stämme setzten sich in Griechenland und auf dem Peloponnes fest, unterwarfen die Urbevölkerung und drangen allmählich weiter vor über die Inseln im Ägäischen Meer und über Kreta bis an die kleinasiatische Küste.

Die *Achäer* bauten auf dem Peloponnes wehrhafte, enge Burgen, wie sie als Ruinen heute noch in *Mykene* und *Tiryns* zu sehen sind als eine in Architektur übertragene Bestätigung der kriegerischen Haltung ihrer Bewohner. Dort scheint im engeren Burgbereich kein Raum für Gärten gewesen zu sein. Dieser monumental-rustikalen Bauweise standen die eleganten Paläste auf Kreta gegenüber. Indem die *Achäer* dorthin vordrangen, ließen sie kretische Künstler für sich arbeiten, und so entwickelte sich die kretisch-mykenische Kultur, die ihren Höhepunkt zwischen 1600 bis 1200 v. Chr. erlebte. Um 1000 v. Chr. wurden mit dem letzten Eindringen der *Dorier* diese Kulturen äußerlich beendet.

Aus der vordorischen Zeit der Achäer berichten neben den alten Bauresten auch die Dichtungen *Homers*. Seine Epen geben neben dem Hauptgeschehen der Kämpfe um Troja und den Irrfahrten des *Odysseus* breite und ausführliche Beschreibungen von Gärten der griechischen Frühzeit. Danach haben die damaligen Königspaläste große Repräsentationsräume besessen. Ein weiter Vorhof, überschattet von Oliven- und Feigenbäumen, führte in das Innere. Hier spielte sich das Leben ab. Die Gartenanlagen waren reine Nutzgärten, Baumgärten mit Äpfeln, Birnen, Feigen und Oliven, daneben Weingärten und Gemüsegärten. So ergab sich eine Dreiteilung der Gartenanlagen, die im übrigen der Aufsicht der Hausherrin unterstanden.

Die Gärten waren von Hecken oder Mauern umgeben und offenbar wegen der Bewässerung gern an Hängen angelegt. Die ständige Fruchtfolge der Gewächse sorgte laufend für Abwechslung der Tafel des Hauses. Bei dem günstigen Klima gab es außerhalb der Gärten in der freien Landschaft genügend blühende Pflanzen zum Bekränzen und Ausschmücken.

3.2 Haine, Stadien und Gärten

Homer schildert auch *Baumhaine* als Verehrungsstätten von alten Helden oder Städtegründern und als Orte der Götterverehrung mit Tempeln und Altären. Die Altäre lagen immer allein unter einem hohen Baum oder inmitten eines Haines im kühlen Schatten möglichst bei einer sprudelnden Quelle. Die Haine waren meist an bevorzugter Stelle außerhalb der Siedlungen angelegt, und in ihnen fand man die damals bekannten und bevorzugten Baumarten, wie Eichen, Platanen, Palmen, Schwarzpappeln, Erlen, Fichten oder Zypressen. Als Gedenkstätten alter Helden wurden sie jährlich wiederkehrend aufgesucht, und die Ehrungen wurden mit festlichen Spielen verbunden.

Bald entwickelten sich regelmäßige Festspiele in Form von Wettkämpfen, oder es entstanden ständige Bildungseinrichtungen, die man mit *Gymnasien* bezeichnete, wie beispielsweise die *Akademie* in *Athen*, die nach dem Heiligtum des Heroen *Hekademos* benannt war. Gymnasien und Festspielanlagen dienten der geistigen und körperlichen Ertüchtigung. Es entwickelten sich mit neuen, andersartigen leichtathletischen Übungen auch differenziertere Sportanlagen. Immer aber gehörten Götterheiligtümer mit Altären, kapellenartigen Bauten und Tempeln zu der gesamten Anlage sowie auch meist ein Odeon (Theater für Musikaufführungen) oder ein Freilichttheater. Schwimmbäder und Badebecken vervollständigten diese Einrichtungen. Dem Römer *Vitruv* verdanken wir die Beschreibung eines Gymnasiums: Um einen Peristylgarten lagen Räume für Vorlesungen und Diskussionen sowie Bäder. Daran anschließend folgte die Ringerschule mit einer offenen Säulenhalle (Xystos), in der Übungen bei schlechtem Wetter oder im Winter abgehalten werden konnten. Daneben führten von Platanenalleen eingerahmte Spazierwege mit seitlichen Ruhebänken und offene Sommerbahnen (Xystas). Am Ende kam das Stadion, eine breite, geradlinige Laufbahn mit seitlichen Rampen und Tribünen von 600 Fuß Länge (= 191,27 Meter).

Der auf demokratischen Prinzipien beruhende griechische Staat duldete keine Vermögensbildung und erschwerte bzw. verhinderte dadurch die Entstehung von privaten, luxuriösen Wohngebäuden mit Garten- oder Parkanlagen. Lediglich den Philosophen, den Lehrern an Akademien, wurde zur Ausübung ihrer Lehrertätigkeit gestattet, an ihren Privathäusern Gärten anzulegen, die meist die Form von *Peristylen*, das heißt nach innen offenen, überdachten Säulenumgängen, hatten. So entstanden die *Peristylgärten*, die in späteren Jahrhunderten beim römischen Stadthaus weiterentwickelt wurden und dann große Bedeutung gewannen.

Mit der Durchdringung der Innenstädte durch Gärten und Parkanlagen gelangte auch der schon sehr alte *Adoniskult* wieder zur Blüte. Beim Adonisfest wurden zum Gedenken an den Jünglingsgott zarte Keimlinge in Tontöpfen der Sonne ausgesetzt. Das schnelle Abwelken symbolisierte den frühen Tod des Adonis. Von diesem Kult ging eine Belebung der Topfkultur und der Anzucht von einjährigen Blumen aus. *Adonisgärten* bedeuten später bei den Römern und noch im Mittelalter artenreiche, mit einjährigen Blumen bepflanzte Gärtchen oder Gartenteile.

3.3 Einflüsse aus dem Orient

Weil generell in den Städten keine privaten Wohngärten gestattet waren, mit Ausnahme der erwähnten Philosophengärten, lebten die Wohlhabenden auf dem Lande, wo sie lediglich Nutzgärten besaßen. So stagnierte die Gartenarchitektur. Erst nach den Perserkriegen wurde durch die Berichte *Xenophons* (* um 430 v. Chr. Athen – † um 354 Korinth), der, wie schon erwähnt, die persischen Parks als »Paradiese« schilderte, das Interesse geweckt, und es wurden aus dem Orient zahlreiche neue Pflanzen eingeführt.

Auch von Ägypten kommen Einflüsse. Der Bedarf an Blumen wurde so groß, daß regelrechte Handelsgärtnereien entstanden, die von der traditionsreichen Blumenzucht der Perser und Ägypter gelernt hatten. In der Ära *Alexanders des Großen* (356–323 v. Chr.) wurde der orientalische Einfluß auf die Gärten wie auf allen kulturellen Gebieten verstärkt. *Alexander* gründete zahlreiche Städte und legte in jeder neuen Stadt Gärten und Parks an. In Alexandrien soll beispielsweise rund ein Viertel des Stadtgebietes mit Grünflächen bedeckt gewesen sein. Allerdings hatte es dafür auch schon früher Ansätze gegeben; denn in Athen ließ *Kimon*, ein Staatsmann und bekannter Feldherr, bereits im 5. Jahrhundert v. Chr. zur Verschönerung der Stadt Bäume pflanzen und Grünflächen anlegen.

Zusammenfassend zeigt der Beitrag Griechenlands zur Entwicklung der Gartenkultur folgende Schwerpunkte:

Einmal in der Entstehung von Grünanlagen, die teils einer begrenzten Öffentlichkeit, teils der gesamten Bevölkerung zur Verfügung standen und ihrer Gestaltung nach ganz bestimmten Benutzungsfunktionen gerecht wurden wie bei den Gymnasien und Stadien. Funktionelles hatte in diesen Fällen vor rein ästhetischen Gesichtspunkten den Vorrang.

Ferner wurden intime, umschlossene, mit einem Wohnhaus verbundene Gartenräume entwickelt, die einem ganz individuellen Gebrauch dienten. – Schließlich wurden Grünanlagen und Parks in eine städtebauliche Gesamtkonzeption miteinbezogen.

4 Das Römische Reich

Die Römer waren ihrem Naturell nach dem Landbau verschrieben und ursprünglich Ackerbürger im Gegensatz zu den seefahrenden und stadtliebenden Griechen. Sie waren in der Kunst große Aneigner und übernahmen vor allem die etruskische Kultur und später die der Griechen. Durch ihre Begabung für das Konstruktive und Organisatorische übersetzten sie das Erbe in große Dimensionen entsprechend der Größe ihres Reiches.

Römer der führenden Oberschicht waren zur Zeit der frühen Republik Landwirte. Nur für kurze Zeit bezog man immer nur das Haus in der Stadt. Das ursprüngliche Bauerngut wurde »*Hortus*« (Garten) genannt. Hauptsächlich wurden Obst und Gemüse gezogen und bildeten die Einkünfte der wohlhabenden Bürger Roms. Es zählte als Vergehen, wenn man das Landgut verkommen ließ, und wurde sogar unter Strafe gestellt.

Cato, der *Ältere* (234–149 v. Chr.), war noch heftiger Verfechter alter Traditionen, wonach einem guten Römer lediglich einfaches Landleben und harte Landarbeit anstand. Er kämpfte gegen jede hellenistische Verfeinerung, konnte jedoch auf die Dauer das Eindringen griechischen Lebensstils nicht verhindern. In seiner Zeit lebte man auf dem Landgut noch bedürfnislos in einfachen Unterkünften. Die Gebäude waren zur Viehhaltung und als Fruchtspeicher eingerichtet, und die landwirtschaftliche Produktion stand im Vordergrund.

4.1 Die Villa als Landgut und Herrensitz

Im letzten Jahrhundert v. Chr. hatte sich bereits der Begriff »*villa*« im Sinne eines Landsitzes durchgesetzt. Jetzt unterschied man in Wirtschaftsgut (*villa rustica*), für das ein Verwalter eingesetzt wurde, und Herrensitz (*villa urbana*). Der römische Grundbesitz war gekennzeichnet durch seine zerstreute Lage. Man hatte an verschiedenen Stellen Landgüter, um unterschiedliche Witterungs- und Bodenverhältnisse für den Anbau auszunutzen. Später lagen die Vorzüge verschiedener Landsitze in der Ebene, im Gebirge oder am Meer in den Möglichkeiten, landschaftliche Schönheiten an verschiedenen Punkten genießen und sich der Jahreszeit entsprechend in warme oder kühlere Gegenden zurückziehen zu können.

4.2 Der Garten am Stadthaus

Das altitalische Stadthaus war ein *Atriumhaus* und bot in seinem Inneren keine Möglichkeit einer Gartenanlage. Durch Übernahme griechischer Haus- und Gartenformen kam es zur Anlage intimer, geschützter Gartenhöfe in Form von

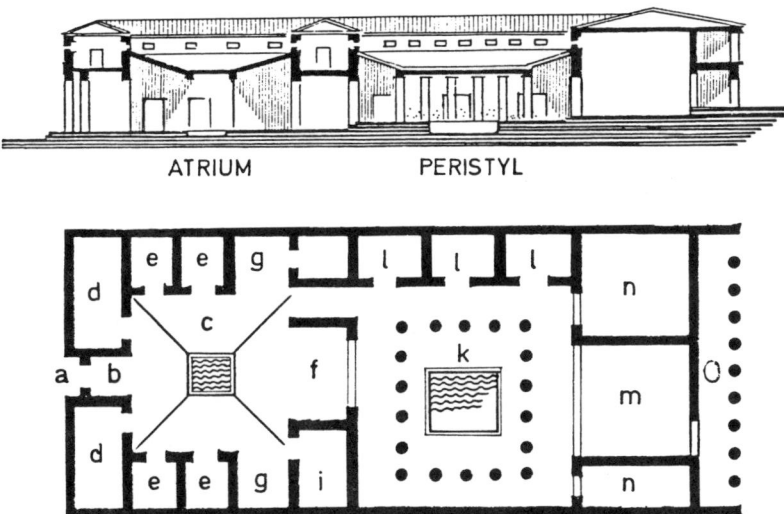

Abb. 7 Wohnhaus in Pompeji: Schematischer Schnitt und Grundriß
Atrium: Durch die rechteckige Öffnung im Dach fiel Licht in das Innere des Hauses und in die angrenzenden Wohnräume. Im Becken darunter (Impluvium) wurde das Regenwasser aufgefangen.
Peristyl: Der Säulengang umschließt einen Gartenhof; er wurde mit einem Wasserbecken, mit Pflanzkübeln oder mit Plastiken ausgestattet. Die Wände ringsum trugen meist Malereien. Hinter dem Portikus rechts kann sich ein zweites Peristyl oder ein umschlossener Garten anschließen.

a = Eingangshalle (vestibulum)
b = Durchgang, Flur (fauces)
c = Zentraler Raum (atrium)
d = Vorratskammer (cellae)
e = Schlafzimmer (cubicula)
f = Raum für den Hausherren (tablinum)
g = Nische für Unterhaltung (alae)
i = Speisezimmer (triclinum)
k = Säulenhof (peristyl)
l = Schlafzimmer (cubicula)
m = Sitz- u. Ruheraum (exedra)
n = Nebenräume (oeci)
o = Portikus

Peristylgärten. Die darin von einem überdachten Wandelgang umschlossene, rechteckige Innenfläche wurde teils mit Kübelpflanzen ausgestattet, teils mit flachen Beeten oder Hochbeeten und mit Plastiken, die nach griechischen Vorlagen kopiert wurden, falls sie nicht als Originale aus Griechenland importiert waren. Der Speiseraum (*triclinum*) war meist zum Gartenhof hin geöffnet *(Abb. 7).*

An den verschiedenen Fundstätten in Italien, vor allem in Pompeji und in den römischen Provinzen, lassen sich im Prinzip immer gleiche Hausanlagen feststellen (an Rhein und Mosel, in Südfrankreich, Spanien oder Nordafrika). Der einfachen Form, dem *Atriumhaus*, folgten in der Fortentwicklung Häuser mit *Atrium* und *Peristyl*, je nach Wohlhabenheit des Besitzers mit einem oder mehreren dieser Freiräume versehen. Das *Peristyl* konnte von Wohnräumen umgeben sein oder war im Anschluß an den Wohnteil nur von geschlossenen Wänden im Rechteck umgeben, die durch die ganze Wandfläche bedeckende Darstellungen geschmückt waren (siehe 3.2) *(Abb. 8).*

30 Das Römische Reich

Abb. 8 Römisches Freskogemälde in einem Peristyl
Das *Wandgemälde* aus der in Boscoreale gleichzeitig mit Pompeji verschütteten römischen Villa zeigt unter einer berankten Pergola auf der Höhe eine *Grottenanlage*.
Zwischen Felsblöcken sprudelt Quellwasser in ein bildhauerisch gestaltetes, mehrfach abgestuftes Becken. Efeu rankt im Schatten der Grotte, und Vögel haben sich niedergelassen. – Ein gern besuchter, kühler und erfrischender Ruheplatz abseits im römischen Landhausgarten.

Diese farbigen Fresken stellten meistens Gebäude- oder Gartenmotive dar. Sie bilden oft die einzige Quelle für typische Elemente, wie beispielsweise *Pergolen*, *Grotten* oder *Nymphäen*; denn nach den nur noch vereinzelt gefundenen Resten allein kann man sich keine klare Vorstellung mehr machen. Wenn das *Peristyl* besonders reich mit Springbrunnen und mehreren Wasserbecken ausgestattet war und nach seiner Größe eher einem ausgedehnten Garten als einem Gartenhof glich, bezeichnete man es auch als »*viridarium*« (Lustgarten), worin eine Weiterentwicklung infolge der gestiegenen, luxuriöseren Ansprüche der Kaiserzeit zum Ausdruck kam. Das Atrium war ursprünglich ein aus etruskischer Zeit stammender, oben geschlossener Vorraum zum Empfang von Besuchern und Klienten. Um es besser zu belichten, wurde später eine Oberlichtöffnung (compluvium) geschaffen, die zur Folge ein in den Boden eingelassenes Auffangbecken (impluvium) hatte. Darin wurde das Regenwasser aufgefangen. Seit den Zeiten des Kaisers Augustus waren Rom und andere Städte im Römischen Reich durch Wasserleitungen so gut mit Frischwasser versorgt, daß ein Atrium dafür nicht mehr erforderlich war und deshalb darauf verzichtet werden konnte.

Die Stadtvilla wurde schließlich durch einen weiteren Gartenraum ergänzt und vergrößert, den man nach dem Griechischen »*xystus*« benannte, der aber eine andere Funktion hatte. Der Hauptwohnraum lag dann meist zwischen Peristyl und Xystus nach beiden Seiten hin geöffnet (siehe 3.2).

Als kühle Aufenthaltsräume gegen die Sommerhitze waren unterirdische Räume mit Oberlicht beliebt, deren Wandflächen mit Gartenmalereien überzogen wurden. Hier dienten die Bilder auch zur optischen Erweiterung der Innenräume.

4.3 Landsitze in späterer Zeit

Während innerhalb der Städte der Platz zur Entfaltung eines größeren Wohnsitzes begrenzt war, spielte das bei den Landvillen keine Rolle. Die meisten Landsitze der republikanischen Zeit entstanden zwischen Rom und Neapel. Später finden sie sich dann in allen Teilen des Römischen Territoriums.

Nach einzelnen ausführlichen Beschreibungen ihrer Besitzer (*Cicero, Plinius*) und nach Ausgrabungen bestanden die Villen aus einem vielverzweigten Wohngebäude mit Atrien und Peristylen. Vor der Gebäudefront zog sich eine Säulenhalle (*Porticus*) entlang, und es gab auch isoliert gelegene, kleine Wohnpavillons und Gartenhäuser. Terrassen und Freisitze waren nach allen Seiten vorgelagert, um je nach Tageszeit Licht und Schatten oder verschiedene Aussichten genießen zu können. An Hängen wurde eine Lage nach Südosten bevorzugt, und die Außenanlagen konnten sehr ausgedehnt sein und aus verschiedenen Gartenteilen bestehen.

Große Villenanlagen, sie umfaßten immer Haus und Freigelände, boten sogar Rundwege verschiedener Länge, um sich nach den Mahlzeiten oder über Tag die Füße vertreten zu können. Wasser, in einer Grotte aus kunstvoll gefaßter Quelle entspringend, Wasser aus Springbrunnen oder in kanalartig langgestreckten, runden und ovalen Becken war ein stets vorhandenes, belebendes Element. Für ihr Funktionieren sorgte ein spezieller Berufszweig von Brunnenfachleuten mit der Bezeichnung »*aquarius*«.

In den Berghang fügte man gern gestaffelte Wandelhallen (*cryptoporticus*) oder Pergolen ein, von denen aus man, angenehm beschattet, immer wieder den Ausblick auf den Garten oder in die Landschaft genießen konnte.

Die Villenanlagen wurden auch durch Vogelvolieren und Tiergehege bereichert. Ursprünglich dienten Hasengehege (*leporarium*) nur zur Bereicherung des Küchenzettels. Später wurden auch andere Tiere aus Liebhaberei gefangen gehalten.

32 Das Römische Reich

4.4 Pflanzenauswahl und Gartenmotive

Hand in Hand mit der Vervollkommnung privater Gartenanlagen ging der Ausbau öffentlicher Gärten innerhalb der Städte. In Rom wurden schon zur Zeit *Caesars* und vor allem später unter *Augustus* allerlei Promenaden, geschützte Gartenhöfe und Grünanlagen geschaffen, in einer Ära, wo zur Belustigung und Erholung der Bevölkerung zahlreiche andere Einrichtungen entstanden, wie Bäder, Theater, Arenen oder Stadien *(Abb. 9)*. Damals hatte der Gartenbau bereits einen Höhepunkt erreicht. Der beliebteste Baum für öffentliche Parks und Plätze war die Platane, ferner wurden bevorzugt Schirmpinien und Zypressen gepflanzt, die noch heute die häufigsten Baumarten im Mittelmeergebiet sind. Vielverwendete Pflanzenarten waren Kirsche, Pfirsich, Lorbeer, Buchsbaum, Myrte, Efeu, Vinca, viele Arten Rosen, Veilchen, Hyazinthen, Lilien, Narzissen, Iris, Anemonen, Verbenen, Mohn und Krokus, um nur einige aufzuführen. Die Pflanzen

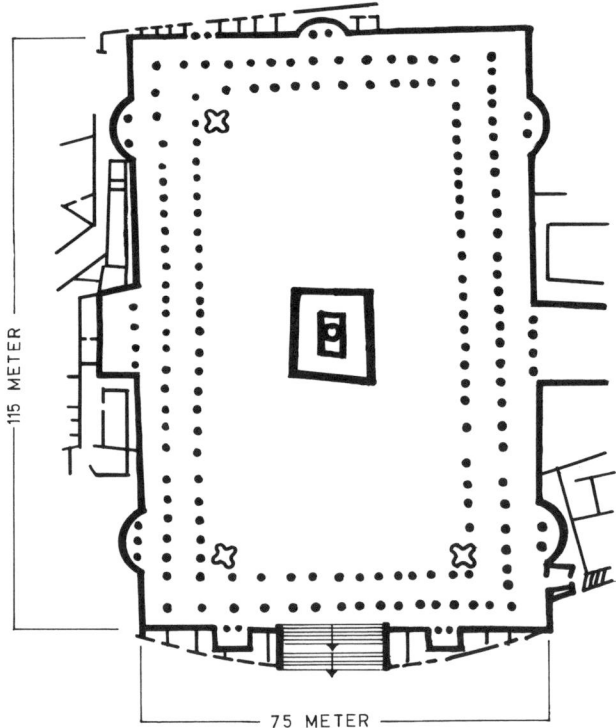

Abb. 9 Porticus Liviae in Rom
Porticus Liviae, ein von Kaiser Augustus (63. v.–14 n. Chr.) eingerichteter, öffentlicher Garten im Stadtinneren *Roms*, nördlich der späteren Trajansthermen.
Die Fläche lag vertieft und wurde an der Schmalseite über eine etwa 20 Meter breite Treppe erreicht. Außen ringsherum Stützmauern mit einigen halbrunden und rechteckigen Sitznischen. Parallel dazu führte ein umlaufender Porticus (Säulengang); in der Mitte ein großes Bassin. Nach den Beschreibungen war die Anlage mit Bäumen bepflanzt und besaß Blumenbeete, zwischen denen Plastiken aufgestellt waren. Der Porticus war mit Rankengewächsen überdeckt. Die gesamte Anlage hatte fast die Ausmaße eines heutigen Fußballfeldes und bot daher als innerstädtische Erholungsanlage einer großen Menschenmenge Platz.

Pflanzenauswahl und Gartenmotive 33

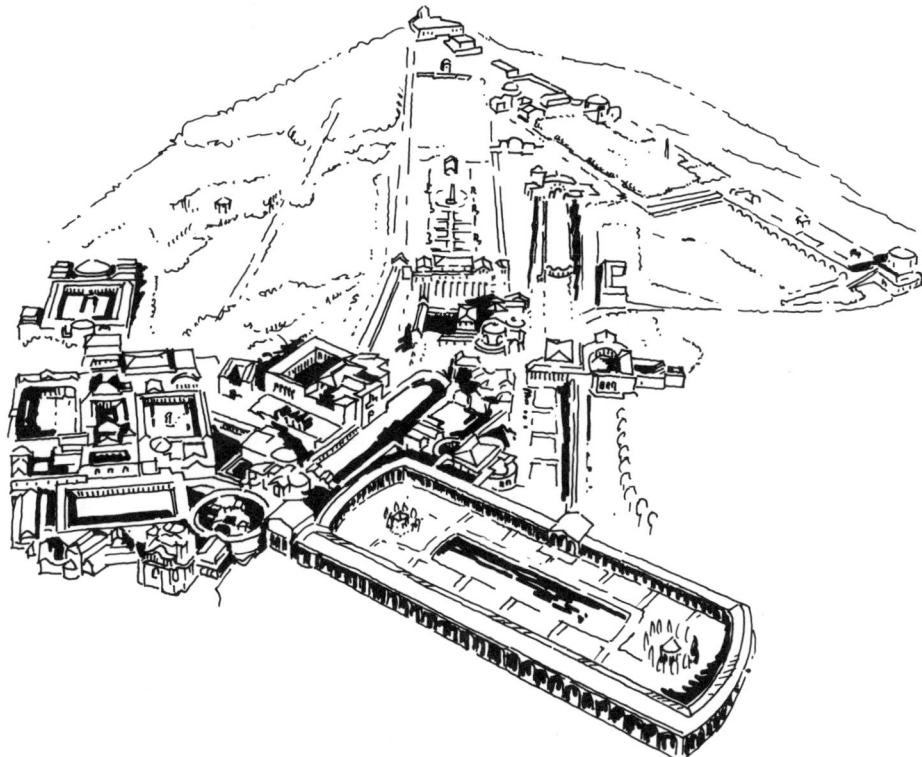

Abb. 10 Hadriansvilla
Die Villa des Kaisers *Hadrian* am Fuße des Tivolihügels hatte den Charakter einer ausgedehnten Residenz mit Wohnbezirken für den Kaiser und sein Gefolge, mit Bädern, Theatern, Bibliotheken, Kasernen und Gartenräumen.
Sie bedeckte ein Gelände von fast 100 ha. Vom Hippodromgarten im Vordergrund bis zum Pavillon auf der Bergkuppe steigt das Gelände an einem Nordhang auf einer Distanz von rund 1000 Metern um 25 Meter an. Bis zu 20 000 Menschen konnten innerhalb des gesamten Villenbereichs untergebracht werden.
Jeder einzelne Gebäudekomplex bildete eine geschlossene Einheit; es fehlte aber eine großräumige Gesamtkonzeption. Die Gebäudegruppen sind am Hangfuß konzentriert und umschließen unzählige Innen- und Gartenhöfe. Im weiteren Villenbereich befinden sich nur noch vereinzelte Gebäude und Pavillons, die in den ausgedehnten Parkanlagen verstreut liegen. Wasser fand reichlich und vielseitig Verwendung in Form von Brunnen, Becken, Teichen, Kaskaden und Kanälen (Skizze nach einem rekonstruierten Modell).

wurden bereits in Handelsgärtnereien angeboten. In den größeren Villengärten gab es ebenfalls Anzuchtstätten und Gewächshäuser.

In den Gärten aus der Zeit des *Plinius* spielte der Baumschnitt eine große Rolle. Die aus Buchsbaum geschnittenen Figuren verdrängten die Stein- und Bronzeplastiken. Die Arbeiten zur Anlage und Pflege der Gärten erledigten Kunstgärtner (*topiarius*), die auf die Gestaltung von Gärten spezialisiert waren. Der Baum- und Heckenschnitt brachte neben dem Neuigkeitswert auch neue Ideen in der Verbindung zwischen Laubwerk und Architektur. Laubwerk wurde bewußt gestaltet und das Wechselspiel zwischen Sonnenlicht und Schatten in die Gestaltung einbezogen.

Es hat sehr viele Villenanlagen gegeben, von vielen ist wenig oder nichts mehr bekannt. Nur einem Zufall ist es zu verdanken, daß die Pliniusbriefe mit den ausführlichen Beschreibungen seiner Gärten, wie es andere nicht geschildert haben, erhalten geblieben sind. Auch *Cicero* beschrieb seine verschiedenen Landsitze, die er speziell ganz in Anlehnung an griechische Ideen gestaltete und damit Schule machte. Er verwendete die Motive der Heroenhaine, der Nymphäen, die Elemente der griechischen Gymnasien und stellte zahlreiche, aus Griechenland stammende Statuen in seinen Gartenanlagen auf.

Nachweisbare, wichtige Gartenanlagen neben den Villen Ciceros und Plinius in der Region Roms waren noch:

Gärten des Lukullus und Sallust, im ersten Jahrhundert v. Chr. entstanden; der Palast des Nero in Rom, das sogenannte »Goldene Haus«, ab 64 n. Chr. erbaut;

die Villa des Kaisers *Hadrian* in Tibur (heutiges Tivoli) mit 300 Hektar Gesamtumfang und in den Jahren zwischen 125 bis 136 n. Chr. entstanden *(Abb. 10);* ferner gab es neben Rom zahlreiche Stadtgärten in anderen italischen Städten, wie in Pompeji und Herculaneum.

Die wichtigsten Beiträge der Römerzeit zur Entwicklung der Gartengeschichte lassen sich folgendermaßen zusammenfassen:

a) Der Garten wird untrennbar Bestandteil des Hauses.

b) Architektonisch-geometrische und landschaftliche Gestaltungsformen bestehen nebeneinander (Stadtvilla – Landsitz).

c) Die Betonung des ästhetischen Wertes von Zierpflanzen und deren häufige Verwendung.

d) Landvillen bevorzugt in Hanglagen; die Gebäudeteile am Hang gestaffelt; dabei wird meist ein Südosthang ausgewählt. Man verwendet keine Treppen, sondern flache Rampen.

e) Wasser gilt als beliebtes Gestaltungselement; die Wasserführung geht vom oberhalb angelegten Reservoir über offene und verdeckte Kanäle zu Quellen, Springbrunnen, Kaskaden und Becken.

f) Die Blickbeziehungen zur Landschaft und die landschaftlichen Schönheiten werden aufgegriffen.

g) Neben der Anlage verschiedenartiger, öffentlicher Gärten erwacht ein Erkennen der stadthygienischen Bedeutung von Grünflächen.

5 Gärten bis zum ausgehenden Mittelalter

In den römischen Provinzen Frankreichs, Süd- und Westdeutschlands hatte sich der Gartenbau schon früh entwickelt. Die römischen Besatzungstruppen brachten zahlreiche neue Gewächse nach dem Norden und führten neue Techniken in der Pflanzenanzucht ein. Sie brachten auch die lateinischen Pflanzenbezeichnungen mit. Römische Militärs und Verwaltungsbeamte errichteten überall an ihren Standorten in der heutigen Provence, am Rhein und an der Mosel große Landsitze.

Infolge der Völkerwanderung und des Zusammenbruchs des Römischen Weltreiches verfiel vom 5. Jahrhundert an in Süd- und Mitteleuropa, was in Jahrhunderten römischer Herrschaft und Verwaltung gebaut und eingerichtet worden war: Straßen, Brücken und Wasserleitungen, Theaterbauten, Arenen und Villenanlagen. Auch die dazugehörigen Gärten und Parkanlagen wurden ausgelöscht. Die verfeinerten Kenntnisse in der Blumenkultur und kunstvollen Gartengestaltung gerieten in Vergessenheit. Das junge, damals alle Völker erfassende Christentum lenkte sein Augenmerk auf ganz andere Lebensgebiete. Pflanze und Garten sollten einen anderen, neuen, geistigen Sinn bekommen.

5.1 Der Einfluß des Islam

Im siebenten Jahrhundert n. Chr. wird durch die Verbreitung des Islam von der Arabischen Halbinsel aus eine mächtige Aufbruchsbewegung ins Leben gerufen. Der Prophet Mohammed (570–632) einigte die arabischen Stämme und gab ihnen mit seiner Glaubenslehre ein ausgeprägtes Sendungsbewußtsein. Unmittelbar nach seinem Tode bauten seine Nachfolger eine starke Militärverwaltung auf mit dem Ziel, ein theokratisches Weltreich zu errichten.

Unter dem Kalifen Omar, eines Mitstreiters des Propheten, wurden zunächst zwischen 634–644 Syrien und Palästina, mit den Städten Damaskus und Jerusalem, unterworfen, danach Ägypten und Persien erobert. Unter den nachfolgenden Omajaden-Fürsten werden Angriffe gegen Konstantinopel, die Hauptresidenz des oströmischen Reiches, und weitere erfolgreiche Feldzüge in den persischen Raum durchgeführt. Schließlich breitet sich der Islam, von den unterworfenen Völkern angenommen, über Ostpersien bis nach Buchara und Samarkand im Nordosten, bis zum Indusgebiet im Süden aus, das man im Jahre 710 erreicht. Von dort aus knüpften die Araber als Händler und Kaufleute über Jahrhunderte anhaltende Verbindungen zum fernen Osten an. Sie verbreiteten gleichzeitig auch ihren islamischen Glauben. Indien mit seinen reichen Schätzen an Wolle, Gold und Edelsteinen und vielem mehr faszinierte durch seinen verschwenderischen Lebensstil. Die Kunde davon gelangte auf den Handelswegen in die westliche Hemisphäre.

Nach Westen verläuft das Vordringen der neuen Glaubenslehre über Ägypten und Nordafrika, entlang der Mittelmeerküste, wo 712 Gibraltar erreicht wird und der Einfall in Spanien von Süden her erfolgte. Damit wird die Iberische Halbinsel bis auf ein restliches Gebiet im Nordwesten an der Atlantikküste besetzt.

Diese weite Ausdehnung, Schritt für Schritt, in etwa acht Jahrzehnten, brachte die Araber mit vielfältigen Kulturkreisen in Berührung. Als geistig reges Volk verstanden sie es, ihr eigenes Wissen und ihre Begabungen zu fördern und einzubringen.

Sie beachteten dabei stets die Gesetze des Korans. Ihre Kultur war anfänglich von ihrem Ursprungsland geprägt, von den Felsen- und Sandwüsten mit heißem Klima und großer Wasserarmut und einer ursprünglich nomadischen Lebensweise.

Die Araber trugen ihre Eindrücke und Erfahrungen von Land zu Land und wirkten damit an vielen Orten befruchtend.

Die islamische Architektur erfuhr in jedem neueroberten Gebiet, entsprechend den vorhandenen Vorbildern, eine Sonderentwicklung, wobei einige Elemente fester Bestandteil islamischer Bauweise wurden. Vor allem im Sakralbau der Moscheen: die Kuppeln als Symbol des Himmels, der Arkadenhof mit Brunnen für rituelle Waschungen, das Minarett für den Gebetsrufer. Eine Verschleierung des konstruktiven Aufbaus suchte man durch teppichhaftes Überziehen der Wände mit abstrakten Ornamenten zu bewirken.

Beim Durchzug durch Nordafrika und in Spanien fanden die Araber in römischen Siedlungsgebieten Beispiele spätrömischer Villen- und Gartenanlagen, deren Elemente sie aufgriffen und für sich verwendeten.

5.2 Persische Vorbilder

In Persien trafen die Araber auf eine seit Jahrhunderten entwickelte Garten- und Blumenkultur, von der heute nur noch ganz wenige Beispiele erhalten sind. Sie wird meist nur in Schilderungen und Beschreibungen von Gärten und Palastparks überliefert. Hinweise geben alte Teppiche, die den Grundaufbau der Gärten mit ihrer Pflanzen- und Blumenvielfalt bildhaft darstellen. Auch in späteren Jahrhunderten hielt man unter dem Einfluß des Islam und seiner Korangesetze an den herkömmlichen Motiven fest, wie es bis im Mittelalter entstandene Teppiche zeigen *(Abb. 11)*.

Man erkennt dort eine regelmäßige Einteilung des aus einem Rechteck gebildeten Gartens entsprechend dem Format des Teppichs. Im Zentrum liegt eine Insel mit einem Pavillon. Von der Insel führen in Kreuzfrom vier Wasserläufe, geradlinig wie Kanäle, bis zum Rande. Außen ringsum bilden Baumreihen eine Abgrenzung. Auf den vier gleichgroßen Rechtecken, die zwischen den Wassergräben entstehen, erfolgt wiederum eine Untergliederung in entsprechend kleinere Rechtecke. Sie sind mit verschiedenartigen, im Rhythmus wechselnden Ornamenten ausgefüllt. Man findet häufig ein Achteck, gebildet aus zwei diagonal übereinander gelegten Quadraten; eine immer wiederkehrende Form von symbolischer und sakraler Bedeutung, wie überhaupt alles Dargestellte meist symbolhaft aufzufassen ist. Die Felder sind übersät mit Blumen, Blüten und mit einer unübersehbaren Menge von Pflanzen und Gehölzen; alles jedoch in einer

Persische Vorbilder 37

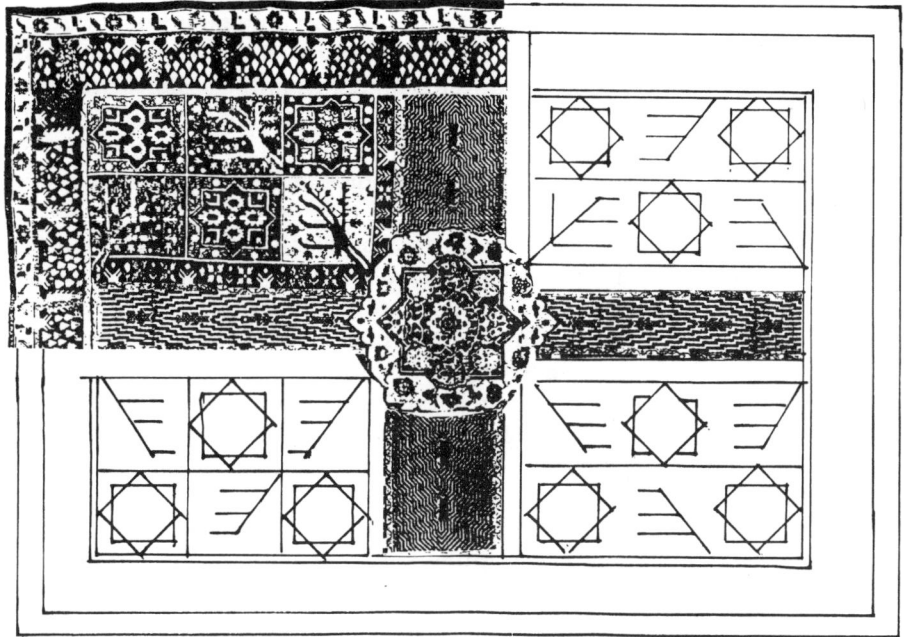

Abb. 11 Schematische Anordnung der Symbole auf einem altpersischen Teppich
Hier vorwiegend diagonal übereinander gelegte Quadrate. Im Mittelpunkt ein Pavillon über zwei sich kreuzenden Wasserarmen.

gewissen Zuordnung. Schattenspendende Bäume spielen in den Gärten und Parkanlagen von jeher eine besondere Rolle (siehe 2.2), beispielsweise Koniferen als Immergrüne symbolhaft für ewiges Leben. In persischen Malereien findet man Darstellungen von Hochsitzen als »Wohnräume« in Bäumen, luxuriös ausgestattet, über bequeme Treppen erreichbar. Tiere beleben die Szene im Wasser, auf dem Boden und in der Luft. Dieser Pracht und Üppigkeit passen sich die Araber an. Sie errichten eigene Paläste und Gärten, immer in Befolgung ihrer religiösen Vorschriften.

Die politische Vereinigung der unterworfenen Völker war nicht von Dauer, aber die religiöse Gemeinschaft überlebte, wenn sich auch innerhalb des Islam verschiedene Sekten entwickelten.

Die später entstandenen persisch-arabischen Gärten waren nicht nur reich an Blumen und Gewächsen, sondern auch reichlich mit Wasser versorgt, das fließend aus Brunnen in Gräben, oder als spiegelnde Fläche eines Beckens, überall in Erscheinung trat. Gegenüber Hitze und Trockenheit in der wüstenähnlichen Weite des Landes sollte der von Mauern umschlossene Garten seinem Besitzer Kühle und Schatten, friedliche Ruhe und Ordnung gewähren.

Von diesen Anlagen gibt es heute nur spärliche Reste; Kriege haben das meiste zerstört. Anders in Spanien, wo einige Bauten und Gärten erhalten blieben. Dort wurden die Araber seit ihrer Vermischung mit den Berbern auf dem Zuge durch Nordwest-Afrika als »Mauren« bezeichnet, wonach man in Spanien von »Maurischer Kunst« spricht.

5.3 Maurische Gärten

Im Süden Spaniens entstanden zahlreiche arabische Residenzen, von wo aus das Land beherrscht wurde. Handel und Kunst gediehen verhältnismäßig friedlich, da sich die Besetzer politisch geschickt und tolerant verhielten. Das Zusammenwirken mit den Unterworfenen führte zu gegenseitiger Befruchtung und vereinzelt zu kulturellen Höhepunkten, vor allem in der Architektur. Das geschah auch dann noch, als sich von Norden her, nach dem Jahre 1000, die Rückeroberung (Rekonquista) in Bewegung setzte. Die Kämpfe zogen sich durch Jahrhunderte hin, bis 1492 die Araber ihre letzte Bastion, das Emirat von Granada, verließen. Dort war im 14. Jahrhundert im Osten der Stadt, auf einem Hügel, ein Festungspalast, die »Alhambra«, als Sitz der Maurenkönige, erbaut worden.

Granada, eine Stadt ganz im Süden des Landes, an den Hängen der Sierra Nevada gelegen, vereinte durch seine landschaftliche und städtebauliche Lage ganz besondere Vorzüge. Hinzu kam, nicht zuletzt durch sofort ergriffene Kultivierungen und wasserbauliche Maßnahmen seitens der Araber, eine üppige und reiche Vegetation.

Den Grundstein zur Alhambra, dem Königspalast, legte Mohammed I. (1232–1273), aus dem Geschlecht der Nasriden. Unser besonderes Interesse konzentriert sich auf diesen Bau, der in bezug auf die Gesamtanlage den Höhepunkt in künstlerischer Hinsicht bedeutet. Er wurde nach dem traditionellen islamischen Bauschema gegliedert: in den »Mexuar« (königliche Verwaltung und Rechtsprechung), den »Diwan« (königliche Amtsräume) und den »Harem« (Privaträume) *(Abb. 12)*.

Der Palast entsprach dem arabischen Wohnstil und der den Arabern eigenen Lebensauffassung, die sich in einer wenig nach außen zur Schau gestellten Repräsentation zeigte. Dagegen herrschte im Inneren edle Ausstattung und trotz großer Pracht keine Übersättigung. Von einem unauffälligen Eingang gelangte man durch eine Reihe verwinkelter Räume in das Innere. Im Ineinandergreifen von Räumen und umschlossenen Höfen, ein mehrfach wiederkehrendes Motiv, und im Zusammenspiel von Architektur, kunsthandwerklichem Dekor, Farbigkeit und Licht liegt der unbestrittene Reiz des Gesamtbauwerkes.

Es wurde von verschiedenen Herrschern abschnittsweise ausgebaut und erweitert. Von den Gartenhöfen und angegliederten Gärten, die teilweise stark verändert sind oder aus späterer Zeit stammen, sind zwei von besonderer Bedeutung. Sie rufen den originalen Zustand vor Augen. Es sind der in Nordsüd-Richtung gelegene »Myrthenhof« (etwa 21 x 34 m) und der dazu im rechten Winkel liegende »Löwenhof« (etwa 15,5 x 27,5 m).

Ersteren betritt man von der Nordseite her, unter einer Arkade aus schlanken Marmorsäulen. Ein breites Wasserbecken zieht sich durch die gesamte Länge des Hofes; beidseitig begleitet von Myrthenhecken, wobei die Wasserfläche dominiert. Diese ganz einfachen Gestaltungsmittel verdanken ihre erstaunliche Wirkung den ausgewogenen Proportionen und der schlichten Anpassung an die Architektur.

Der Löwenhof, als Einmaligkeit berühmt geworden durch den zentralen Brunnen, wird von einem Arkadengang ringsum eingerahmt. Einhundertachtundzwanzig schlanke Marmorsäulen, durch Hufeisenbögen verbunden, einzeln,

Maurische Gärten 39

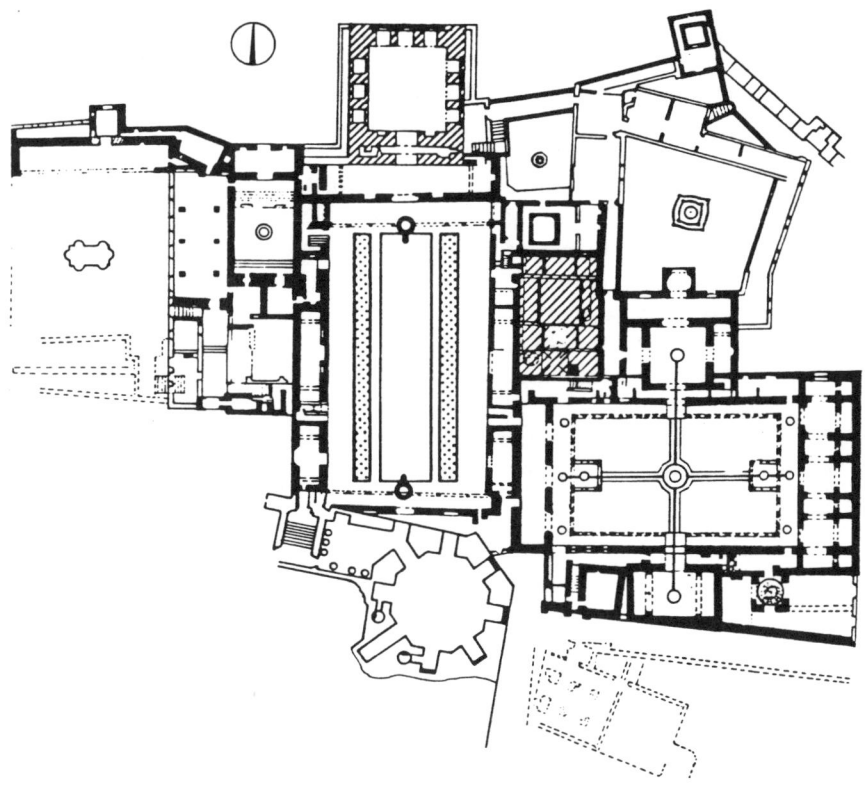

Abb. 12 Grundriß der Alhambra in Granada
Zentral in Nord-Süd-Richtung der Myrthenhof mit dem großen Wasserbecken. Parallel dazu an beiden Längsseiten die mit Myrthen bepflanzten Beete. Nördlich anschließend der Saal der Gesandten. Es ist die Zone der Amtshandlungen und Repräsentation.
Rechts daneben in West-Ost-Richtung der Löwenhof mit dem zentralen Brunnen. Wasserrinnen treffen sich kreuzartig im Mittelpunkt. Es ist der eher private Gebäudeteil.
Im Winkel zwischen Myrthen- und Löwenhof liegen die Bäder (gestrichelte Fläche).
Sternförmiges Gebäude südlich vom Myrthenhof der Palast Karl V., begonnen 1526.

doppelt oder zu dritt angeordnet, tragen die Überdachung. Diese ist an den beiden Hauptzugängen im Westen und im Osten pavillonartig vorgezogen. Die Leichtigkeit der Säulen, unter den dagegen schwergewichtig erscheinenden Mauerteilen, bildet optisch eine gewisse statische Unausgeglichenheit, ruft aber gerade deshalb den Eindruck einer schwebenden Leichtigkeit hervor.

In der Mitte des Hofes steht die von zwölf Löwen getragene, in Stein geschlagene Brunnenschale. Die Löwen speien Wasser in eine rings um den Brunnen führende Wasserrinne, die den Hof gradlinig nach allen Seiten, in Form eines Kreuzes, durchschneidet und bis in die Innenräume fortgeführt ist. Plattenwege begleiten die Rinne und teilen die Hoffläche kreuzförmig auf. Die durch diese Wege ausgesparten vier gleichgroßen Beete waren ursprünglich so weit abgesenkt, daß man die Früchte der auf ihnen gepflanzten Orangenbüsche bequem pflücken konnte. Der Hof hat das für einen Garten typische Element »Pflanze« heute kaum noch zum Inhalt. Vermutlich mußten die Gewächse nicht zuletzt dem massiven Besucherandrang weichen.

Die klassische Ausgewogenheit von Architektur und Hofraum mit dem bestimmenden Mittelpunkt des Brunnens, durch den Wasser ständig in Bewegung gehalten wird, ist dennoch von faszinierender Wirkung.

Die Alhambra wird von Zypressen, Palmen und Pinien parkartig eingehüllt. Weil sich beim Durchschreiten der Räume und Höfe immer wieder Ausblicke in die Parklandschaft wie auf das in der Senke liegende Granada bieten, läßt der Löwenhof die spärliche Bepflanzung nicht allzusehr vermissen. Stille und Zurückgezogenheit sollte er ursprünglich den Bewohnern ermöglichen, denn hier lagen vor allem die privaten Räume *(Tafel I)*.

Oberhalb der Alhambra liegt in nordöstlicher Richtung »Generalife«, die Sommerresidenz der Könige von Granada. Sie hatte einen ausgesprochen privaten Charakter. Hier traf man sich, losgelöst von aller Repräsentation. Der einfach als »Sommergarten« bezeichnete Ort deutet an, daß der dazugehörige Pavillon untergeordnet war.

Der Garten in einen Hang gebettet, ist reich an Wasserkanälen, Fontänen, Becken und Teichen. Wasser und blühende Pflanzen dominieren; alles ist in üppiger Fülle vorhanden. Ein heiterer, farbig belebter Aufenthalt, der alles bot, was seine Besitzer suchten, wenn sie sich in dieses Gartenidyll zurückzogen: Einsamkeit, Blumendüfte und Wassergeplätscher. Die Bepflanzung bestand aus allem Erwählten, was an Pflanzen in damaliger Zeit anzubieten war.

In den Gärten der Alhambra und Generalife finden sich Brunnenformen, die alten persischen Vorbildern gleichen. Wie bei den Gartenteppichen erwähnt (5.2), gab es Pavillon- und Beetgrundrisse, die aus zwei übereck aufeinandergelegten Quadraten, oder Kreis und Quadrat übereinandergelegt, entstanden waren.

Der Beitrag der maurischen Kunst wirkte befruchtend auf spätere Epochen der Architektur und Gartenkunst (Wasserkünste) in Europa, vor allem in Italien.

Mozaraber, die unter maurischer Herrschaft tolerierten Christen, arbeiteten lange Zeit ungehindert an ihren Kirchen. Sie vermischten dabei westgotische mit maurischen Elementen. Andererseits wirkten sogenannte Mudejares, in Spanien verbliebene arabische Handwerker, im Auftrag der Christen und beeinflußten die spanische Gotik in der Kunst der Flächengestaltung (Plateresker Stil).

Als die »Katholischen Könige« Spaniens (Isabella von Kastilien und Ferdinand von Aragon) Granada zurückerobert hatten, der letzte arabische Nasriden-König sich nach Afrika zurückzog (1492), blieb die »Alhambra« zunächst von Zerstörungen verschont. Bald nach dem Regierungsantritt des Habsburgers Karl V., späterer Deutscher Kaiser (1516–1556), er war ein Enkel von Isabella und Ferdinand, läßt er einen Renaissance-Palast für seine Bedürfnisse bauen, unter Schonung des Bestandes. Der Architekt war ein Spanier, Pedro Machura, der in Italien zum Architekten und Maler ausgebildet war. Er schuf einen rechteckigen Außenbau mit einem runden Innenhof. Außerdem war er bemüht, den alten maurischen Palast zu restaurieren. Fast 200 Jahre blieb der Zustand so erhalten, bis unter dem Bourbonen Philipp V. ab 1700 Vernachlässigung und Zerstörung eintrat.

Ab 1820 begannen neue Restaurierungen, angeregt durch Veröffentlichungen des Amerikaners Washington Irving, der das Bauwerk für die internationale Öffentlichkeit wieder entdeckte. Seither bemühen sich Architekten und Archäologen um eine sachgerechte Erhaltung.

Es liegt nahe, daß dort, wo die Araber sich am längsten hielten, wie in Granada, ihre Bauten und Gärten besser erhalten geblieben sind als an Orten, wo die Spanier schon früher die Araber zurückgedrängt hatten, aber weiterhin mit maurischen Baukundigen arbeiteten. Sevilla wurde bereits 1248 zurückerobert. Der »Alkazar« in Sevilla wurde im 12. Jahrhundert noch von den Almohaden erbaut, später von den christlichen Eroberern übernommen, ständig umgebaut und erweitert. Dennoch ist die maurische Herkunft noch ganz deutlich, auch in den Hofanlagen, zu erkennen.

Peter I., der von 1350–1369 regierte, ließ siebzig Jahre nach Beendigung der Rückeroberung im »Alkazar«, mit Hilfe von Baumeistern und Handwerkern aus Granada, einen Palast für seine Zwecke bauen, der in vielen Details an die »Alhambra« erinnert und unter anderem parallel dazu zwei Innenhöfe besitzt, einen für offizielle Empfänge und zur Repräsentation. Einen zweiten für ganz private Zwecke.

Wie in Granada und Sevilla haben sich auch an anderen Orten, wie zum Beispiel in Cordoba, über längere Zeiträume hinweg maurische Elemente im allgemeinen, wie auch gerade bei der Anlage von Gärten, erhalten. Sie wirkten in späteren Stilepochen weiter.

5.4 Die Zeit Karls des Großen und die Rolle der Klöster

Die Wirtschaft der ersten Periode des Mittelalters war eine rein agrarische. Die Städte besaßen noch keine Bedeutung. Kulturschwerpunkte waren die Klöster, die seit dem 7. Jahrhundert an Zahl, Ausstrahlung und Reichtum zunahmen. Um 800 n. Chr. erließ *Karl der Große* eine Landgüterordnung mit Verwaltungs- und Anbaurichtlinien (Capitulare de villis vel curtis imperii). Das *»Capitulare«* gab für die Bewirtschaftung der Königsgüter ausführliche Anweisungen. *Villa* (Landgut) bezeichnete hier ähnlich wie in der frühen römischen Zeit einen Komplex von Wohn- und Wirtschaftsgebäuden mit Äckern, Wiesen und Wäldern.

In den Pflanzenlisten wurden zahlreiche Obstarten und über siebzig verschiedene Gemüse und Kräuter aufgezählt. Man muß annehmen, daß diese Vielzahl praktisch noch nicht verwendet wurde, ja noch nicht einmal richtig bekannt war. Die Pflanzenarten entstammten ähnlich wie später bei den ersten Klerikerschriften altrömischen Texten; denn es wurden Arten aufgeführt, wie beispielsweise Feigen, die in dem rauheren, mitteleuropäischen Klima nicht gedeihen konnten.

Die *Klöster* als Hauptträger der abendländischen Kultur im frühen Mittelalter übernahmen mit dem Bildungsgut der Antike auch zahlreiche Kenntnisse über Pflanzen und Gartenbau. Die Mönchsorden, an der Spitze die *Benediktiner*, waren zu geistiger und körperlicher Arbeit verpflichtet. Neben Obst- und Gemüsebau spielte die Anzucht von Heilpflanzen eine bedeutende Rolle; denn die Klöster bildeten die einzigen ärztlichen Versorgungszentren des Landes.

42   Gärten bis zum ausgehenden Mittelalter

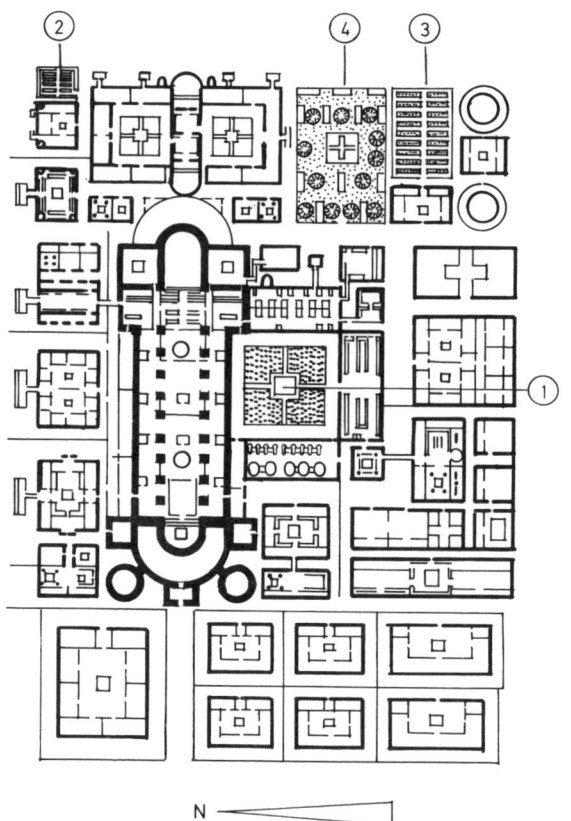

Abb. 13 Lageplan des Klosters St. Gallen
① Kreuzgang mit Innenhof
② Heilkräutergarten beim Arzthaus
③ Gemüsegarten
④ Baumgarten und zugleich Friedhof

Auf dem Plan des Klosters *St. Gallen* vom Beginn des 9. Jahrhunderts befanden sich bereits vier Arten von Gärten, die für Klosteranlagen charakteristisch waren *(Abb. 13)*.

1. Der im Süden anschließend an die Abteikirche gelegene Kreuzgang. Ein umlaufender Arkadengang umschließt eine rechteckige Innenfläche wie ein antikes Peristyl. Die Fläche wird durch ein Wegekreuz untergliedert und ist mit Rasen oder Efeu bedeckt.
2. Beim Arzthaus lag der Heilkräutergarten (*Herbularius*). Auf aneinandergereihten, schmalen und geordneten Beeten wurden Blumen und Kräuter aufgepflanzt. Später trennte man unter Einfluß antiker Schriften in Wurzgarten und Blumengarten. Blumen gewannen neben den Kräutern immer mehr an Bedeutung durch die christliche Symbolik und durch ihre Verwendung beim Schmücken von Räumen, Altären und Gärten *(Tafel II)*.
3. Der Gemüsegarten mit Aufteilung in Beete. Es waren die gebräuchlichen Gemüse- und Gewürzarten wie auch in der Landgüterordnung *Karls des Großen*.

4. Der Baumgarten mit Obstbäumen diente gleichzeitig als Friedhof für die Klosterinsassen und wurde von den Mönchen auch zum Aufenthalt im Freien benutzt.

5.5 Die Klerikerschriften

Eine Hauptquelle der Gartengeschichte des Mittelalters bilden die vorwiegend lateinisch abgefaßten Schriften der Kleriker. Antike Vorbilder lagen ihnen zu Grunde, und man findet ganze Textstellen aus römischen Schriften wieder. Teilweise sind die Abhandlungen in Gedichtform geschrieben, vielleicht auch um dadurch größeres Interesse zu wecken. Beschrieben wird die Anlage von Gärten und Beeten bis zur Bodenbearbeitung, Düngung, Schädlingsbekämpfung, Pflanzung und Aussaat.

Ferner werden Pflanzenverzeichnisse aufgeführt. Dabei werden Pflanzen beschrieben und ihre sinnbildliche Verknüpfung mit der christlichen Symbolik gedeutet. Duft, Blütenform und Fruchtarten werden geschildert, wobei in den ersten Werken noch irrtümliche Angaben zu finden sind. Sie bilden einen Beweis dafür, daß noch keine Erfahrungen und Kenntnisse vorhanden waren. Erst in der »*Physica*« zeugen die Beschreibungen von zuverlässigen Kenntnissen und eigenen Beobachtungen.

Folgende Klerikerschriften sind zu nennen:

»De natura rerum«, eine Pflanzenbeschreibung und Gartenanleitung nach antiken Autoren um 600 n. Chr. von *Isidorus Hispalensis*, Bischof von Sevilla, verfaßt.

»De rerum naturis«, Lehrgedicht von *Hrabamus Maurus* (784–856), Abt in Fulda. Er lehnte sich in Titel und Text an die Schrift von Isidorus an.

»Liber de cultura hortorum«, kurz *»Hortulus«* genannt, in Gedichtform von *Walafried Strabo* (800–849) als Abt von Reichenau verfaßt.

»Physica«, ein Pflanzenwerk der Äbtissin *Hildegard von Bingen*, im Jahre 1147 verfaßt. Sie führt über 2000 Pflanzen auf, erstmals auch mit deutschen Bezeichnungen. Viele davon entstammten der heimischen Flora, auch fremde Arten waren inzwischen eingebürgert und trugen deutsche Namen.

Eine Stellung zwischen Klostergärten und Lustgärten der ritterlichen Gesellschaft, den Burggärten, nahm die von *Albert Graf von Bollstädt* (1193–1280) in seinem Werk »*De vegetabilibus*« entworfene Gartenanlage ein. Das Werk dieses universellen Mannes, der Staatsmann, Bischof und Gelehrter war, erreichte den Höhepunkt der Gartenschriften. Der volle Titel lautete: »De vegetabilibus, liber septimus de mutatione plantae ex silvestritae in domesticationem.« Es erschien erst 1517 in Venedig. Er beschreibt eine Gartenanlage, deren eine Hälfte Nutzgarten und die andere Wohngarten ist. In letzterem treten Elemente auf, die für die Zukunft bestimmend bleiben: Wiesenflächen, eingefaßte Quelle mit Wasserbecken im Mittelpunkt des Gartens, ein davon wegführender Bachlauf durch die Mitte des Gartens, Rasenbank und Hochbeet mit Blumen, zur Abschirmung Baumreihen nach Süden und Westen. – Auch die Anlage einer Rasenfläche mittels Rasensoden wurde in einzelnen Arbeitsgängen dargestellt, wie es im Prinzip heute noch gehandhabt werden könnte.

5.6 Gärten bei den Burgen

Für die Bewohner der mittelalterlichen Burgen wurde der Garten zum beliebten Platz für geselliges Treiben. Unwirtlichkeit und Enge der Burgbehausung bei früher Dunkelheit und Kälte im Winter machten die gesteigerte Freude an der Naturfreiheit in den Sommermonaten verständlich. Die ritterliche Gesellschaft war durch die Kreuzzüge zu Ansehen und gewisser Weltbildung gelangt. Daraus entwickelte sich ein würdevoller, höfischer Lebensstil, der im Dienst an der Frau, dem Minnedienst, und in einer eigenen dichterischen Kunstform seinen Ausdruck fand. Gärten und Pflanzen bildeten dazu den Hintergrund und wurden zu Sinnbildern. Der Garten war ein Bereich gesteigerter Lebensfreude und ein bevorzugter Ort der Geselligkeit. Er bildete die Ergänzung zur Burgwohnung und wurde im Sommer zur Wohnung im Freien. Hier speiste und spielte man, wie Spieltische überall auf Darstellungen zeigen. Man badete und erfrischte sich im Brunnen, im Bach oder im Holzzuber. Die Enge des Burgbereiches gestattete keine ausgedehnten Gartenanlagen, aber Wiesenhänge unterhalb standen zur Verfügung *(Tafel III)*.

Seit dem 15. Jahrhundert, meist weit später als das eigentliche Geschehen, erschien eine Fülle von Abbildungen, die das höfische Gartenleben zeigten. Sie entstanden erst nach Erfindung der Vervielfältigungstechniken mittels Holzschnitt oder Kupferstich.

Ein Baumgarten wurde in der Dichtung häufig erwähnt. Es ist ein Wiesenplatz mit einigen Bäumen und einer Einfriedigung.

Er diente für Spiele und Feste, und bei Turnieranlagen pflanzte man die Bäume in einer Reihe an den Rand des Platzes. Baumgarten und Turnierplatz waren wegen der beengten Lage von der Burghöhe etwas weiter entfernt. Deshalb blieb das Bedürfnis nach einem geschützten Gartenraum im Burgbereich möglichst in Nähe der Frauengemächer bestehen. Er bestand aus folgenden einzelnen Elementen:

a) Bäume, Blumen, Rasen, meist ein Brunnen oder eine Quelle. Bevorzugte Blumen waren Rosen, Lilien und Veilchen; häufigste Bäume Linde, Nußbaum, in warmen Gebieten Feigen, Zedern und Olivenbäume, ferner Strauchrosen, Weinstöcke sowie allerlei Obstgehölze. Der Wurzgarten in der Nähe des Hauses unter Obhut der Burgherrin enthielt Küchen- und Heilkräuter.

b) Wasser wurde in vielfältiger Form teils auch aus symbolischen Gründen verwendet. Man suchte Plätze aus, wo ein Bach oder eine Quelle vorhanden war. Schwierigkeiten gab es auf der Höhe des Burgberges, weil man dort nur tiefe Brunnen hatte. In der weiteren Entwicklung bekam zunächst die Quelle eine gemauerte Fassung; später wurden Hochbrunnen angelegt, die zum Schmuckstück der Gärten wurden.

c) Rasenbänke befanden sich auf sitzhohen Mäuerchen, die mit Rasensoden abgedeckt waren. Später gab es auch Holz- oder Steinbänke.

d) Gartenlauben wurden aus Holzgerüsten hergestellt und waren mit Wein oder Rosen berankt.

e) Einfriedigungen bestanden aus Quadermauerwerk, Holzzäunen mit Stab- und Gitterwerk, Bretterzäunen oder Palisaden, lebenden Hecken aus dornigen Pflanzen oder in Form von vertieften Gräben.

f) Gartentore waren als Binnentore zwischen zwei Gartenteilen nur als leichtes Lattengerüst gefertigt; als Außentore wurden sie stabil aus Holz mit verzierten Türbeschlägen gebaut und waren teilweise mit einem Schindeldach abgedeckt.
g) Ein Rosengarten wird zwar häufig erwähnt, ist aber nicht nachweisbar und war eventuell nur symbolisch gemeint, denn die Rose galt als Zeichen der Verschwiegenheit. Auf Abbildungen sind Rosen als Hecken oder als Behang von Gerüsten dargestellt.
h) In den Burggärten wurden keine Wege angelegt; man ging über den Rasen oder auf Rasenwegen.
i) Tiergehege gab es vereinzelt; sie bildeten die Vorgänger der fürstlichen Menagerien, die erst seit dem 17. Jahrhundert immer mehr an Größe und Tierreichtum zunahmen. Zunächst waren es aus räumlichen Gründen einzelne Zwinger oder Vogelvolieren, die aus Tierinteresse und zur Belustigung angelegt wurden. Daneben bestanden Gehege für einheimisches Wild. Die Jagd war eine beliebte Unterhaltung der Burgbewohner wie schon zu allen Zeiten. Man kannte auch Jagdhütten und Jagdhäuser. (Später im Barock gingen eine Reihe von Schloßanlagen auf ehemalige Jagdhäuser und Jagdreviere zurück.)

5.7 Gärten in den Städten

Die Romanik war ihrem Wesen nach eine Kunst der Aristokratie, die Gotik wurde zu einer mehr städtischen Kunst. Die Kulturschwerpunkte verlagerten sich vom Lande, von den Klöstern und Burgen in die Städte. Als im späten Mittelalter die Blütezeit der höfischen Kultur verblaßte, behielten die ritterlichen Lebens- und Gartenideale für die Stadtbürger weiterhin ihren Glanz. Die Darstellung höfischen Gartenlebens entstand bezeichnenderweise in dieser bürgerlichen Epoche (siehe 5.6).

Zunächst legte man Gärten innerhalb der Städte bei seinem Wohnsitz an. Dann wurden sie aus Platzmangel nach außerhalb vor die Stadtmauer verlegt und bildeten einen Kranz von gepflegtem Grün an der Peripherie der Stadt *(Tafel IV)*. Handwerk und Handel brachten den Städten eine wirtschaftliche Blüte und Wohlstand. Man konnte sich erlauben, erheblich größere und reicher ausgestattete Gärten anzulegen. Sie dienten der Repräsentation, aber auch einem neu erwachten, naturwissenschaftlichen Interesse; denn das Bildungsmonopol der Klöster war inzwischen an die Städte und ihre Bürger übergegangen.

In erster Linie wurden die Gärten in und bei den Städten zunächst als Versorgungsquelle betrachtet, und ihr eigentlicher Nutzwert überwog. Erst als sich ein gewerblicher Gartenbau bei der stadtnahen Landbevölkerung entwickelt hatte, konnte man die Erträge aus den eigenen Gärten zurückstellen.

In den aufblühenden europäischen Städten Italiens, Spaniens, Frankreichs, Deutschlands, der Niederlande und auch Englands lag die Entwicklung der Gartenkunst bei wohlhabenden, meist botanisch interessierten Bürgern, bei Kaufleuten, Ärzten oder Gelehrten. Die zahlreichen Gründungen von Universitäten und die damit häufig verbundene Anlage von botanischen Gärten förder-

46 Gärten bis zum ausgehenden Mittelalter

Abb. 14 (oben)/Abb. 15 (unten) Botanischer Garten in Padua
Er wurde 1545 angelegt und ist der älteste seiner Art.
Kreisrunde Grundform mit einem Brunnen in der Mitte und mit einer Mauer ringsum nach außen abgeschlossen. Innere Aufteilung in vier gleiche Kreissegmente, deren innere Gliederung Unterschiede zeigt. Aus der Zweckform (verschieden große Einzelbeete für Pflanzensammlungen) wird eine Kunstform.
Lageplan und Ansichtsskizze nach einer historischen Zeichnung.

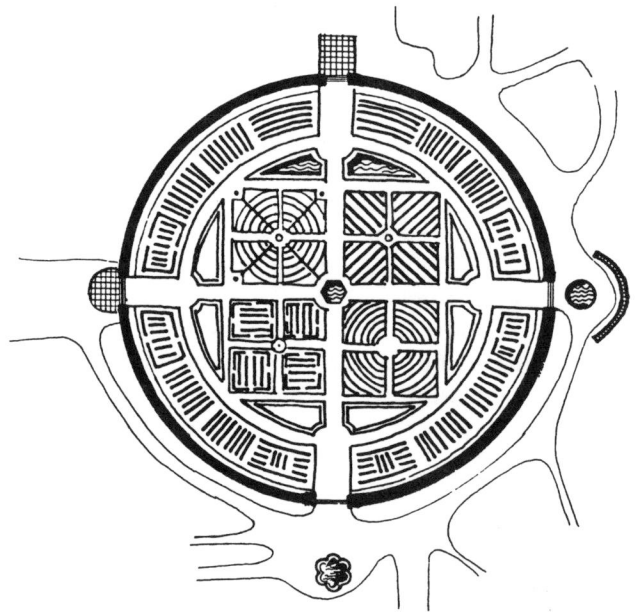

ten den Sammeleifer und die Kenntnis von Pflanzen. Zur Demonstration der fremden und kostbaren Gewächse ordnete man sie auf einzelnen Beeten an, was allmählich zu kunstvollen Formen führte und wobei das reine Sammelinteresse immer mehr ästhetischen Vorstellungen Platz machte.

An bedeutenden europäischen Universitäten wurden vom 14. bis zum Beginn des 17. Jahrhunderts folgende Botanische Gärten angelegt: 1330 Salerno, 1333 Venedig, 1350 Prag, 1525 Erfurt, 1530 Marburg, 1545 Padua, 1547 Pisa, 1577 Leiden, 1580 Leipzig, 1597 Heidelberg, im gleichen Zeitraum Montpellier, Straßburg und Paris, 1632 Oxford. – Besonders die Anlage in Padua wurde zum Vorbild vieler gleichartiger Gärten *(Abb. 14 u. 15)*.

Stadtpläne des Mittelalters zeigen noch Gärten hinter den Häusern innerhalb der Stadt, die aber nach und nach ihr Gesicht vom »Nutzgarten« zum »Lustgarten« wandelten. Die zunehmende Bebauung führte zur Anlage von Gärten außerhalb der Stadttore in Anlehnung an die Befestigungswälle. Alte Städte zeigen immer wieder diese vom grünen Kranz der Gärten umhüllte Stadtsilhouette.

Außerhalb der Städte finden wir auch im 12. und 13. Jahrhundert schon große, von Bäumen beschattete Wiesenflächen, ursprünglich vom Lateinischen her bezeichnet mit »Pratum commune«, im spanischen Madrid hieß es »Prado« und in Wien »Prater«. Diese Freiflächen dienten für Volksfeste und für festliche Repräsentationen, ferner zu Empfangsfeiern für hohe Gäste und Delegationen, aber auch als Übungsgelände und zur Ausbildung von Bogenschützen, denen sich vor allem die »Bruderschaften« annahmen. Weiterhin waren es ganz allgemein genutzte Tummelplätze. Man betrieb hier verschiedene Arten von Ballspielen, die meist in England entstanden waren und im übrigen Europa weite Verbreitung fanden.

6 Gärten der Renaissance in Italien

Seit dem 15. Jahrhundert trat Italien in eine führende Rolle auf kulturellem Gebiet. Neben der Baukunst wandte man sich auch ganz intensiv der Gestaltung von Freiräumen und Gartenanlagen zu. In Italien hatte die Aristokratie als führende Schicht ihre Bindung an die Städte nie ganz verloren gegenüber den meisten europäischen Ländern, vor allem Deutschland, wo durch eine agrarische Struktur die Seßhaftigkeit auf dem Lande weit verbreitet war und lange anhielt. Es entstanden daher zahlreiche Herrensitze (Paläste und Villen) innerhalb oder im unmittelbaren Weichbild der italienischen Städte.

Die früheren, noch befestigten Herrensitze hatten wie überall Burgcharakter. Mit dem auslaufenden Mittelalter ließ man die Festungsmauern fallen, und hier in Italien befreite man sich früher als bei den nördlichen Nachbarländern von Schutzwällen und Festungseinrichtungen. Die Standorte für neue Landsitze wählte man nicht mehr nur nach Gesichtspunkten der Sicherheit aus, sondern verlegte sie bevorzugt dorthin, wo sich die Anlage zur Außenwelt hin öffnen konnte und wo sich eine weite Aussicht anbot. Beliebt war eine Lage an einem Hang, denn sie gestattete einen Ausblick über die Grenzmauer in die Landschaft.

6.1 Alberti und Bramante

Den Auftakt zum italienischen Renaissancegarten bildeten insbesondere zwei Ereignisse. *Leon Battista Alberti* verfaßte 1452 eine Schrift mit dem lateinischen Titel *»De re aedificatoria«* (ital. *»De architettura«*). Er widmete sie dem damaligen Papst Nikolaus V. In Anlehnung an antike, vor allem römische Beispiele und an die Briefe des jüngeren Plinius mit den Beschreibungen seiner Gartenanlagen (siehe 4.3 und 4.4) entwickelte er Anweisungen für Standorte, Lage, Ausstattung und Anlage von Villengärten und nahm damit großen Einfluß auf die Gartengestaltung der Frührenaissance.

Ein weiteres, die Epoche prägendes Beispiel gab der Architekt *Donato Bramante* in Rom. Von ihm stammt die erste, eigentliche italienische Renaissanceanlage, denn er verband auf Veranlassung von Papst Julius II. den Vatikanspalast in der Ebene mit dem Belvedere-Schlößchen auf der Höhe. Das Vatikansgebäude war ein riesiges Bauwerk gegenüber dem Lustschlößchen, das im Schnitt nur 18 Meter hoch war bis auf den Mittelbau, der 35 Meter hoch herausragte. Der Vatikanspalast hatte eine Gesamthöhe von 55 Metern. Die Entfernung beider Gebäude voneinander betrug 300 Meter, die Breite des Raumes, gemessen nach der vorhandenen Gartenterrasse vor dem Belvedere, 75 Meter. Das Gelände, auf dem das Belvedere errichtet war, lag etwa 20 Meter über der Sohle des Vatikans. *Bramante* beließ die Terrasse vor dem Belvedere und schloß mehrere Terrassen

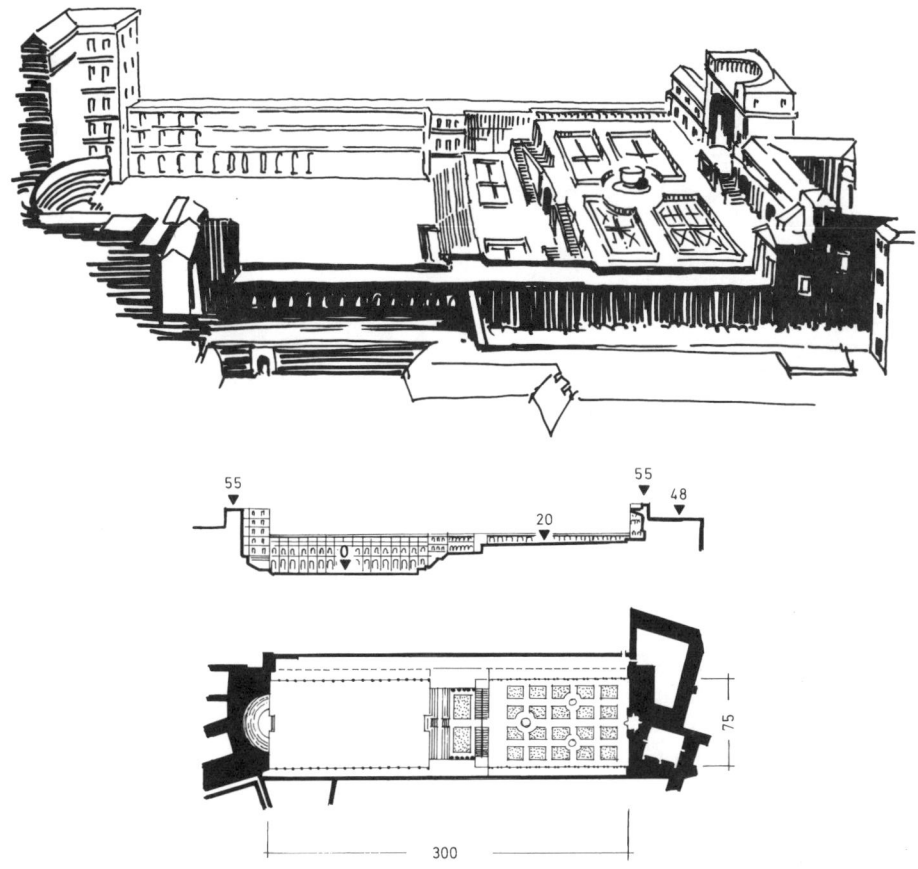

Abb. 16 (oben)/Abb. 17 (unten) Cortile del Belvedere in Rom
Der von *Bramante* entworfene *Hof des Belvedere* hatte das Vatikangebäude links mit der höhergelegenen Villa Belvedere rechts verbunden. Der untere Teil gab Raum für Festlichkeiten und Turniere. Die Terrasse vor dem Belvedere oben wurde mit dem Hof in der Tiefe durch eine großzügige Treppenanlage verbunden. Damit gelang Bramante die Verbindung verschieden hoch gelagerter Ebenen. Seine Treppenführung wurde für die zukünftige Zeit beispielhaft.
Skizze nach einer zeitgenössischen Zeichnung kurz vor Errichtung des Bibliotheksquerbaues in Höhe der Treppe, durch den bereits nach 25 Jahren der Bramantesche Entwurf wieder beseitigt wurde.

an bis hinunter auf das Niveau des Papstpalastes. Durch eine Komposition von Treppen überwandt er den Höhenunterschied.

Die vielseitige Verwendung von Treppen war neuartig, denn auch in antiken Gärten war nicht viel von Treppen bekannt, und man hat sie vermutlich nicht häufig gebaut. Alberti hatte schließlich auch nur ein »bequemes, unmerkliches Ansteigen« in Form von Rampen gefordert. *Bramante* ließ beim Hinauf- und Herabsteigen geschickt wechselnde Perspektiven entstehen, die zusammen mit den von ihm gewählten Proportionen Gebäude und Raumeindruck großartig zur Wirkung brachten *(Abb. 16 u. 17)*.

Die im Jahre 1503 konzipierte Anlage wurde erst fünf Jahrzehnte später fertiggestellt und blieb nur 25 Jahre erhalten, da sie dem Bibliotheksbau unter

Papst Sixtus V. weichen mußte. *Bramantes* Leistung wurde dennoch richtungsweisend, da er durch die Kombination von Treppen, Terrassen und Balustraden Elemente entwickelt hatte, durch die man auch an steilen Hängen Gärten anlegen konnte. Er hatte auch die architektonische Wirkung der Horizontalen und der Perspektive erkannt und folgerichtig angewendet. Von nun an suchte man geradezu nach steilen Hängen. Gebäude und Freiraum wurden immer mehr als Einheit gesehen, was dazu beitrug, daß vorwiegend Architekten die Gärten bauten.

6.2 Antike und neue Stilelemente

Eine andere Entwicklung für die Gärten brachte die Hinterlassenschaft des zerstörten, antiken Rom mit sich. Alte Skulpturen, die man immer häufiger bei Ausgrabungen entdeckte, wurden aus den Hallen und Hofräumen, wo sie bisher Aufstellung gefunden hatten, ins Freie gebracht. Dort bildeten die gemeißelten Formen aus hellem Marmor ein Bindeglied zwischen Architektur und der aufgelösten Erscheinung von Pflanzen und Gehölzen. Sie wurden zu fesselnden Blickpunkten und schufen Farbkontraste zu den dunklen Zypressenwänden.

Die mittelalterlichen Gärten bestanden ursprünglich meist nur aus einem einfachen Viereck, das durch Wege mit überdeckten Pergolen in weitere Vierecke aufgeteilt war. Zunächst wurden die überwachsenen, laubenartigen Gänge abgelöst durch schlichte, nach oben offene Wege. Sie waren bis zum Ende überschaubar, vor allem wenn sie nach hinten anstiegen. Neben der schon erwähnten Öffnung zur Landschaft und Umgebung, unterstützt durch eine Lage am Hang, bedeutete die Beseitigung der Pergolen einen weiteren Schritt zur Öffnung nach außen. Die hierbei rein äußerlich in Erscheinung tretende Hinwendung zur Außenwelt entsprach im Grunde der gesamten Geisteshaltung der Renaissance.

Im Laufe der Epoche wurden die Gärten und Außenräume immer mehr zum wesentlichen Bestandteil der Villenanlagen. Bauwerk und Gartenraum wuchsen schließlich zu einer Einheit zusammen. In der historischen Entwicklung lassen sich vier Zeitabschnitte erkennen:

- 1450–1503 die Zeit der Frührenaissance, von den Ideen und Schriften *Albertis* ins Leben gerufen, bis zu *Bramantes* Belvedereanlage in Rom.
- 1503–1573 die Zeit der Hochrenaissance vom Belvedere bis zum Tode des Architekten *Vignola*.
- 1530–1600 Manierismus.
- 1600–1750 Entwicklung zum Barock bis zum Verfall mit dem Garten in Caserta.

6.3 Die Gärten der Toskana

Die Frührenaissance füllen die Gärten der Toskana aus. Die Familie der *Medici* in Florenz nahm im 15. Jahrhundert politisch und wirtschaftlich eine beherrschende Stellung ein. Sie war auch führend im kulturellen Leben und förderte

Die Gärten der Toskana 51

Abb. 18 Boboli-Gärten in Florenz
Blick vom Palast über das hufeisenförmige »Amphitheater« in die aufsteigende Gartenachse. Die Boboli-Gärten waren die größten und berühmtesten Gärten der Mediceer. Il Tribolo war noch ein Jahr lang vor seinem Tode im Jahre 1550 mit der Planung betraut und wurde dann von Ammanati abgelöst. Der Ausbau des Palastes und des Gartens dauerte Generationen bis zur Mitte des 17. Jahrhunderts. Das »Amphitheater« war von einer Mauer mit Sitzreihen umgeben und diente als geschlossener Freiraum für große Festlichkeiten. Der Garten dehnt sich noch weit den Hang hinab nach rechts aus.

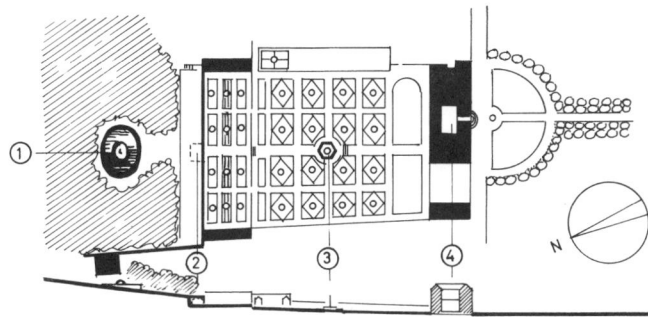

Abb. 19 Villa Medici Castello
Beispiel eines frühen toskanischen Gartens in leichter Hanglage und von einer Mauer eingefaßt. Der obere Teil mit Wasserbecken ist durch eine Stützmauer abgetrennt. Die Treppen, die von dort in den unteren Gartenteil führen, verlaufen noch seitlich unsichtbar innerhalb von kleinen Gebäuden, die als Pflanzenhäuser dienen. Die Stützmauer nimmt in der Mitte eine höhlenartige Grotte auf *(siehe Abb. 20)*. Die einzelnen Beete sind stufenartig aneinandergereiht. Es fehlt ein durchgehendes Konzept. Auch die Mittelachse ist noch nicht über das Gebäude hinaus fortgeführt, sondern verläuft beim Vorplatz parallel versetzt weiter. Einen figürlichen Höhepunkt bildet der zentrale Brunnen *(siehe Abb. 21)*.
① Wasserreservoir im Bosco   ③ Herkules-Brunnen
② Stützmauer mit Grotte   ④ Gebäude

52 Gärten der Renaissance in Italien

Abb. 20 Villa Medici Castello
Tiergrotte unterhalb der höhergelegenen Terrasse. Skulpturen aus dem gesamten Tierbereich, Überraschungsbrunnen und an Wänden und Decke bunte Muschelmosaiken bilden die Dekoration der angenehme Kühle und Schatten spendenden, höhlenartigen Grotten, wie sie in allen Renaissancegärten üblich werden.

eine Reihe von Künstlern, Malern wie Bildhauern und Architekten. *Michelangelo* wurde dort als Sechzehnjähriger entdeckt und im Medici-Haus aufgenommen, dessen herausragende Vertreter in dieser Zeit *Cosimo I.*, der Ältere (1389–1464), und sein Enkel *Lorenzo* (1449–1492) waren.

Es zeigte sich, daß die Geschichte der Gartenkunst Italiens in der Renaissance eng mit der Geschichte einflußreicher Familien und Kirchenfürsten verknüpft war. Die Gärten in der Toskana trugen Stilelemente, die für den Beginn der Epoche charakteristisch waren, wie es teilweise schon angedeutet wurde. Kennzeichnend war die Lage an einem Hang, der durch mehrere, ebene Terrassen gegliedert wurde *(Abb. 18 u. 19)*.

Die Gärten der Toskana 53

Abb. 21 Herkules-Brunnen in der Villa Medici Castello
Originale antike Plastiken oder von zeitgenössischen Bildhauern geschaffene Bildwerke aus dem Themenbereich der antiken Mythologie dienten im Italien der Renaissance zur Ausschmückung der Gärten. Oft als Brunnenfiguren wie hier die von Ammanati geschaffene Gruppe »Herkuleus und Antaeus«. Der Brunnen war ursprünglich umgeben von einer einhüllenden Pflanzung, einem kleinen Hain aus Zypressen, Lorbeerbäumen und Myrten; er ragte daher nicht so hoch heraus, wie es heute erscheint.

Die Terrassen waren durch Stützmauern voneinander getrennt. Der Übergang von einer oberen zu der darunter liegenden Terrasse erfolgte über Treppenabgänge innerhalb seitlich gelegener Nebenbauten oder innerhalb des Hauptgebäudes, denn Treppen traten als Gestaltungselemente im Freien noch kaum in Erscheinung. Seitlich neben der Villa lagen kleine, geschlossene Gartenräume (*giardini segreti*), und vor der Gebäudefront befand sich häufig eine Rasenterrasse mit abschließender Balustrade, von wo aus der Blick in die Land-

54 Gärten der Renaissance in Italien

Abb. 22 Italienische Parterre
Vorlage für die Gestaltung von Parterren nach einem illustrierten Gartenbuch von 1633 (Verfasser Giovanni Battista Ferrari, Siena). In dem Werk finden sich u. a. auch reichhaltige Angaben über Blumen und Zwiebelgewächse.
Die geometrische Form der Parterre herrscht in Italien seit Beginn des 16. Jahrhunderts vor. *Seb. Serlio*, ein Maler und Architekturschriftsteller, schlägt 1537 in einem Buch über Architekturregeln bereits ähnliche Muster vor.

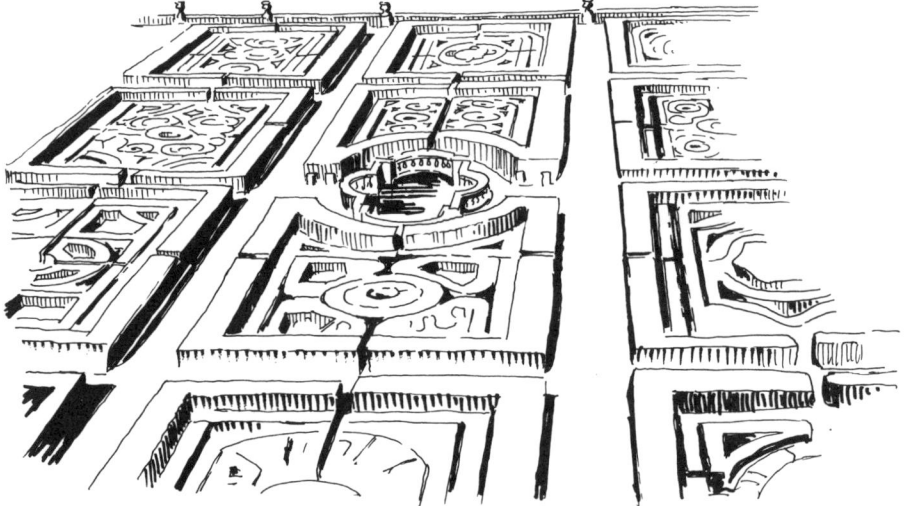

Abb. 23 Parterre der Villa Ruspoli
Italienisches Parterre aus dem frühen 17. Jahrhundert: Geschnittener Buchsbaum in für Italien charakteristischen, geometrischen Formen (Villa Ruspoli in Vignanello).

schaft genossen werden konnte. Die Terrassen waren in Rechtecke, Quadrate und Kreise gegliedert mit parallelen oder auch sternförmigen Wegeführungen. In den Stützmauern waren Grotten eingefügt, die mit Kiesel- und Muschelmosaiken ausgekleidet wurden. Die Grottenausstattung bestand aus fantastischen Figuren- und Tierensembles und wurde nicht selten durch Überraschungsbrunnen bereichert *(Abb. 20)*. Zahlreiche Brunnen zeigten plastischen Figurenschmuck, meist Gestalten aus der antiken Mythologie. Das Wasser für die Brunnenanlagen und Fontänen wurde oberhalb des Gartengeländes in Bassins gespeichert *(Abb. 21)*.

Die Beetformen auf den Terrassen wurden in der Regel aus geschnittenem Buchsbaum gebildet. Vielerlei Pflanzen fanden auf den Beeten Verwendung, und eine große Zahl wurde in Töpfen herangezogen und im Freien aufgestellt *(Abb. 22 u. 23).*

Die einzelnen Gartenelemente, die verschiedenen Terrassen einschließlich der Gebäudekomplexe wirkten noch in sich abgeschlossen, isoliert und aneinandergereiht. Eine Ausrichtung auf eine durchgehende Längsachse, die das Bauwerk einbezog, zeichnete sich noch kaum ab und würde auch noch nicht der Vorstellung, die in der Toskanischen Epoche von einer Gartenanlage verbreitet war, entsprochen haben.

6.4 Gärten in und um Rom

In den Gärten Roms und seiner Umgebung wurde in der Hochrenaissance und im Barock der Höhepunkt der Entwicklung erreicht. Eine ausgeprägte, architektonische Gesamtauffassung hob sich als Fortschritt gegenüber der Toskana ab. Bauwerke und Freiräume wuchsen zu einer Einheit zusammen. Die Gestaltung eines steilen Hanges machte keine Schwierigkeiten mehr, sondern wurde zum willkommenen Anlaß, Freitreppen, Wasserkaskaden und Brunnenanlagen zur Wirkung zu bringen. Zahlreiche Einzelelemente wurden weiterentwickelt und neu erfunden. Besonders die Verwendung von Wasser, plätschernd, sprudelnd, sprühend oder in Form von tönenden Wasserorgeln, erfuhr eine vielseitige Verbreitung.

Das über Treppen und Kaskaden herabfallende Wasser wurde immer wieder in Brunnenfontänen oder in einem Becken aufgefangen. In größeren Becken ragte in der Mitte ein figurenbekröntes Podest heraus als *Isolotto*, das mit dem Beckenrand durch schmale Brücken verbunden war. Anfangs war in Rom zu wenig Wasser für die immer beliebter werdenden Wasserspiele vorhanden. Man ging deshalb mit den Anlagen nach außerhalb in die Umgebung der Stadt. Erst nach dem Ausbau neuer Wasserleitungen unter den Päpsten Sixtus IV., Sixtus V. und Paul V. stand genügend Wasser in Rom zur Verfügung. In diesem Entwicklungsabschnitt hoben sich einzelne Gärten durch besondere Attraktionen und Zutaten hervor und erlangten dadurch bleibende Berühmtheit oder wurden für ihre Epoche wie auch für nachfolgende Zeiten zum Vorbild.

Nur wenige Anlagen mögen als Beispiele dienen, wie die berühmte, antike Skulpturensammlung der Villa Medici in Rom oder die Wasserorgeln und die Fontänenallee der Villa d'Este in Tivoli. Ebenfalls dort die modellartige Darstellung des alten Rom im Stil einer antiken »topia« *(Abb. 24).* Ferner die beherrschenden Wasserspiele und die durchgehende Wasserachse in der Villa Lante in Bagnaia. Für ihre Anlage wurde die Mittelachse freigehalten und deswegen anstatt des üblichen zentralen Gebäudes zwei Bauten seitlich parallel zur Achse angeordnet *(Abb. 25).*

Über die Wirkung und den Mechanismus von Wasserorgeln berichtete ein Franzose, Michel de Montaigne, 1580 nach seiner Besichtigungsreise zu den italienischen Gärten. Die Orgeltöne entstanden durch Wasserdruck auf geschlossene Zylinder, wodurch die darin befindliche Luft in Orgelpfeifen gepreßt

56 Gärten der Renaissance in Italien

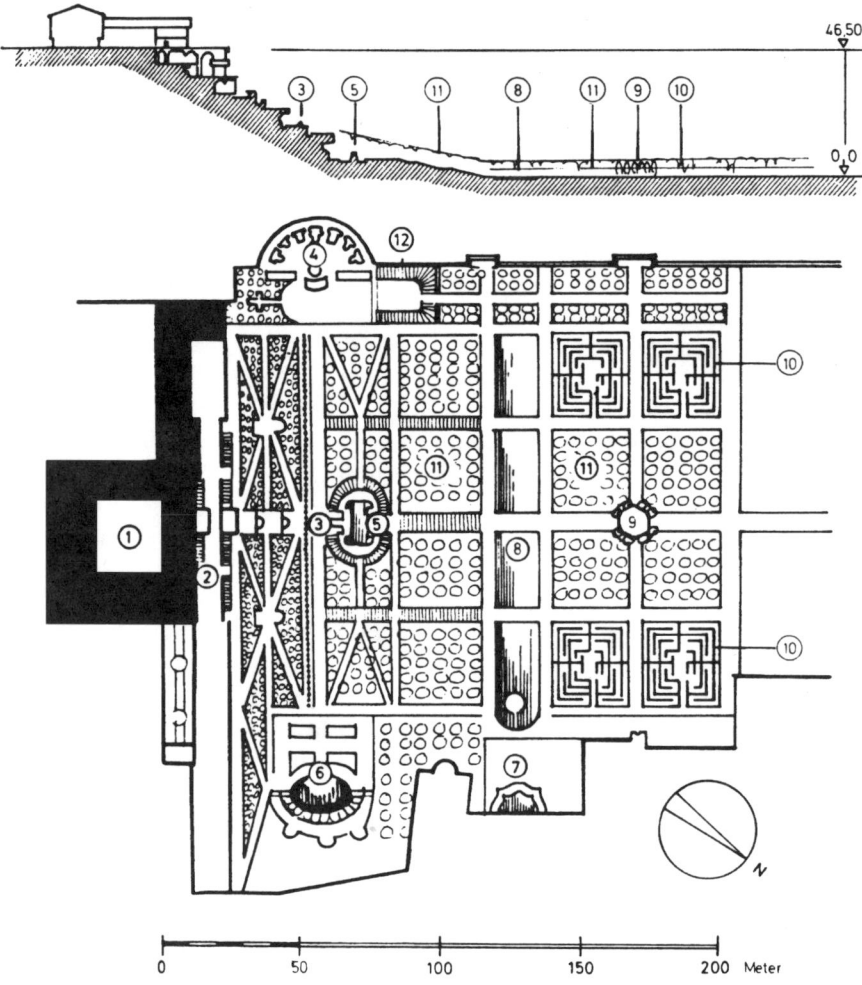

Abb. 24 Villa d'Este in Tivoli
Die Anlage gilt als hervorragendes Beispiel eines italienischen Renaissancegartens, bei dem die einfallsreiche Verwendung von Wasser hervorsticht in Form von Becken, Brunnen, Fontänen und Kaskaden, Wasserorgeln und Wasserspielen. Kardinal Ippolito d'Este hatte den Architekten Pirro *Ligorio* mit der Anlage beauftragt. Man errichtete zunächst an der Westseite des Grundstückes zur Regulierung des Geländes eine hohe Stützmauer. Bei der Ausstattung des Gartens haben Ligorio vermutlich die Reste der in der Nähe gelegenen Hadriansvilla inspiriert.
Die zahlreichen Querachsen dienten zum Ausruhen und zur Unterhaltung. Jede bot etwas besonderes: Fontänen, Skulpturen, eine eindrucksvolle Perspektive oder einen schönen Ausblick.

① Gebäudekomplex
② Obere Terrasse
③ Fontänenstraße
④ »Roma antica«, ein Modell des antiken Rom
⑤ Drachenbrunnen
⑥ Wassertheater
⑦ Wasserorgel
⑧ Wasserbecken
⑨ Zypressenrondell
⑩ Irrgärten, Heckenlabyrinthe
⑪ Bosketts
⑫ Stützmauer

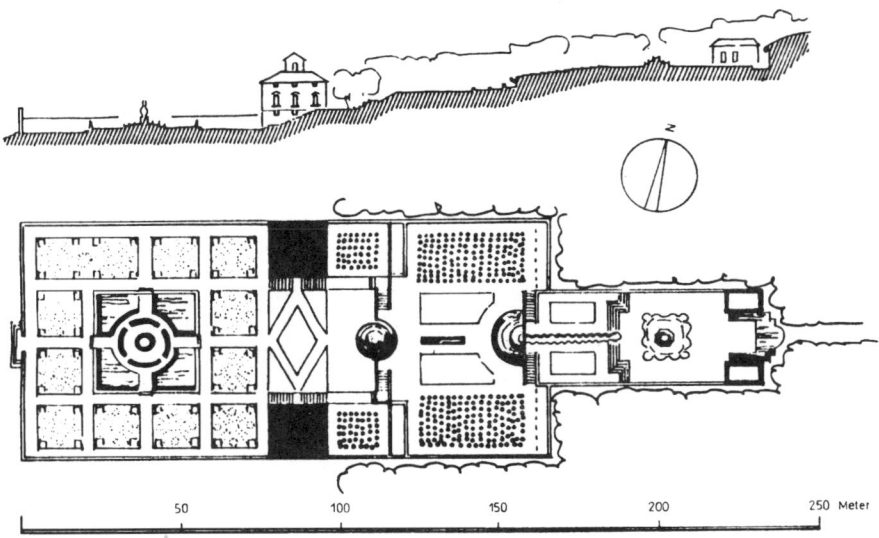

Abb. 25 Villa Lante in Bagnaja
Die Wasserachse läuft als Mittelachse den Hang hinab über Brunnen, Wassertreppen und Kaskaden in ein großes Becken mit Mittelinsel und Figurenbrunnen (Isolotto) im unteren Teil des Gartens. Das Gelände steigt terrassenartig auf 250 Meter Länge um etwa 30 Meter an (durchschnittlich 12 %). Das Wohngebäude ist nicht, wie bei anderen Villenanlagen, ein geschlossenes Bauwerk, sondern durch zwei parallel zur Mittelachse angeordnete Pavillons ersetzt. Bei geringerem Raumbedarf infolge einer geringeren Gästezahl genügt einer der beiden Pavillons, wodurch eine gewisse Intimität gewonnen wird. Der Garten geht harmonisch in den oberhalb gelegenen Wald über; damit wird eine enge Verbindung zur freien Natur betont.

wurde. Bei einer anderen Methode setzte man ein Wasserrad in Bewegung. Es betätigte dann nach einem bestimmten Rhythmus Tasten am Spieltisch einer Orgel. Durch Wasserkraft wurden ferner eine ganze Reihe von mechanischen Bewegungen bei künstlichen Tieren und ähnlichen Elementen ausgelöst *(Tafel V)*.

Der meist vorhandene und sich der Weiterentwicklung in Art und Nutzung anpassende »giardino segreto« war ursprünglich ein kleiner, abgeschiedener Garten in unmittelbarer Nähe des Hauses. Er blieb auch in späteren, zusammenhängenden großen Konzeptionen ein Raum, in dem vorwiegend Blumen und Kräuter herangezogen wurden. Mit seinem stillen Charakter eignete er sich für intime Gespräche und Zusammenkünfte oder als ruhiger Aufenthaltsort, auch gelegentlich als Spielbereich der Kinder. Die Beete waren durch niedrige Buchshecken eingefaßt, und im kreisförmig erweiterten Wegekreuz sprudelte ein kleiner Brunnen.

Als die *Villa Aldobrandini* im Auftrag Kardinals *Pietro Aldobrandini* von *Giacomo della Porta*, einem Schüler Michelangelos, 1598 in Frascati erbaut wurde, war der reine italienische Barockgarten entstanden. Was sich schon in der Villa *Lante in Bagnaja* angedeutet hatte, kam hier zum Durchbruch und erlangte seine Vollendung *(Abb. 26)*.

58 Gärten der Renaissance in Italien

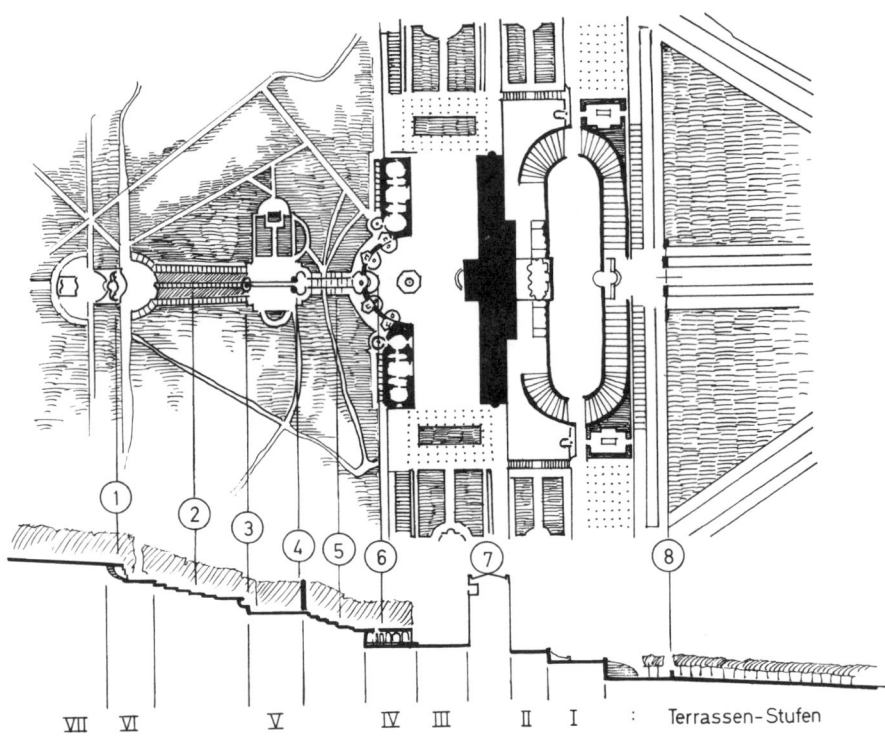

Abb. 26 Villa Aldobrandini in Frascati
Ab 1598 baut der Architekt *Giacomo Della Porta* an der Anlage und stellt sie innerhalb von fünf Jahren fertig. Eine den Hang herabführende Wasserkaskade bildet eine durchgehende Mittelachse. An ihr arbeiten damals berühmte Wasserwerk-Spezialisten, die bereits bei der Villa Lante und Villa d'Este tätig waren.
Der terrassenartige Aufbau in sieben Abstufungen ist besonders ausgeprägt.
Die Loggia im Obergeschoß bot einen umfassenden Überblick hangaufwärts auf die in einer Linie übereinanderliegenden Wassertreppen und Brunnen. Punkte, die solch konzentrierte Schau boten, waren sehr begehrt. Die Villa Aldobrandini gilt als markantes Beispiel einer italienischen Gartenanlage, die bereits dem Barock zuzurechnen ist.

① Fontana rustica
② Kaskade (Wassertreppe)
③ Fontana natura
④ Säulen
⑤ Kaskade (Wassertreppe)
⑥ Wasserkünste
⑦ Gebäude
⑧ Eingang

Terrassen, Bosquets und Irrgärten, die in den Renaissancegärten wesentlich waren und dort wohlgeordnet aneinander und nebeneinander gereiht waren, wurden nun ganz zurückgedrängt, und an ihre Stelle trat die große *Achse*. Sie begann beim Eingang, ging durch die Hausmitte und wurde durch immer neue Überraschungen gesteigert, bis sie sich in der Ferne verlor. Der ganze Garten war auf Haus und Achse bezogen *(Abb. 27 u. 28)*.

Auf dieser Achse bewegte man sich, und man wurde von allen Seiten auf sie zugeführt. Von Schritt zu Schritt erlebte man neue Überraschungen, neue

Gärten in und um Rom 59

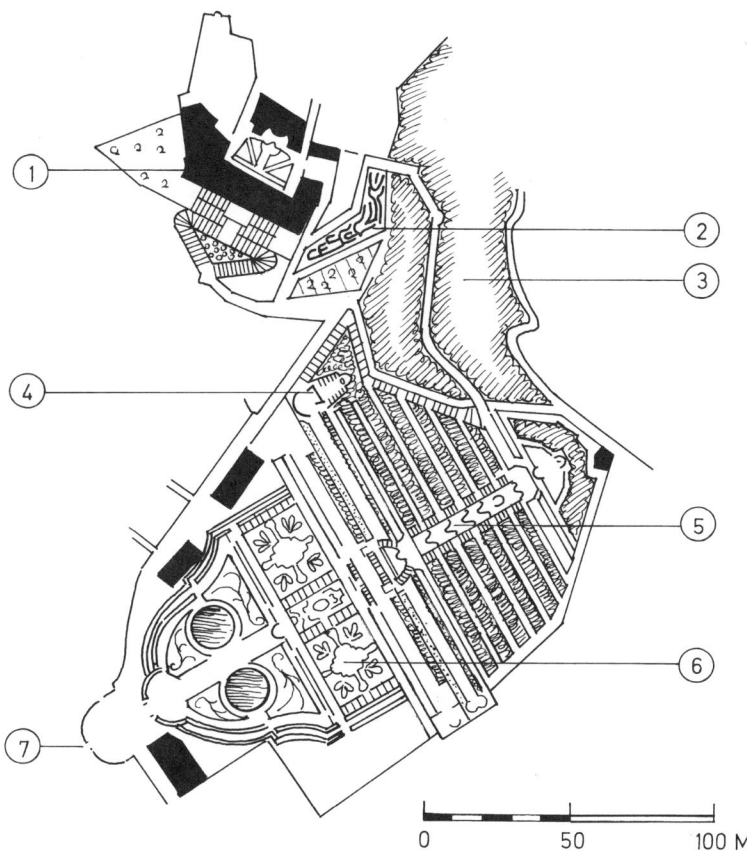

Abb. 27 Villa Garzoni in Collodi bei Lucca
Ein pompöser Barockgarten an einer steilen Hügelflanke unterhalb des Schlosses, das auf der Höhe seitlich liegt. Der Standort des Schlosses war durch den älteren Burgbau aus dem 12. Jahrhundert gegeben.
Um 1650 ließ die Familie Garzoni den Garten anlegen. Er ist zum Schloß hin insoweit zugeordnet, als im oberen Teil der Anlage die repräsentativen Elemente, wie Gartentheater, Labyrinth und Wassertreppe, liegen. Am Hangfuß befindet sich das ebene Parterre mit zwei großen Wasserbecken. Es ist von einem großen Halbrund aus haushohen Eibenhecken eingerahmt. Die verhältnismäßig spät entstandene Anlage lehnt sich an Beispiele in Rom und seiner Umgebung an.

① Schloß   ⑤ Wassertreppe
② Irrgarten   ⑥ Parterre
③ Bosco   ⑦ Unterer Eingang
④ Theater

Schönheiten. Alle Durchblicke bildeten einen Vordergrund und Rahmen für das prächtige Gebäude. Auf den weitgeschwungenen Freitreppen muß man sich die Menschen jener Zeit plaudernd und lustwandelnd vorstellen, wie sie von den ausgeklügelten, oft belustigenden Wasserspielen überrascht wurden.

Die Villa *Aldobrandini* bildete einen Höhepunkt und hat in der folgenden Zeit bei zahlreichen Anlagen als Vorbild gedient.

60 Gärten der Renaissance in Italien

Abb. 28 Villa Garzoni
Blick auf die absteigenden Terrassen und die Blumenterrasse am Hangfuß. Die Wassertreppe im oberen Teil wird durch eine Fontäne gespeist, die der auf der Höhe beherrschenden Statue der Fama entspringt. Die Gliederung des Hanges mit Fontäne, Teichbecken, Wasserkaskaden, Stützmauern und gegeneinanderlaufenden Treppen zeigt das in Italien entwickelte Talent, schwierige Gelände vollendet zu meistern. Doch die Treppe ist hier zum Selbstzweck geworden. Das Ziel auf dem Gipfel ist zu unbedeutend, um diesen pompösen Aufgang zu rechtfertigen. Es war der Versuch, für Auftritte und Feste einen glanzvollen Rahmen zu schaffen. Eine Darstellung, die barocken Gedanken entspricht. Manieristische Elemente schleichen sich ein.

7 Die Renaissance in Frankreich

7.1 Schlösser an der Loire

Karl VIII. unternahm als junger König im Jahre 1495 einen Feldzug nach Italien, um als letzter Sproß des Hauses Anjou seine Erbrechte auf das Königreich Neapel zu vertreten. Sein Zug nach Süden vermittelte ihm enthusiastische Eindrücke von zahlreichen Kunstwerken, die seit Beginn des 15. Jahrhunderts in Italien als Zeugnisse einer neuen, schöpferischen Epoche, der Frührenaissance, entstanden waren.

Für die Entwicklung in Frankreich hatte die Begegnung mit dem vorausgeeilten, italienischen Kunstgeist umwälzende Folgen, und der militärisch nicht sehr erfolgreiche Feldzug wurde zur Geburtsstunde der französischen Renaissance. Karl brachte in seinem Gefolge eine Reihe namhafter Künstler, Architekten, Schmuckgestalter und Gartenkünstler mit nach Frankreich. Etwa zwanzig solchen italienischen Spezialisten gewährte er Asyl und siedelte sie zunächst in seinem Schloß *Amboise* an, das er sogleich nach den neugewonnenen Vorstellungen ausbauen ließ.

Neben Kunstblättern und bebilderten Architekturbüchern führte er außerdem Ladungen von Skulpturen, Gemälden, Teppichen, Bibliotheken und weitere Ausstattungsgegenstände, ferner wertvolles Steinmaterial wie mehrere Marmorarten zur Vervollständigung seiner Residenz aus Italien ein.

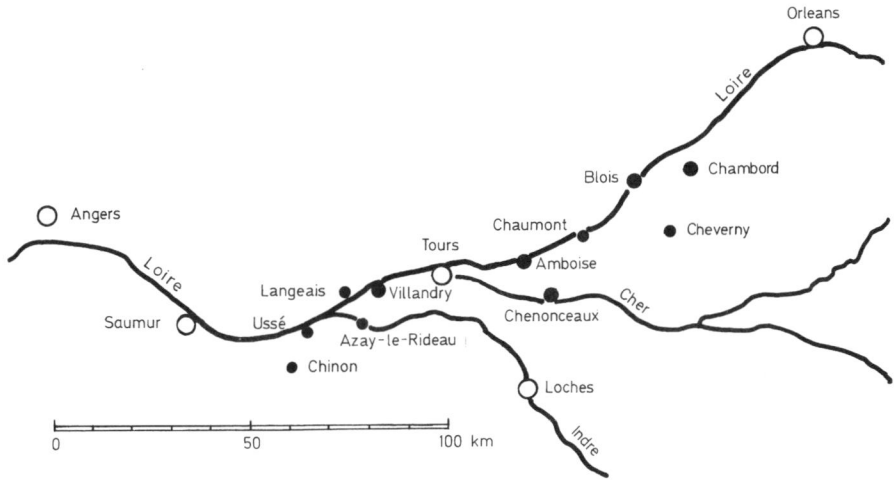

Abb. 29 Loire-Schlösser
Das Gebiet der Loire mit der Lage der wichtigsten Schlösser, die hier ab 1495 unter Karl VIII. und seinen Nachfolgern entstanden, bis schließlich die französischen Könige in den Raum von Paris übersiedelten.

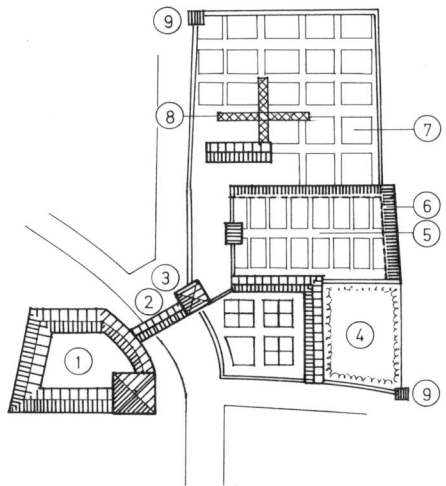

Abb. 30 Schloß Blois (Lageplanschema)
Es wurde von Ludwig XII. (1498–1515) ausgebaut. Der ursprüngliche, mittelalterliche kleine Garten wurde zum untersten Parterre eines in drei Terrassen mit hohen Stützmauern ansteigenden Gartens. Jede Terrasse bildete für sich einen durch hohe Mauern abgeschlossenen Garten. Sie waren noch nicht zueinander in Beziehung gebracht, und es fehlte ebenfalls noch die Beziehung der Gärten zum Schloß. Von ihm aus führte zur untersten Gartenterrasse über den Wallgraben eine »Galerie« (Brücke). Ausstattungselemente der Gärten waren Laubengänge, geometrische Beete, eine Fontäne und eine Kapelle.

① Schloß
② Galerie
③ Bergfried
④ 1. Terrasse
⑤ 2. Terrasse
⑥ Holzgalerie mit Treillagen überdacht
⑦ 3. Terrasse
⑧ Laubengang
⑨ Ecktürme

Mit Amboise begann der Ausbau einer Reihe von Schlössern, die für die Region der Loire und für die Renaissance Gesamtfrankreichs charakteristisch werden sollten. Die Höhen des Loiretales hatten schon seit dem 10. Jahrhundert befestigten Burgbauten zum Standort gedient, denn den Strom entlang zwischen Angers und Orleans hatten entscheidende Ereignisse und Kämpfe um die politische Einigung Frankreichs stattgefunden *(Abb. 29)*.

Nach den Plänen eines Priesters aus Neapel, *Pacello da Mercogliano*, der vor allem aber als Gartenkünstler bekannt war, entstanden Gartenanlagen aus italienischer Überlieferung in *Amboise* und *Blois*. Karls Nachfolger *Ludwig XII.* verlegte seine Residenz nach *Blois* und erweiterte das Schloß um einen neuen Flügel *(Abb. 30)*. Als nächster erbaute *Franz I.* von 1519 an *Chambord*, das pompöseste Jagdschloß des ganzen Loiretales. Es bedeutete das letzte Halt des Königshofes vor seiner endgültigen Rückkehr nach Paris über Fontainebleau und Saint-Germain en Laye.

Unter Franz I. setzte eine zweite Welle der direkten Mitwirkung italienischer Künstler ein, wobei er auch den hochbetagten *Leonardo da Vinci* an seinen Hof holte, der bei Amboise seine letzten Jahre verbrachte und im Schloß Cloux verstarb *(Abb. 31)*.

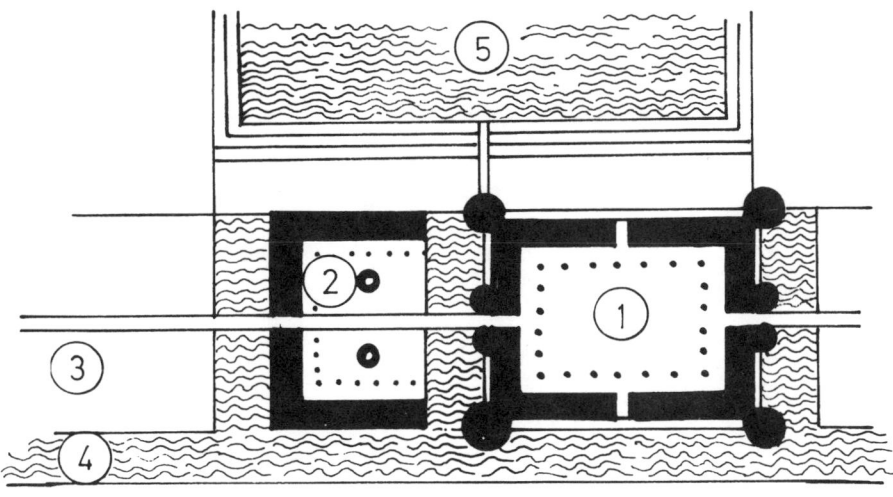

Abb. 31 Schloßanlage (Leonardo da Vinci zugeschrieben)
Der Entwurf zeigt den Weg zur symmetrischen Anordnung und Verbindung zwischen Gebäude und Freiraum bzw. zwischen Schloß und Park. Ferner leitet er die Entwicklung zum französischen Kanalgarten ein.

① Schloß mit vier Ecktürmen und Säuleninnenhof
② Wirtschaftshof mit Brunnen
③ Ziergarten
④ Kanal
⑤ Vertiefter Weiher für Wasserturniere

Im Tal der Loire verbreitete sich durch die königlichen Vorbilder eine fast achtzig Jahre lang anhaltende Bautätigkeit. Durch Adel und reiche Bürger entstanden zahlreiche weitere, schloßartige Sitze, die wie Blois und Chambord nur noch Wohn- oder Jagdschlösser sein sollten.

Keiner der Gärten bei diesen Schlössern ist in seiner ursprünglichen Form erhalten geblieben. Nur spätere Rekonstruktionen können uns heute eine ungefähre Vorstellung vermitteln. So wurde Anfang des 20. Jahrhunderts der terrassierte Garten in Villandry im Sinne von Du Cerceau restauriert. In der unteren Ebene befindet sich der Küchengarten, in dem Beetkompartimente mit farblich abgestimmten Gemüsearten bepflanzt und in symmetrischen Mustern aneinander gereiht waren *(Tafel VI)*.

7.2 Das speziell Französische

Unsere Kenntnisse stützen sich vorwiegend auf Darstellungen und Berichte, wobei die Perspektiven und Pläne von *J. A. Du Cerceau*, der etwa von 1510 bis 1584 lebte, den wichtigsten Platz einnehmen. Er war ursprünglich Architekt, hatte von 1530 an drei Jahre lang Villen und Gärten in Rom studiert und durch sein späteres Wirken die Entwicklung in Frankreich nachhaltig beeinflußt.

Dort lagen die Verhältnisse auf Grund der politischen Abläufe und der Struktur des Landes anders als in Italien. In Frankreich waren befestigte Schlös-

64   Die Renaissance in Frankreich

Abb. 32 Schloß Chenonceaux am Cher, Gebiet der Loire
Ein Renaissancegarten, noch getrennt vom Gebäude und abseits gelegen. Seine Formen, seine Ausstattung und die Nutzung stehen ganz im Gegensatz zur umgebenden Waldlandschaft, in die man zur Jagd auszureiten pflegte. Das Gartengeviert über hohen Stützmauern liegt isoliert für sich, vom Schloß und vom Wald abgegrenzt durch Fluß und Wassergräben.

ser und Städte bis in die Mitte des 15. Jahrhunderts und damit bis zur Beendigung des hundertjährigen Krieges mit England ständig eine Lebensnotwendigkeit gewesen. Der Feind war in den einzelnen Etappen dieses Krieges mehrfach bis in das Zentrum des Landes vorgedrungen, hatte erobert und Schrecken verbreitet. Festungssysteme mit Türmen, Bastionen und Wassergräben gaben daher Städten und Schloßanlagen ihr äußeres Gepräge. An diesem Festungscharakter wurde noch lange festgehalten. Kräftige Ecktürme und breite, spiegelnde Wassergräben blieben auch bei Neubauten nach der Jahrhundertwende (nach 1500) zunächst noch bestimmend.

Im Gegensatz zu Italien war für den französischen Hof wie auch für den Adel das Chateau zum ständigen Wohnsitz geworden. Wie in römischer Zeit kannte man im Italien der Renaissance die Villa als Landsitz zum zeitweiligen Aufenthalt im Sommer, wenn es in den Städten vor Hitze unerträglich war. Die Villen waren dementsprechend meist nur zum Zwischenaufenthalt ausgestattet. In Frankreich mit dem kühleren Klima entfiel das Motiv des Wohnwechsels aus Flucht vor der Sommerhitze. Man vermied aber trotzdem gerne die Städte, weil man dadurch den immer wiederkehrenden Revolten und aufrührerischen Erhebungen aus dem Wege gehen konnte *(Abb. 32)*.

So wurden die Schloßanlagen fern in der Landschaft zu vollständig ausgestatteten Wohnsitzen und schließlich zu Residenzen, die jede gewünschte Art von Unterhaltung boten. Das waren mitbestimmende Gründe, die in späterer Zeit zu der größten Anlage, der Residenz von *Versailles*, führten. Im Verlaufe der Ausweitung des Hoflebens konnte man außerhalb der Städte mit größerer Unbefangenheit Feste abhalten und den üppigen Lebensstil vor dem Volke verbergen.

7.3 Die Entwicklung zum »Kanalgarten«

In Frankreich boten sich für die Anlage von parkartigen Freiräumen, die immer mehr Umfang einnahmen, vorwiegend ebene Lagen, höchstens aber ein flachhügeliges Gelände an. Die Tendenz zur Ebene nahm zu, nachdem man die italienischen Vorbilder hinter sich gelassen hatte und eine eigene, französische Gartenidee zum Durchbruch gekommen war. Kaskaden und Wassertreppen an steilen Hängen wie in Italien wurden von Kanälen und seeartigen Becken neben Brunnen und Fontänen in fast ebener Lage ersetzt.

Die ursprünglichen Wassergräben um den Schloßbau wurden in den weiteren Gartenbereich fortgeführt, wo sie teilweise seeartig erweitert wurden. Sie wurden zur Fischzucht nutzbar gemacht und dienten bei entsprechender Größe für Wasserturniere zur Unterhaltung der Hofleute *(Abb. 33)*.

Aus diesen Anfängen entwickelte sich der *»Kanalgarten«* der französischen Renaissance, wobei immer mehr das Problem begriffen wurde, Gebäude und

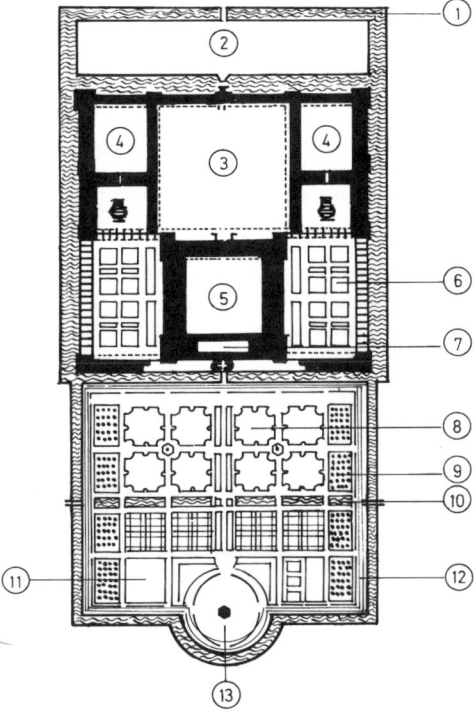

Abb. 33 Schloß Charleval in der Normandie nach dem Plan von Du Cerceau für Karl IX.
Eine königliche Schloßanlage, die aber nur zu geringen Teilen ausgeführt wurde. Dennoch bedeutet der Entwurf den entscheidenden Schritt zur Einheit von Gebäude und Park wie auch zum Kanalgarten.

① Kanal
② Vorplatz
③ Wirtschaftshof
④ Nebenhöfe
⑤ Schloßbau mit Innenhof
⑥ Seitliche Gartenparterre als »giardini segreti«
⑦ Großer Gartensaal
⑧ Gartenparterre
⑨ Boskets
⑩ Querkanal aus Einzelbassins
⑪ Irrgarten
⑫ Ringsum laufende Arkadengänge am Kanalrand
⑬ Halbrunde Erweiterung: großer Platz mit Pavillon

66 Die Renaissance in Frankreich

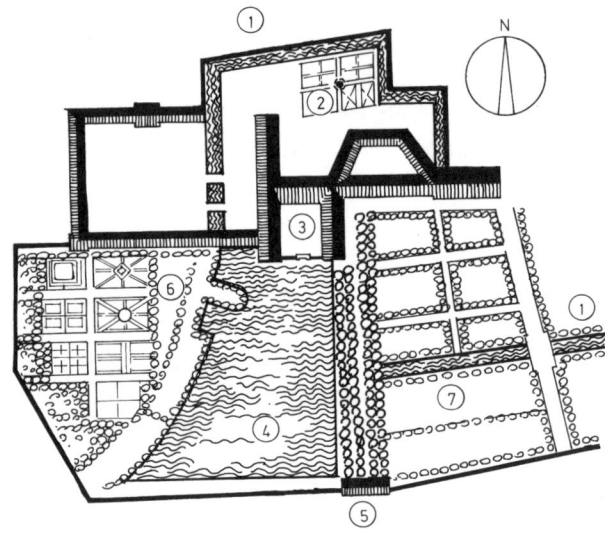

Abb. 34 Schloß Fontainebleau unter Franz I. (1515–1547)
(Lageplanschema nach der Ansicht von Du Cerceau)
Die Anlage zeigt die Eigenarten der französischen Gärten in der Renaissance. Das Schloß diente dem Daueraufenthalt, es war Residenz und Wohnsitz. Starke Abgeschlossenheit nach außen und bewußte Einordnung der Wassergräben und Wasserflächen in den Gesamtplan fallen ins Auge. Das unregelmäßige Schloßgrundstück wird von einem breiten Kanal umschlossen. Im Süden begrenzt ein großer Weiher die Front des Schlosses. Eine vierreihige Allee führt zum Torpavillon im Süden. Westlich vom Weiher liegt ein »Jardin des pins« (Garten mit Nadelgehölzen) mit regelmäßigen Beeten zwischen den Bäumen.
Der eigentliche, vom Kanal umschlossene Ziergarten liegt im Norden des Schlosses und besteht aus vier Quadraten, die mit Holzzäunen eingefaßt sind und auf denen sich Beete mit Blumen und farbigen Kies- oder Sandflächen befinden. In der Mitte steht eine Plastik.

① Kanal
② Vierteiliger Ziergarten mit antiker Marmorstatue, der sog. »Diana von Versailles« (heute im Louvre in Paris), im Zentrum aufgestellt
③ Schloß
④ Weiher
⑤ Vierreihige Allee und Torpavillon
⑥ »Jardin des pins«
⑦ Frucht- und Wiesengarten

Gartenraum als Einheit zu sehen und danach zu gestalten. Zunächst bestand diese Geschlossenheit allerdings noch nicht, denn meist ließ sich in direkter Beziehung zum Haus bei einem überkommenen Standort ein Garten kaum anlegen. Erst bei Neuplanungen und bei entsprechenden Grundstückszuschnitten konnte eine Einheit Schloß-Garten beziehungsweise Schloß-Landschaftsraum entstehen.

In *Fontainebleau*, das in seiner ersten Phase Franz I. ausbauen ließ, wurde eine sumpfige Ebene in einen See verwandelt. Nach diesem Beispiel kamen seeartige Anlagen förmlich in Mode, aber man brauchte dazu die natürlichen Voraussetzungen eines Geländes, bei dem das Grundwasser hoch anstand und durch Aushub eine Wasserfläche geschaffen werden konnte. Diese Vorbedingungen waren und blieben seither für Parkschöpfungen mit offenen, großen Gewässern standortbestimmend, sofern nicht ein Fluß aufgestaut oder ein vorhandener See einbezogen werden konnte *(Abb. 34)*.

Seit der Mitte des 16. Jahrhunderts war für Grundrisse eine exakte Regelmäßigkeit zur Bedingung geworden. Dabei wurde aber jede geometrische Form geduldet vom Dreieck über das Viereck bis zu fünf- und mehreckigen Formen. Vor allem der vielseitige Architekt *Philibert de l'Orme* und der schon erwähnte *Du Cerceau* hinterließen phantasievolle, auf geometrischen Formen basierende Grundrisse von Gebäuden und Gärten.

7.4 Grottenanlagen

Ebenfalls von Italien aus hatte sich eine besondere Vorliebe für Grotten verbreitet. Unterhalb von Stützmauern, in Höhlen am Fuße eines Hanges oder in eigens dafür errichteten Bauwerken wurden Grotten angelegt. Sie durften bald in keinem Garten fehlen. Ihre grotesken Ausschmückungen bestanden aus Muscheln, emaillierten Verkleidungen, Pflanzen- und Tiernachbildungen. Eine verborgene Lage hinter bemoosten Steinen in Verbindung mit herabrieselndem Wasser unterstrich die geheimnisvolle Stimmung. Der bekannteste Grottenspezialist dieser Zeit war *Bernard Palissy*. Er verwendete glasierte Fayencen und vollendete ein angestautes Grottenwerk im Auftrage von Katharina von Medici, der verschmähten Gattin Heinrich II., um 1565 in den *Tuillerien*-Gärten von Paris. Leider wurde es zum großen Verdruß der Zeitgenossen schon 1589 von Heinrich IV. wieder abgerissen, um anderen Gartenanlagen Platz zu schaffen.

7.5 Der Weg zum Parterre

Aus der ebenen Lage der Gärten ergaben sich ebene, nebeneinanderliegende Flächen, anders als in den hochterrassierten Anlagen Italiens. Der Möglichkeit beraubt, von in die Höhe gestuften Terrassen herab ein Raumerlebnis zu vermitteln, legte man zunächst an den Längsseiten der Gartenflächen erhöhte Promenaden an. Die Flächen bezeichnete man mit »*Parterre*« und machte sie nach und nach zum schmückenden Inhalt der Gärten. Neben den Bauwerken gewannen die Außenräume immer mehr Bedeutung, und dadurch widmeten sich zunehmend Künstler, Architekten und Gärtner vorwiegend der Gestaltung von Gärten und Parkanlagen, wofür auch ein steigender Bedarf vorlag. Die große Nachfrage und neuartige Geschmacksrichtungen veranlaßten einige namhafte Fachleute, ihre Kenntnisse zu publizieren. So wurde die fortschreitende Entwicklung von einem *Schrifttum* begleitet, das teils dokumentierend, teils anregend auf den weiteren Ablauf einwirkte.

Als erster verfaßte Olivier de Serres ein achtbändiges Werk »Le Théatre et Mesnage des Champs«, herausgegeben in Paris 1600. Er lebte von 1539 bis 1619. Der sechste Band war Gartenfragen gewidmet und wendete sich ausführlich dem *Parterre* zu. Nach *Olivier* kommt »parterre« vom lateinischen partiri = einteilen, bezogen auf die unterteilte Fläche im Gegensatz zum hochgewachsenen *Boskett*. Zur Umrandung der einzelnen Teilflächen verwendete er wohlriechende, niedrige Kräuter und Sträucher wie Lavendel oder Thymian, auch Buchsbaum wurde schon genommen. Die Zwischenflächen im Inneren wurden mit Blumen ausgefüllt, mit Veilchen, Levkojen, Stiefmütterchen oder Maiglöckchen. Außen herum und zwischen den einzelnen, aus einer Art bestehenden Pflanzengruppen legte man verschiedenfarbige Erd- und Kiesbänder an, um die Formen der Gruppen klar zu trennen. Daneben gab es Figuren aus geschnittenem Buchsbaum; an ihrer Stelle konnten auch aus Stein gehauene Statuen, Obelisken, Pyramiden und Vasen Aufstellung finden. *Olivier* betonte, daß ein Parterre, um voll zur Wirkung zu kommen, von oben betrachtet werden müßte.

Das Entwerfen eines Parterres wurde als eine künstlerische Aufgabe gesehen und bedurfte der Mithilfe eines Malers. Nur die Ausführung überließ man dem Gärtner.

Olivier wandte sich mit seinem Werk an den gebildeten Zeitgenossen. Für ihn war der Gartenentwurf eine Kunst wie Malerei oder Architektur. Daher widmete er sein Werk auch dem König. Das Werk erfuhr 13 Neuauflagen bis 1804, fast 200 Jahre nach seinem Tode.

Als Gärtner König Heinrichs IV. trug *Claude Mollet*, der vor allem in *Fontainebleau* tätig war, gemeinsam mit seinen Söhnen eigene Berufserfahrungen zusammen. Das Erscheinen seines Buches »*Le Théatre des Plantes et Jardinages*« zögerte sich bis 1652 heraus, der Inhalt bezog sich aber auf Erkenntnisse bereits vom Beginn des Jahrhunderts. Seine Vorschläge für Parterreanlagen lehnten sich an Olivier an. Die Blumenpflanzungen in den Randstreifen mochte er jedoch vielseitiger gestaltet sehen, so daß wechselnd den ganzen Sommer über etwas blühte. Größte Bedeutung schrieb er der Verwendung von Buchsbaum zu, weil diese Pflanzenart vom Klima her das am besten geeignete Pflanzenmaterial darstellte.

Während seiner Schaffensperiode erlebte er den entscheidenden Aufschwung der Parterreanlagen.

Im Jahre 1582 war der französische Architekt *Du Perac* aus Italien zurückgekehrt, wo er neben dem gründlichen Studium der Gärten auch antike Bauruinen aufgemessen und gezeichnet hatte. Von Perac gingen weitblickende Anregungen für die Zusammenfassung der einzelnen Parterres in einer geschlossenen Einheit aus, wobei er den Begriff »*Compartiment de broderie*« verwendete und mit schwungvollen, zusammenhängenden Arabeskenformen die bisherige aneinandergereihte Kleinteiligkeit verdrängte. Als weiterer Exponent trat im frühen 17. Jahrhundert *Boyceau* auf, der 1638 sein Buch »*Traite du Jardinage*« herausgab. In ihm wurden Grundregeln der Gartenkunst im Sinne einer Freiraumgestaltung aufgestellt. *Boyceau* ging es um die große Linie, um perspektivische Raumwirkungen und ausgewogene Proportionen. Am Beispiel einer Allee macht er deutlich, wie hohe Bäume einen breiten und langen Weg, Strauchhecken von geringerer Höhe einen schmaleren und kürzeren Weg begleiten sollen. Er stellte die Forderung nach reichhaltigerer *Abwechslung*, die ein Garten trotz aller symmetrischer Ordnung und abgestimmten Proportionen anzubieten hätte.

Seit Beginn des 17. Jahrhunderts war der Entwicklung soweit der Weg geebnet, daß nach 1650 die Voraussetzungen für den Höhepunkt der französischen Gartenkunst geschaffen waren, wie er sich besonders in den Anlagen von *Vaux-le-Vicomte* und *Versailles* erfüllte.

8 England in der Renaissance

8.1 Vorbilder aus Italien und Frankreich

Während die Entwicklung des neuen Gartenstils in Italien um 1500 bereits reizvolle Beispiele hervorgebracht und in Frankreich durch das Geschehen im südlicheren Land angeregt eine reiche schöpferische Tätigkeit begonnen hatte, rührte sich in England zunächst noch wenig. Die inneren Unruhen des letzten halben Jahrhunderts wirkten sich noch lähmend aus. Erst mit *Heinrich VIII.* und seinem Kardinalminister *Wolsey* brach eine Epoche an, in der für Repräsentation, Prachtliebe und Lebensfreuden wieder Zeit und Bedürfnisse vorhanden waren.

In England hatte man bislang noch intensiver als in Frankreich in befestigten Schlössern hinter dicken Mauern, Türmen und Zugbrücken gelebt und mochte sich nur schwer und langsam von den überholten Bauformen trennen, während man Wassergräben eher als in Frankreich für überflüssig empfand und sie schon bald zuschüttete, denn vom Praktischen her sprach nichts für ihre Erhaltung, zumal negative Auswirkungen infolge des feuchteren und kühleren Klimas ständig spürbar waren und die Verteidigungsfunktion sehr nachgelassen hatte. *Wolsey* begann 1515 nach persönlichen Anregungen aus Italien die Anlage eines Landsitzes in *Hampton Court*, der durch seine verhältnismäßig üppige Ausstattung mit zu seinem Sturz führte und nach seinem Tode in die Hände *Heinrichs VIII.* überging. Heinrich hat dort später jahrelang gelebt und sich einen fürstlichen Wohnsitz ausgebaut. Im Wetteifer mit seinem französischen Gegenspieler *Franz I.* ließ Heinrich 1538 als Gegenstück zu Chambord mit Hilfe eines italienischen Baumeisters ein zweites Schloß beginnen, das etwas ganz Besonderes werden sollte und vielversprechend von ihm »*Nonsuch*« (Ohnegleichen) benannt wurde. Es wurde bis zu seinem Tode im Jahre 1547 nicht ganz fertiggestellt. Der endgültige Ausbau einschließlich der Gartenanlagen geschah erst in der Regierungszeit seiner Tochter *Elisabeth*.

8.2 Englische Eigenarten

Eine Beurteilung der englischen Renaissance-Gärten fällt schwer, da nur weniges unverändert erhalten ist und gegenüber Frankreich nur ganz selten Darstellungen überliefert wurden. Man muß sich vorwiegend auf Beschreibungen stützen, aus denen sich aber dennoch gewisse charakteristische Züge feststellen lassen.

In *Hampton Court* wurde von einem *Aussichtshügel* (englisch: »mount«) berichtet, der am Ende des Gartens lag. Er bot einen Blick auf die Themselandschaft. Solche Hügel fanden sich auch in anderen Gärten, und sie wurden auch »Schneckenberge« genannt, weil an ihnen Heckenwege in Windungen wie bei einem Schneckenhaus zur Höhe hinaufführten. Oben stand eine geschützte

70   England in der Renaissance

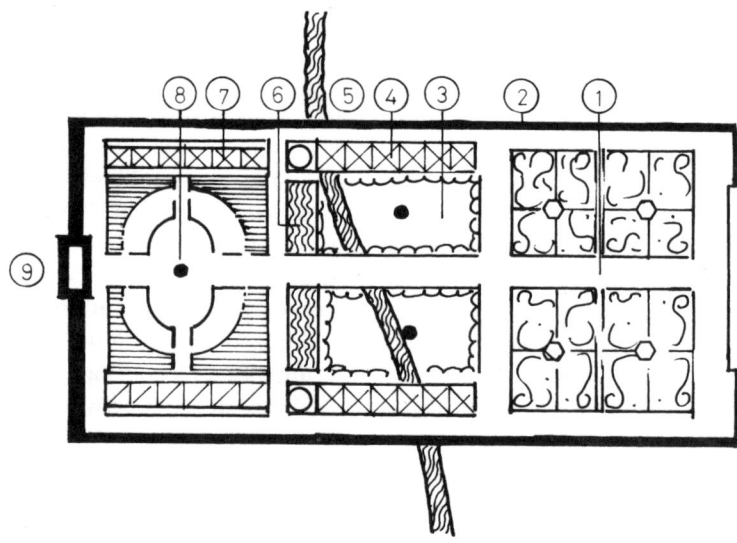

Abb. 35 Wilton House in Wiltshire (Lageplan nach der Ansichtsskizze von de Caus)
Der Garten wurde für den Grafen Pembroke im Jahre 1615 von *Isaac de Caus* angelegt und in einem Buch »Hortus Pembrochianus« von ihm beschrieben.
Er war etwa 300 Meter lang, 120 Meter breit und in drei Teile gegliedert.
Der erste Teil nimmt das »Parterre de Broderie« auf; vier Quadrate mit je einer Wasserfontäne in der Mitte.
Der zweite Abschnitt wird durch zwei große Boskets gebildet; in ihrer Mitte je eine Statue (Bacchus und Flora). Seitlich begleiten die Boskets Laubengänge. In diesem Teil durchschneidet den Garten diagonal der etwa 13 Meter breite Fluß *Nadder*, dessen natürliches Bett nicht verändert wurde. Am Ende des Boskets liegen zwei Querbassins.
Den dritten Teil bildet ein Wegeoval, das mit Kirschbäumen bepflanzt ist; in der Mitte wieder eine Statue. Den Abschluß der Gartenachse bildet eine Grottenanlage. Der Garten zeigt den französischen Einfluß auf England.

① »Parterre de Broderie« mit Brunnen
② Grenzmauer
③ Boskets mit Statuen
④ Laubengänge
⑤ Fluß Nadder
⑥ Bassins
⑦ Laubengänge
⑧ Rondell mit Kirschbäumen und einer Statue in der Mitte
⑨ Grotte

Laube, sie konnte eine erhebliche Größe haben, so daß sie in Ausnahmefällen als Bankettsaal geeignet war.

Irrgärten und Blumenbeete in verschlungenen Mustern (knotted beds), dazu aus Holz geschnitzte, schmückende Einfriedigungen waren häufig wiederkehrende Einzelelemente. Die Gärten erschienen zunächst immer so, als seien sie allmählich nach und nach entstanden. Der Drang nach einem einheitlichen Plan wie in Frankreich trat noch in den Hintergrund.

Durch ein Gesetz vom Jahre 1541 wurde das seit langem beliebte Kugelspiel (Bowling) außerhalb von Privatgrundstücken unter Strafe gestellt. Dadurch wurde indirekt die Anlage von trittfesten Rasenflächen und das Spielen in den Gärten überhaupt gefördert. *Heinrich VIII.*, der alle sportartigen Betätigungen liebte und damit eine damals schon typisch englische Eigenschaft verkörperte, ließ sich in *Hampton Court* eine geschlossene Ballspielbahn und eine Tennishalle bauen. Gartenanlagen wurden seither in England immer betont im Hinblick auf körperlichen Ausgleich, auf Promenieren, Wandern oder Ballspielen hin geplant.

In der Regierungszeit *Elisabeth I.* wurde der Adel ermutigt zu bauen, und es entstanden bedeutende Anlagen, wie das Schloß *Theobalds* des Premierministers Lord *Burleigh*. Elisabeth kaufte auch das einst von ihrem Vater begonnene Schloß *Nonsuch* zurück, das inzwischen der Graf von *Arundel* ausgebaut hatte. *Nonsuch* wurde in den letzten Jahren ihrer Regierung zu ihrem Lieblingssitz.

Elisabeths Zeit war das Zeitalter der Entdeckungen, der Seefahrt und der Seeräuberei. Aus Übersee, aus Amerika und Indien und vielen anderen Ländern wurden fremde Pflanzen eingeführt und akklimatisiert. Damit ergaben sich ungeahnte Möglichkeiten für Pflanzenzüchtungen und neuartige Pflanzenverwendungen. Im Zuge dieser Einfuhren erlebten Botanik und Pflanzenforschung einen großen Aufschwung. Es entstanden aus privater Neigung botanische Sammlungen, und es wurden zahlreiche Bücher über Pflanzenkunde geschrieben. Die Verbindung mit Sammlern anderer europäischer Länder wurde aufgenommen, denn überall in Italien, Frankreich, Holland und Deutschland gab es ähnliche Interessen bei Adeligen, Bürgern, Gelehrten, Ärzten und Kaufleuten.

8.3 Literarische Anleitungen zur Gestaltung der Gärten

Um die Wende zum 17. Jahrhundert greift das Interesse an Gärten auch in England auf die Literatur über. *Francis Bacon* (1561–1626), Staatsmann und Philosoph, verfaßte unter anderem Essays über Fragen der Gartengestaltung. Obwohl er weder Gärtner noch Architekt war, fand sich in ihm ein Interpret, der die fachlichen Dinge mit den geistigen Strömungen seiner Zeit verband. Durch die Eleganz seiner Sprache und die Art seines Auftretens galt er seinen Zeitgenossen als Idol und sprach aus, was man allgemein dachte und empfand. Bacon baute vor seinen Lesern über die vorhandenen Beispiele hinaus das Bild eines »Idealgartens« in allen Einzelheiten auf. Ausführlich beschreibt er alle Blumen und Pflanzen, die das ganze Jahr über von Monat zu Monat mit Blüten und Früchten in Erscheinung treten. Gleichzeitig gibt er damit eine vollständige Übersicht der bereits reichhaltigen Liste von Pflanzenarten, wobei den Ziergewächsen die Gewürzpflanzen und die wegen ihrer Früchte geschätzten Obstarten gleichgestellt werden. Bei seinem Vorschlag für diesen »Fürstlichen Garten« geht er von einem in sich ebenen Gelände von insgesamt etwa 12 ha aus. Es hat die Form eines Rechteckes mit dem Seitenverhältnis 4 : 2 (Länge zu Breite). Er teilt es in drei Abschnitte. An beiden Längsseiten kommen breite, mehrreihige Baumalleen zur Abschirmung dazu.

Im Anschluß an das Gebäude sieht er zunächst ein einfaches Rasenstück vor. Es tritt an Stelle eines Parterres in Abwendung von der französischen Konzeption.

Bacon lehnt *Broderien* wie auch jeden *Baumverschnitt* ab. An Stelle der Broderien verlangte er eine gepflegte *Rasenfläche*. Mit unverhohlener Abneigung meint er, daß man die Schnörkel der Broderien auch in der Zuckerbäckerei zu sehen bekommen könnte. Auch das Verschneiden der Pflanzen zu Figuren hält er für eine Kinderei. In seiner Vorstellung herrschen rechteckige Formen vor, auch in den weiteren Abschnitten seines Gartens bis auf den Teil, den er als Heidegarten (»the heath«) bezeichnet. Nach dem ersten Rasenstück folgt das große, quadratische Hauptstück, wo Hecken und Treillagen die Wege begleiteten und die Einzelbeete umzäunt waren. Außen herum angrenzend beschreibt er boskettartige Pflanzungen, die den Raum abschirmten. An eine große axiale Ausrichtung ist noch nicht gedacht, auch perspektivische Raumbildungen waren nicht beabsichtigt und scheinen noch unbekannt zu sein. Auch bei *Bacon* gehört ein Schneckenberg an zentrale Stelle; von dem aus sich ein weiter Rundblick bietet. Er liegt im Zentrum des Quadrates.

Bacon erwähnt zur Ausstattung dieses Gartenteiles Fontänen und Wasserbecken. Er weist aber darauf hin, daß Wasser immer in Bewegung bleiben muß, damit es nicht verschlammt und trübe wird. Stille Teiche verderben den Gartengenuß, denn bei ihnen sammeln sich Mücken und Frösche.

Merkwürdig und andersartig wirkt der Vorschlag für den dritten Abschnitt, den Heide- oder Wildgarten. Er ist nicht geometrisch angelegt, wie alles andere, sondern völlig frei gestaltet. Seine Formen und Bodenmodellierungen bleiben willkürlich und sollen damit vollkommen natürlich wirken. Dieser Bereich bildet ein Dickicht aus Wildgehölzen und Heckenrosen mit einer Bodenflora aus Veilchen, Primeln und anderen bodenständigen Pflanzen wie ein Stück natürliche Landschaft.

Bacons Vorschläge wurden in ihren Grundideen überall angewendet. Bald entstand unter den *Stuarts* eine Reihe schöner, von Frankreich her beeinflußter Gärten. *Jacob I.* hatte den aus Dieppe stammenden Architekten und Ingenieur *Salomon de Caus* an seinen Hof gezogen, wo er Lehrer seiner Kinder war. Die Tochter *Elisabeth* sollte ihm wenige Jahre danach in Heidelberg als Gattin *Friedrichs V.* von der Pfalz wiederbegegnen. Er war der bekannteste Künstler jener Zeit und widmete sich vor allem der Anlage von Brunnen und Wasserkünsten, wie beispielsweise für Lord *Salisbury* in *Hatfield House*. Sein Sohn *Isaac de Caus* schuf 1615 für den Grafen *Pembroke* in *Wilton House* einen Garten, den er in einem Buch mit dem Titel *»Hortus Pembrochianus«* in 24 Kupferstichen veröffentlichte. Auch der Sohn *Claude Mollets*, *André*, stand in Diensten von Jacob I. So drang seitdem die französische Gestaltungsart in die englischen Gärten ein, und auch die Anlage der Parterres nach französischem Vorbild setzte sich allmählich durch *(Abb. 35).*

9 Deutsche Renaissance-Gärten

9.1 Mittelalterliches Erbe und italienische Einflüsse

Gartenanlagen nach neuen Ideen entstanden zunächst dort, wo die Städte teilhatten am wirtschaftlichen Aufschwung, der mit dem Ausbau von Handelsverbindungen nach Übersee zusammenhing. Auch die Landesherren gewannen durch Reichtum an Einfluß in den Regionen, wo ihre Besitzungen und Länderein in den Strom der neuen wirtschaftlichen Blüte mit einbezogen wurden. Im süddeutschen Raum traten am frühesten die Ansätze einer neuen Gartenkunst auf, denn dort ergaben sich zuerst die wirtschaftlichen Voraussetzungen. Hinzu kam die große Nähe zu Italien.

So ergaben sich zeitliche und regionale Unterschiede zwischen den führenden Handelsstädten, unter denen Augsburg, Frankfurt, Nürnberg, Erfurt, Leipzig, Dresden und Wien an der Spitze standen.

Durch Reisen bezog man Anregungen direkt aus Italien. Zur gleichen Zeit um 1500, als *Karl VIII.* von Frankreich seinen Kriegszug nach Neapel unternahm und von dort zahlreiche künstlerische Impulse in sein Land brachte, reiste Herzog *Eberhard von Württemberg* mit dem Gelehrten *Reuchlin* nach Italien. Bei ihnen beiden standen gewissermaßen Bildungshunger und Streben nach Gelehrsamkeit, die sich vorwiegend auf botanische Interessen konzentrierte, im Vordergrund.

Wie in England läßt sich auch in Deutschland ein langes Verharren in mittelalterlichen Vorstellungen feststellen. Die Städte blieben noch lange Zeit durch Festungswälle zur Umgebung abgeriegelt, wie es die zahlreichen Stadtansichten aus dieser Zeit zeigen. Eine Auflockerung der Wohnweise durch Anlage von Landvillen wie in Italien entsprach nicht den allgemeinen politischen, gesellschaftlichen und klimatischen Bedingungen und Bedürfnissen. Einzelbauten zeigten trotz einer Fassadengliederung im neuen Formenkanon der Renaissance noch den mittelalterlichen, gotischen Kern, charakterisiert durch das steile Satteldach. Schloßanlagen entstanden mehr noch in der Art der Burgen vierflügelig mit betonten Ecktürmen, einen Innenhof einschließend, und ohne Öffnung zum Außenraum.

9.2 Gärten des Bürgertums und Botanische Gärten

Die privaten Gärten von Stadtbürgern trugen im frühen 16. Jahrhundert mit Vorliebe einen wissenschaftlichen Charakter *(Abb. 36)*. Diesen privaten Sammlungen folgten die eigentlichen »Botanischen Gärten«. *Henricus Cordus* gründete 1525 den »Botanischen Garten« in Erfurt. Zwischen 1550 und 1600 entstanden in Königsberg, Leipzig, Breslau und Heidelberg »Botanische Gärten«, und sie

Abb. 36 Peller Garten in Nürnberg
Garten des Patriziers *Christoph Peller,* aus der großen Zeit Nürnbergs, Mitte des 16. Jahrhunderts entstanden. Hinter dem Gebäude liegt zunächst ein Hof, der für Ball- und Kegelspiele benutzt werden kann. Er wird durch eine üppige Balustrade zum Garten hin abgegrenzt, in den zwei mit hohen Obelisken gesäumte Tore führen.
Der Garten ist in vier Reihen mit eingefaßten Einzelbeeten eingeteilt. Neben den Beeten verlaufen Bänke, auf denen verschiedenartige Gewächse in Kübeln aufgestellt sind. Man erkennt Pommeranzenbäumchen, Agaven und andere seltene Pflanzen, die im Winter geschützt aufbewahrt werden mußten, wozu die seitlichen Gebäude gedient haben können.

gehörten zu den ersten Instituten an den Universitäten dieser Städte. Nach den Kaufleuten und Diplomaten kamen die Gelehrten, oft mit den ersteren in einer Person, und schließlich die Künstler nach Italien. Von ihnen allen wurden unmittelbar Anregungen aus den italienischen Gärten übernommen, die sich zunächst auf einzelne Elemente konzentrierten.

Grotten, Labyrinthe, Brunnen, Fontänen und Wasserspiele faszinierten die staunenden Besucher. Man übernahm diese Ingredienzen fast vollständig und verwandte sie in den heimischen Gärten, ohne dabei auf einen geordneten Zusammenhang zu achten. Eine Freude an Vielseitigkeit, die zusätzlich noch aus Anregungen von Frankreich und Holland genährt wurde, war allgemein vorherrschend. Erst zu Beginn des 17. Jahrhunderts spürt man das Bestreben nach einem formalen und geistigen Zusammenhang, der sich erst in der Vorstellung eines fürstlichen Gartens verwirklichen sollte.

Zunächst standen die bürgerlichen Gärten im Vordergrund. In den großen Handelsstädten schuf man prächtige Gartenanlagen. Diese »Patriziergärten« wohlhabender und einflußreicher Persönlichkeiten waren größer und reichhaltiger als die vielen, schon immer vorhandenen Gärten, die man beispielsweise auf den Stadtansichten von »Braun und Hogenberg« oder »Merian« erkennen kann *(Tafel VII).* In ihrer Ausstattung mit Laubengängen, Pavillons, Brunnen, Grotten und Figuren dienten sie der Unterhaltung und der Repräsentation. Die Gärten der *Fugger* in Augsburg bildeten darin einen Höhepunkt. Sie waren etwa ab 1520 entstanden, außer Beschreibungen ist allerdings wenig von ihnen bekannt geblieben. Sie ähnelten gewiß eher fürstlichen Gärten; denn auch zahlreiche Fürsten waren als Gäste in ihnen bewirtet worden, und höfische Lebensweise wurde mit besonderer Vorliebe von Patrizierfamilien wie den Fuggers nachvollzogen.

9.3 Einflüsse des Humanismus

Um die Wende zum 16. Jahrhundert hatte die Übernahme des humanistischen Lebensideals »Bildung und Gelehrsamkeit« den Grund für ein sich immer mehr ausbreitendes Bildungsbürgertum gelegt. Interesse an naturwissenschaftlichen Fragen und sammlerische Neigungen waren in Deutschland besonders ausgeprägt. Gelehrte Gartenbesitzer standen über weite Entfernungen und Ländergrenzen hinaus in regem, gedanklichem Austausch untereinander. Pflanzenraritäten wurden gehandelt, und Ersterscheinungen in der Pflanzenzucht waren nicht selten, wie die erste blühende Tulpe im Jahre 1539 im Garten des Augsburger Ratsherren *J. H. Herward*. Der gelehrte Humanist *Erasmus von Rotterdam* (1469–1536) hatte in seiner Schrift »*Convivum religiosum*« ähnlich wie später Bacon in England die Idealvorstellung eines *humanistischen Landsitzes* entworfen und gab damit ein Leitbild. Sein Garten war ein festumgrenzter Raum, in Beete untergliedert, die einzeln mit Staketenzäunen eingefriedigt waren. Er unterteilte noch nach Nutzgarten und Ziergarten. Das Rasenstück bei Bacon wurde bei Erasmus durch Wasser in Brunnen- und Beckenform ersetzt. Wohlriechende Kräuter, namentlich aufgeführt, waren in übersichtlicher Ordnung mit Schildern versehen auf Beete gepflanzt. Im Zentrum plätscherte ein Brunnen; außen herum lagen Wandelgänge ähnlich wie bei einem Peristyl, deren Innenwandflächen mit Landschafts-, Garten- oder Architekturmotiven bemalt waren.

Neben den Blumengärten gab es Nutzgärten für Obst, Gemüse und Heilkräuter. Als Spielplatz diente eine mit Hecken eingefriedigte Wiese mit einem kleinen, laubenartigen Sommerhaus. Das Ganze erscheint wie ein bürgerlicher Familiengarten, in vielem ähnlich den mittelalterlichen Gärten, die teilweise Nutzgärten waren und zum Leben im Freien dienten. Eine einfache Idylle, zu der auch das Bienenhaus nicht fehlen durfte.

Diese additive Anordnung, die wir trotz Neuerungen aus Italien weiterhin vorfinden, bleibt bei den Stadtgärten bis ins 17. Jahrhundert bestehen.

9.4 Fürstliche Lustgärten

Der kräftezehrende Krieg der Habsburger seit dem 16. Jahrhundert gegen Türken und Frankreich an zwei Fronten brachte den einzelnen Landesfürsten einen steten Machtzuwachs, und dieser Aufstieg setzte sich im 17. Jahrhundert nach dem Dreißigjährigen Krieg weiter fort. Dem Beispiel Eberhards von Württemberg waren bald andere regierende Fürsten gefolgt, bis schließlich eine Reise in den Süden zur standesgemäßen Erziehung innerhalb des Adels gehörte. Damit wurden die deutschen Höfe allmählich wieder zum kulturellen Mittelpunkt, wie es ähnlich schon in Italien und Frankreich war.

An den Höfen legte man auch alle möglichen Sammlungen an. Kunstwerke oder Raritäten von Pflanzen und Tieren. Es wurden dafür *Orangerien* eingerichtet, wie erstmals schon 1550 berichtet vom Lustgarten des Herzogs *Christoph von Württemberg*. Daneben wurden *Menagerien* mit exotischen Tieren immer mehr beliebt.

Die Schloßgebäude standen meist infolge ihrer historischen Entwicklung mit den neu enstandenen Gartenanlagen in ihrer Nähe noch in keiner formalen Beziehung. Der feudale Garten zeigte sich ebenfalls noch ringsum abgeschlossen, und man suchte lieber ein ebenes Gelände aus, um Terrassierungen zu vermeiden. Innerhalb waren die Einzelteile gegeneinander abgetrennt, denn die Freude am bunten Nebeneinander herrschte stets dabei vor. Diese Gärten konnte man im Sinne Italiens kaum schon als Renaissance-Gärten bezeichnen.

Die Vorstellung eines fürstlichen *Lustgartens* verkörperte Schloß *Ambras* in Tirol, ein »Prachtgarten« jener Zeit. Dort gab es mit Säulenhallen umgebene Blumenparterres, Laubengänge und Lusthäuser, Labyrinthe und Grotten, zierliche Brunnen neben Fischbassins, Tierkäfige und Wildgehege. Die reich ausgestattete Anlage wurde 1564 von Erzherzog *Ferdinand* seiner Gemahlin *Philippine Welser* zum Geschenk gemacht. Italienische Einflüsse waren besonders bei Schlössern spürbar, für die Baumeister und Künstler aus Italien tätig waren, wie beim Lustschloß *Neugebäude* bei Wien und in *Hellbrunn* bei Salzburg *(Tafel VIII)*.

Im 17. Jahrhundert ist das Interesse an Gärten soweit gewachsen, daß deutsche Übersetzungen von antiken und italienischen Schriften erscheinen und eine Reihe neuer Pflanzen- und Kräuterbücher verfaßt werden. Die zahlreichen Ansichten des Ulmer Kupferstechers und Architekten Joseph Furttenbach (1591–1667) nahmen Einfluß auf die Gesamtentwicklung. Er hatte zehn Jahre in Italien gelebt und die dortigen Schöpfungen studiert. Nach seiner Rückkehr stellte er Gartenentwürfe für alle Gesellschaftsschichten vor. Angefangen mit fürstlichen über gräfliche, freiherrliche, schließlich bürgerliche und öffentliche Gärten drücken sich die Unterschiede erheblich in Größe und Ausstattung aus. Stets bezog er entsprechende Bauten mit ein. Vom Gartenschloß bis zum einfachen Pavillon, der nur aus einer Überdachung auf Stützen zu bestehen brauchte, wurde jeweils an architektonische Akzente gedacht.

Von seinen vielen Eindrücken in Italien ist ihm vor allem eine große Vorliebe für Grotten geblieben. Er entwirft sie mit höchster Sorgfalt und Akribie und bringt sie dadurch den Interessierten wieder in Erinnerung.

Aus seiner Hand stammt auch ein Entwurf für einen öffentlichen Garten, speziell einen Garten für Schulkinder, durch den er Anregungen zu einem neuen Lehrstoff, Umgang mit Pflanze und Natur, geben wollte.

Seine Stiche bereiteten die Idee eines einheitlichen Gartenraumes vor, der sich an einer Mittelachse entwickeln sollte. Damit wurde der erste Schritt zu einer barocken Konzeption getan.

Die Grottenmotive wurden zu Beginn des 17. Jahrhunderts in aller Vielfalt aufgegriffen, zumal sie für die späteren, manieristischen Tendenzen ein willkommenes Element bildeten. »Schneckenberge« waren schließlich wie in England ebenfalls überkommene Bestandteile in dieser Epoche.

Den vorläufigen Abschluß der Phase von Fürstengärten bildete der Heidelberger Schloßgarten, als »*Hortus Palatinus*« bezeichnet. Sein Schöpfer *Salomon*

Abb. 37 Hortus Palatinus
Der Heidelberger Schloßgarten – *Hortus Palatinus* – liegt am steilen Berghang neben dem mittelalterlichen Schloß, ohne Bezug auf seine Architektur. Die gegebene Situation gestattet lediglich mehrere hoch übereinanderliegende Terrassen, die durch schmale, steile Treppen in Verbindung standen. Die einzelnen Terrassen waren in sich abwechslungsreich gegliedert, ohne daß ihre Zusammengehörigkeit besonders betont war. In ihnen fanden sich eine Fülle charakteristischer Gartenelemente, wie Laubengänge, Springbrunnen, zahlreiche Schmuckformen in der Bepflanzung und Grotten, die in die abgetragene Bergwand eingehöhlt waren.

de Caus verfaßte eine genaue Beschreibung des nicht ganz fertiggestellten und später zerstörten Gartens. Sie erschien 1620 in Frankfurt. Der Garten muß am Berghang steil terrassiert eher der natürlichen Umgebung enthoben gewirkt haben mit einem Anhauch künstlicher Wirklichkeit. Die Terrassen waren eng in den Berg gestemmt, mit großem Aufwand vorgebaut und hoch abgestützt. Fast drängt sich der Eindruck auf, man habe solchen baulichen Maßnahmen den Vorzug gegeben, die zu den topographischen Gegebenheiten im Widerspruch standen. Der weiteren Umgebung, vor allem dem harmonischen Anschluß an den Schloßkomplex, wurde kaum Beachtung geschenkt *(Abb. 37)*.

Im Heidelberger Garten kamen manieristische Elemente zum Ausdruck, die im Gegensatz zu Ausgewogenheit und Ebenmaß als Grundregeln der Renaissance eine eher asymmetrische Spannung in der Gruppierung verfolgten und auf das Ruhig-maßvolle zu Gunsten asymmetrischer Kontraste verzichteten.

10 Gartenkunst im Fernen Osten

Zwei Länder sind auf dem Gebiet der Gartenkunst in Ostasien hervorstechend und nicht ohne Einfluß auf Europa geblieben: China und Japan.

Sie haben in der westlichen Welt viel Bewunderung gefunden und Anregungen gegeben. China übernahm die Führung, da seine historische und kulturelle Entwicklung weit früher einsetzte. Es blieb nicht aus, daß Japan vom großen Nachbarland auf vielen Gebieten beeinflußt wurde. Bald fand es zu eigenen Vorstellungen und Wegen. Sie führten zu ganz charakteristischen Auffassungen, die unverkennbar das japanische Wesen offenlegten.

In beiden Ländern klingen bei der Gestaltung von Gärten und Parks, wie beim Verhalten zur Landschaft und Natur, religiöse und philosophische Traditionen an. Gärten für Tempel oder profane Bauten zeigen keine wesentlichen Unterschiede.

Die Landschaft als Ganzes und ihre einzelnen Elemente standen im Mittelpunkt. Die Malerei gab wichtige Anregungen. Berge und Hügel, Meer und Flüsse, Steine und Bäume, Blumen und Blüten waren wichtige Inhalte für die gestalteten »Landschaftsbilder«. Sie konnten als Parkanlagen, wie häufig in China, mehrere Hektar umfassen. Bei Gärten reichten manchmal wenige Quadratmeter. Die gewünschten gestalterischen Aussagen ließen sich, ob groß oder klein, in beiden Dimensionen zum Ausdruck bringen.

Je länger die beiden Entwicklungen parallel verliefen und Japan dabei seinen eigenen Weg fand, um so stärker stellten sich für beide Kulturkreise charakteristische und typische Stil- und Ausdrucksformen heraus.

China hielt sich an die gestalteten »Landschaftsbilder«, die mit ästhetischer Raffinesse ausgeklügelt und mit reizvollen Ideen versehen wurden. Meist Parks als Inseln mit Pavillons zwischen Wasserzügen. Sie boten Ruhe, Zurückgezogenheit und vergnügliche Betrachtung das ganze Jahr hindurch. Von Kaisern oder hochgestellten Personen einst errichtet, können sie heute ohne allzu große Mühe zu Volksgärten umgewandelt werden.

Japan zeigte vor allem in den Meditationsgärten eine ganz andersartige Haltung. Reduziert auf einige wenige Elemente setzte man Akzente, die durch genau kalkulierte Proportionen und Beziehungen der einzelnen Objekte zueinander nach der Methode Yin-Yang monumentale Wirkung erzielten.

Japanische Gärten sind oft mit sparsamen Kunstmitteln gebaut. Bei der Bepflanzung bescheidet man sich auf wenige Arten. Die meisten Objekte tragen einen sinnbildlichen Charakter. Die Gärten sprechen neben dem Auge vornehmlich den Geist an. Sie verführen zum Schweigen und zur Meditation. Zu dem, wofür sie gedacht sind. Es wird also nicht eine üppige Natur dargestellt, sondern eine ganz und gar reduzierte, die an philosophische und religiöse Inhalte und Traditionen denken läßt.

Das Abrücken vom Naturgarten tritt bei jüngsten Schöpfungen zu Tage, wo neben Wasser und Steinen – noch natürlicher Herkunft – für Bäume, Bachbetten, Brücken und Stege Metalle, Aluminium, eloxierte Bleche und ähnliche Materialien verwendet werden.

Man darf bei der Betrachtung chinesischer, im stärkeren Maße noch bei japanischen Gärten und Parkanlagen nicht außer acht lassen, daß gegenüber abendländischen Vorstellungen ganz andere Voraussetzungen gegeben sind.

, Das buddhistisch geprägte Weltbild und die daraus sich entwickelnden Kultur- und Zivilisationsformen haben ganz andere Maximen hervorgebracht. Der Ostasiate nimmt an der Welt teil, gleichwertig allen Geschöpfen ist er Mitbewohner dieser Erde. Er macht sie sich nicht untertan. Als Antipode kann dagegen die europäische Einstellung gelten, wie sie sich im Barock ganz und gar verkörpert hat. Die Epoche des Barockgartens nimmt einen wichtigen Platz in der europäischen Gartengeschichte ein. Wenn es das Konzept erfordert, wurden Hügel abgetragen, Mulden eben gemacht, das Naturgegebene beseitigt und nur »Kunst«-Formen verwendet (Heckenschnitt). Für beide Länder, China und Japan, gibt es zahlreiche Übereinstimmungen. Es treten beispielsweise keine völlig konträren Stilepochen auf, auch nicht in der Architektur wie bei uns: Romanik, Gotik, Renaissance, Barok, Klassizismus, wobei in der Gartenkunst der größte Stilsprung zwischen Barock- und Landschaftsgarten liegt.

In den fernen Ländern schuf man sich immer wieder der Natur entnommene »Gartenbilder«, wie Gemälde mit dem Pinsel auf Papier. Man bleibt bei diesem einzigen Motiv durch alle Zeiten mit kleinen Konzessionen an unterschiedliche Schwerpunkte. Solche Gartenkunst ist der Malkunst gleichgestellt. Einzelne Elemente werden variiert, wie Steinsetzungen oder Wassergestaltung als Bach, Teich oder Wasserfall. Die Gebäude ragen mit geöffneten Terrassen nach verschiedenen Richtungen in den Garten hinein mit unterschiedlichen Blickpunkten. Der Garten dient im allerersten Sinne der Betrachtung von bestimmten Ruheplätzen aus. Die Benutzung der Gartenräume tritt gegenüber europäischen Bedürfnissen gänzlich zurück. Im Westen wird der Garten von der Zuordnung zum Gebäude beherrscht. Dahin geht die Entwicklung seit der Renaissance und kommt im barocken Schloßpark ganz stark zum Ausdruck, erlebt eine Neubelebung um die letzte Jahrhundertwende im Bereich des bürgerlichen Wohnhauses. Entsprechend den Räumen im Gebäude spricht man von »Wohnraum im Freien«, mit Sitzplatz, Spielrasen, getrennten Gartenbereichen für Rosen, Irisgarten oder Dahlienbeeten und Nutzgarten mit Gemüsen und Obst. In der Tradition des Abendlandes hat der Garten eine Wohnfunktion. Die alten Griechen, in bescheidener Weise, haben einen umschlossenen Wohnhof am Haus (Peristyl). Uns sind von Funden und Berichten (Pompeji und Plinius) die ausgedehnten Hausgärten der Römer bekannt.

Auf den unwirtlichen Burgen des Mittelalters waren Gärtchen auf dem beengten Raum des Burgberges für die Ritterschaft und ihren Anhang im Sommer ein unentbehrlicher Aufenthalt. So geht es weiter bis zum Barockpark, der eingerichtet ist zur Aufnahme vieler Personen. Bei Hoffesten werden es Menschenmassen, die Unterhaltung finden in den Boskettraumen.

Das ist in Gärten und Parks der Chinesen und Japaner in viel geringerem Maße ausgeprägt, wobei die zeitgeschichtliche Situation sich geändert haben mag. Gewisse Einrichtungen zu einer speziellen Nutzung wie beispielsweise beim Teegarten sind eine Ausnahme. Dort bestimmt die vorgeschriebene Zeremonie die Gestaltung. Ebenso haben die großen chinesischen Parks von Insel zu Insel Verbindungswege und Stege. Man befährt die Wasserfläche mit Booten, jedoch immer scheint die stille, fast möchte man sagen andächtige Betrachtung im Vordergrund zu stehen. Am Eindringlichsten zeigen dies japanische Priestergärten, die von Mauern umgeben sich mit einem großflächigen, sauber geharkten Kiesbeet und ein paar Steingruppen mit einem Gehölz begnügen.

10.1 Gartenkunst in China

Die chinesische Gartenkunst hat eine lange Tradition und scheint in diesem Lande besonders beliebt und verbreitet gewesen zu sein. Immer wieder finden sich Verbindungen zu anderen Künsten und Wissenschaften, zur Dichtung, Malerei, Musik, Architektur und Philosophie. So kann die Entwicklung nicht unabhängig vom allgemeinen historischen Ablauf, vom kulturellen Geschehen wie von der Beschaffenheit des Landes und seiner Bevölkerung gesehen werden.

China ist ein altes Kaiserreich mit einer bewegten Geschichte. Trotz Kriegen, Aufständen, Überfällen und Besetzungen kam es immer wieder zu Aufstieg und kaiserlicher Herrschaft, die sich in Dynastien über einige Generationen hin ablösten. Bedroht wurde das riesige Land meist von Norden her, von wo aus nomadische Völker (wie die Mongolen im frühen 13. Jahrhundert) in den wirtlicheren Süden drängten. Im 15. Jahrhundert entschloß man sich zum Bau der Chinesischen Mauer als Bollwerk gegen unerwünschte Eindringlinge. Sie hatte eine Länge von 2500 km. Bis zu 16 Meter hoch und 5 bis 8 Meter Dicke war es eine gewaltige organisatorische und bautechnische Leistung.

Die Dynastien prägten ihre jeweiligen Epochen. Früh entwickelten sich Handel und Kleinindustrie und führten zu Wohlstand. Das schlug sich auch meist in lebendiger, kultureller Weiterentwicklung nieder. Sie wurde von einer im Verhältnis zur Gesamtbevölkerung nur dünnen Bildungsschicht getragen. Seit den Anfängen herrschte Feudalismus und Sippenwesen mit einer starken Bindung an Traditionen. Der Herrscher galt als »Sohn des Himmels«. Die im 3. Jahrhundert v. Chr. gebildete Zentralregierung unter dem ersten Kaiser der Ch'in-Dynastie legte einheitliche Gesetze, Maße und Gewichte sowie Schriftzeichen fest und teilte das Reich in 36 Provinzen ein. Das waren trotz Diktatur wichtige Fortschritte. Aus historischen Quellen und Dichtungen weiß man, daß es in China seit eineinhalb Jahrtausend v. Chr. philosophische Betrachtungen gab, über eine durch Weisheit und weises Verhalten geprägte Lebensführung. Das irdische Dasein sollte von Harmonie und Glückseligkeit erfüllt sein. Dahinter steht die Lehre des Taoismus. Ursprünglich ein Natur- und Geisterkult wurde er durch Konfuzius (5. Jahrhundert v. Chr.) zu einer praktischen Sittenlehre für Familien- und Gesellschaftsmoral. Maßhalten und nicht spontanes Handeln, Ehrfurcht, Gehorsam, Wunschlosigkeit, Harmonie in allem waren seine erstrebten Ziele.

Beschreibende Gedichte von Gärten und Bezeichnungen für besondere Situationen und Objekte werden in späterer Zeit unerläßlich. Man betrachtete Gärten und Gartenteile wie Bäume, Wasser und Felsen mit individuellen Empfindungen. Man bewertete nicht nur das Geschaute, sondern bezieht Düfte, Geräusche, Tages- und Jahreszeiten mit ein. So kommt es zu Bezeichnungen für Gärten wie

»Bächlein der acht Töne«, wobei Fröschequaken, Wasserplätschern, Wind- und Luftgeräusche, leichtes Nieseln des Regens auf weiche Blätter im Frühjahr, Trommeln auf harte, herbstliche Blätter oder Gesumme und Gezwitscher von Insekten und Vögeln einbezogen wurden. Das alles, genauso wie die Düfte von Blüten, ist typisch für den Jahresablauf im Garten. Ähnlich ansprechende Benennungen für Gartenanlagen lauten »Garten der Milde«, »Büchergarten«, »Ein Windhauch tönt im Bambus«, »Garten der gesammelten Düfte« oder »Park der Augenweide«. Die Dichter und Denker zogen sich nicht in die Einsamkeit zurück, sondern sie waren Erzieher, Berater, Staatsmänner und Fürsten.

Der erste ausführliche Berichterstatter war der aus Venedig stammende Kaufmann Marco Polo. Er traf auf seinen Reisen in den fernen Osten zwischen 1272 bis 1293 in Peking, am Hofe des Mongolenkaisers, ein. Es war die Zeit, in der das Reitervolk der Mongolen aus dem Norden das Chinesische Reich besetzt hatte, sich aber den Unterworfenen anglich. Marco Polo war überwältigt von dem, was er sah und erlebte: Paläste und Gartenanlagen, die in Gestaltung, Größe und Reichtum in der damaligen Welt alles übertrafen.

Ausgedehnte Wasserflächen mit eingestreuten Inseln, auf denen Pavillons gruppiert waren, geschwungene Brücken und Stege als Verbindungen; üppige Vegetation, durch die gepflasterte Fußsteige führten; gewölbt und angehoben, dadurch bei dem regenreichen Klima gut entwässert. Die Gärten zeigten damals schon alle gestalterischen Elemente, die für die chinesische Gartenkunst zum Bestand zählten und über Jahrhunderte beibehalten wurden: Paläste und Pavillons in ausgedehnten Landschaftsgärten; künstlich ausgehobene Seen, in ihnen Inseln mit herausragenden Hügeln, die aus dem Aushub aufgefüllt waren; gewaltige Steine, meist steil aufgerichtet, in genauer Beziehung zur Umgebung und zum Standort des Betrachters; uralte, bizarre und weit ausladende Kiefern und schlanke, im Winde schwingende Trauerweiden neben zahlreichen, landestypischen Gehölzen wie Kirschen, Päonien, Glyzinien, Bambusarten und vielen anderen. Eine in früher Zeit formulierte Grundregel warnte vor Übertreibung und Überladung in jedem Sinne. Alles sollte harmonisch abgestimmt sein, der praktischen Nutzung angepaßt. So sollten Terrassen und Sitzplätze nicht zu groß und nicht zu eng sein, auch nicht zu sonnig oder zu sehr im Schatten liegen. Bei Pflanzungen wird gewarnt vor der Vielfalt an Pflanzenarten. Die Wirkung könnte nur durch Zurückhaltung gesteigert werden.

Gartenbesitzer oder Poeten schrieben Verse oder Gedichte und verinnerlichten damit ihre persönliche Beziehung und Freude beim Anblick des als »Landschaftsbild« Geschaffenen. Dichtung, Malerei und Gartenkunst ergänzten sich. Eins ist ohne das andere nicht denkbar. Dichterworte findet man in allen Epochen. Die Einstellung zum Garten, ob ausgedehnter Park oder kleiner Hausgarten, ändert sich in langen Zeiträumen nur gering. Die Durchdringung privaten und öffentlichen Lebens äußerte sich bei Volksfesten, die in Blütezeiten alljährlich stattfanden.

Erst im Laufe von Jahrhunderten änderten die Gartenanlagen ihre Schwerpunkte in der Art ihrer Nutzung und ihrer künstlerischen wie philosophischen Aussage. Im zeitlichen Ablauf lassen sich Richtungen ablesen, die zeitweilig parallel verliefen. Es sind zunächst die kaiserlichen Jagdparks, dann weitere als »Landschaftsbilder« gestaltete Parkanlagen, bei denen ästhetische Betrachtungen im Vordergrund standen, schließlich die Gärten von Gelehrten, wohlhabenden Bürgern, die den Fürsten nacheiferten, und kleine Hausgärten in den Städten.

In früher Zeit, 1000 v. Chr., entstanden in der Chou-Dynastie bereits ausgedehnte Jagdparks, in denen die Herrscher alle bekannten Tiere und Pflanzen sammelten. Das waren die Anfänge. Um die Zeitenwende erlebte China den Beginn einer kulturellen Blüte. Die Grundlage bildete Wohlstand durch Handel mit Seide und Lackarbeiten, der bis ins antike Rom vordrang. Die herausragende Figur dieser Epoche der Han-Dynastie, der Kaiser Wu-ti (140–89 v. Chr.) förderte Kanalbau, Feldbewässerung und neben Kleinindustrie und Handel auch den Bau großer Fernstraßen. Die wohlhabende Bevölkerung legte über das Land verstreut Ziergärten an. Der Herrscher selbst ließ in der Nähe von Ch'ang-an, dem heutigen Sian, einen großen Jagdpark bauen mit künstlichen Seen und Inseln darin mit Hügeln. Die Inseln waren untereinander mit Brücken und Stegen verbunden. Zur Bepflanzung verwandte man neben einheimischen Pflanzen auch Blumen wie Narzisse und Granatapfel, die über die »Seidenstraße« ins Land kamen. Die unbezähmbare Gartenleidenschaft des Herrschers erregte Unmut im Volk. Nach dem Ende der Dynastie, 220 n. Chr., setzte der Verfall der Gärten ein, weil die Nachfolger an anderer Stelle Parks schufen.

Im dritten bis siebten Jahrhundert erlebte China schwierige Zeiten. Es löste sich in drei Reiche auf. Zugleich gewann der Buddhismus immer mehr Einfluß. An schön gelegenen Stellen entstanden Klöster mit Gärten nach dem Prinzip der alten Jagdparks. Vorbild wurde ein Kloster am Berge Lushan, dessen Anlagen von anderen Klöstern und auch Privatgärten nachgeahmt wurden.

Daneben entstanden Einsiedeleien, in denen sich vorwiegend Taoisten als Einzelgänger, vom Buddhismus angeregt, zurückzogen. Dieses Leben in Stille und Isoliertheit reizte auch andere, die sich in dem Bedürfnis nach einem einfachen Leben zeitweilig ihren Pflichten und ihrer Umgebung entzogen. Man lebte meist anspruchslos an abgelegenen Orten nur mit den vorhandenen Elementen der Natur umgeben; in den Bergen mit Steinen und alten Bäumen, in der Ebene an Gewässern mit Schilf. Daraus entwickelte sich die Mode, solche kleinen und zunächst bescheidenen Gärten auch in der Stadt anzulegen. Es entstand ein »Gartenhof am Haus«. Die Häuser insgesamt wuchsen zur »Gartenstadt« zusammen. In der Zeit von 600 bis 1000 n. Chr., der Sui- und Tang-Dynastie, geriet auf allen Gebieten vieles in Bewegung. Dichtung, Musik, Malerei, Bau- und Gartenkunst triumphierten. Der erste Sui-Kaiser Yang-ti (581–618) ließ einen der größten Parks bauen. Nach den Berichten umfaßte er 16 Wohnhöfe, zahlreiche Seen und Kanäle, die die Gewässer verbanden. Hügel mit Felsen, Pflanzen und Blumen aus allen Landschaften des Reiches, dazu zahllose Päonien in vielfarbigen Arten. Unzählige Arbeiter waren bei der Anlage beschäftigt.

Neben dem kaiserlichen Hof traten Landadel und Großbürger, reich geworden durch Landbesitz, Handel und Kleinindustrie, als Teilhaber an Kunst und Wissenschaft in Erscheinung. Man erkannte die Bedeutung der eigenen Vergangenheit und Geschichte. Das schloß die Rückbesinnung auf historische Parkanlagen mit ein. Auf diese Weise entdeckte man die Reste der Gärten des Kaisers Wu-ti wieder, deren Entstehung Jahrhunderte zurücklag. Das alles beflügelte Phantasie und Selbstbewußtsein der damals tätigen Gartenarchitekten.

In der Sung-Dynastie dehnten sich die Gartenschöpfungen weiter aus, und es entstanden überall im Lande geistige und künstlerische Zentren. Das führte zu einer Vielfalt, jedoch auch zu gewisser Verflachung. Damals wurden vor allem große, alte Steine zum unentbehrlichen Gestaltungsmittel. Mit Steinen, die von Erosion ausgewaschen und zerklüftet waren, konnte für den Garten ein Hauch von Urewigem eingefangen werden. Die Nachfrage war groß, und die Preise stiegen ins Ungeahnte. Eine Vielfalt von Steinen bewies Wohlstand und Reichtum des Besitzers. Den Gipfel einer Anlage bildete ein hoch herausragender, möglichst etwas überhängender Felsen, auf dessen Spitze man einen Pavillon mit weitem Rundblick setzen konnte.

Von all dem hatte man in Europa zunächst keine Kenntnis. Die anfangs erwähnten Berichte Marco Polos erschienen daheim unwahrscheinlich und wurden als Erfindungen, zumindestens als Übertreibungen betrachtet. Es fehlte an Vorstellung und Vergleichsmöglichkeit, denn solche Gartendimensionen gab es im 13. Jahrhundert in Europa noch nicht. Erst spätere Berichte von Fernostreisenden als Diplomaten oder als Mönche im Dienste der Mission konnten Marco Polo bestätigen.

Zunächst hatte sich das Reich unter der Ming-Dynastie stark nach außen abgeriegelt. Als danach um 1650 die Mandschu-Dynastie die Macht übernahm, öffnete sich der Weg wieder zum kaiserlichen Hof.

Europäische Jesuitenpatres hatten sich auf diese Situation schon vorbereitet, um in China als Missionare tätig zu werden. Sie wurden am Hofe willkommen geheißen, weil man ihre wissenschaftlichen Kenntnisse schätzte und davon Gebrauch machen wollte. Allerdings verhinderte man ihr eigentliches Vorhaben, das Christentum zu verkünden. Von diesem Zeitpunkt an gelangten laufend Briefe und Berichte nach Europa, die aus eigenem Augenschein die Verhältnisse im Gastland schilderten. Eingeführt durch die in hohem Ansehen stehenden Jesuiten entwickelten sich diplomatische Verbindungen und Handelsbeziehungen. Jetzt konnten Berichterstatter, Botaniker und Kunstsachverständige ihre Studien betreiben.

Europa horchte auf, als diese Nachrichten in Umlauf kamen. In der Folgezeit wurden sie durch immer detailliertere Publikationen ergänzt, die bis zu bebilderter Buchstärke anschwollen. Man konnte feststellen, daß bei Gartenanlagen mit ihren Bauten Stil und Gestaltungsart auf gänzlich anderer Denk- und Lebensweise beruhten. Übermittelte Zeichnungen, Pläne und Texte schufen allmählich Erkenntnisse und klare Vorstellungen. Mit zu den wichtigsten Vermittlern zählte der Jesuitenpater Attiret, dessen ausführliche Darstellungen von mehreren Kaisergärten 1747 in Frankreich eingingen. Sie trafen auf einen sich schon in England anbahnenden Wandel hin zu freien, der Landschaft entnommenen Stilelementen.

Zu einer der bedeutendsten Parkanlagen wurde der Sommerpalast in Peking. Der Mandschu-Kaiser Kang-tsi (1662–1722) nahm ihn in Angriff. Sein nachfolgender Enkel Kien-lung (1736–1796) brachte ihn nach weiteren Vergrößerungen 1764 zur Vollendung. Danach wurde Jahr für Jahr daran weitergebaut und verändert. Zu diesem Park wurde unter Beteiligung des Kaisers Kien-lung ein ausführlicher Kommentar geschrieben, der mit vierzig Ansichten, farbigen Holzschnitten nach Gemälden zweier berühmter Maler, nach Europa kam. Der Text

84 Gartenkunst im Fernen Osten

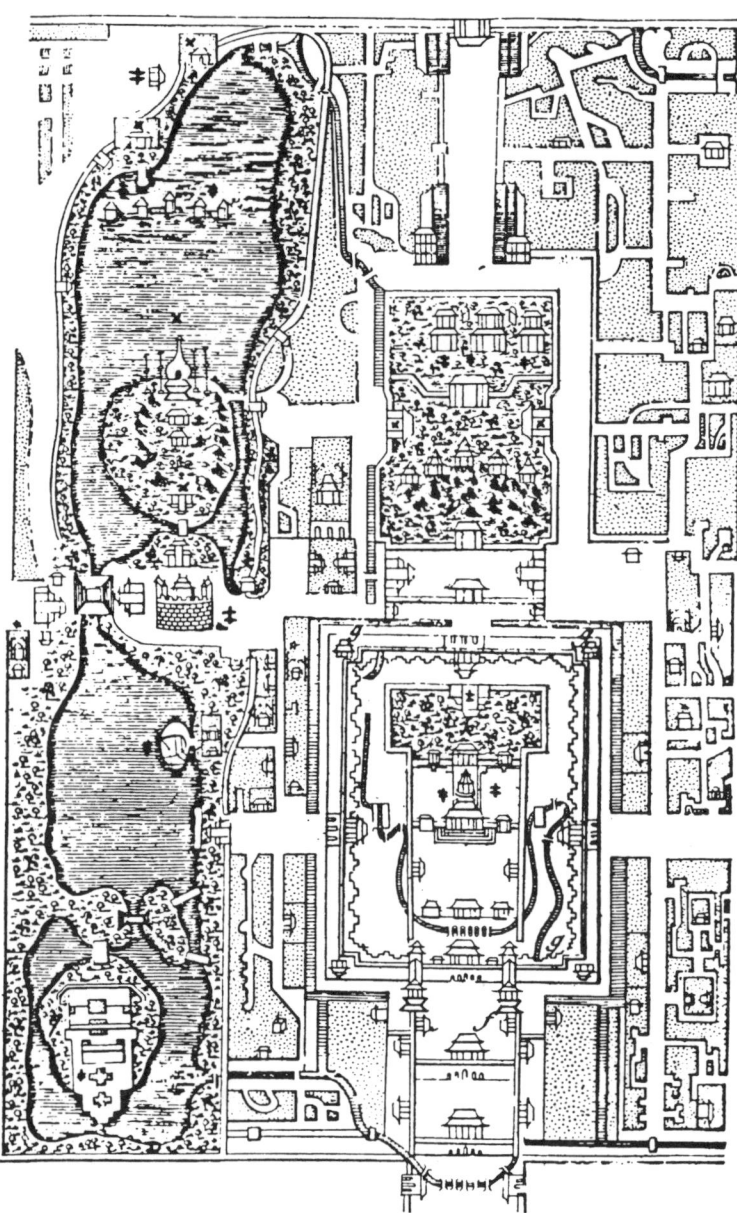

Abb. 38 Garten beim Sommerpalast in Peking
Der Ausschnitt zeigt im linken Teil die charakteristische Gliederung von Wasserflächen, in denen sich unterschiedlich große Inseln befinden. Sie sind je nach Größe mit Palais, Pavillons oder Kiosken bebaut und vom Festland aus wie untereinander durch Brücken oder Stege verbunden. Es herrscht ein freier landschaftlicher Stil vor mit dichter, reicher Bepflanzung. Die Wege führen an Durchblicke heran oder zu Aussichtspunkten, wo man in Ruhe betrachten kann. Solche Szenen stellte man meist mit weiten, in die Tiefe reichenden Perspektiven dar, aus einem erhöhten Blickwinkel als Tusch- und Federzeichnung.

Abb. 39 Chinesischer Garten
Darstellung nach einer chinesischen Zeichnung, die alle Elemente eines Gartens enthält: Wasserfall, Bachlauf, Weiher mit Insel, von Feldsteinen eingefaßte Wege, Brückenstege, große Steine aufrecht gestellt und lagernd, sparsame Bepflanzung im Vordergrund, Durchblick in die Tiefe des Gartens.

wurde übersetzt und zählte zu einem der wichtigsten literarischen Beispiele, die einen Eindruck von den kunstvollen, asymmetrischen und exotischen Gartenanlagen Chinas gaben *(Abb. 38)*.

Unter demselben Kaiser wurden am Rande der Parkanlagen, die noch größer als der Park von Versailles waren, zwei Gärten im französischen Stil geschaffen. In einem der Gärten wurden Wasserspiele und Springbrunnen installiert. Das war etwas, das es in China noch nicht gegeben hatte. Für dort etwas Unnatürliches. Ein Jesuitenpater, Michel Benoit, der Fachmann für Hydraulik war, erfand und baute die Anlage. Ein Maler und Architekt, Pater Castiglione, entwarf die Palais. Es entstand ein Stück Frankreich in China.

Im Oktober 1860, nach dem Opiumkrieg und der Besetzung Pekings und anderer Teile Chinas, zerstörten englische und französische Truppen das gesamte Gebiet des Sommerpalastes. Die Gebäude wurden ein Raub der Flammen. Das Feuer griff auf die Waldbestände über. Alles wurde verwüstet hinterlassen.

Die neuen Erkenntnisse über das ferne Land und seine Gärten hatten in Europa tiefgreifende Wirkung. Sie gaben Anregungen für die eigene Entwicklung und reizten zur Nachahmung, chinesische Gärten aber entstanden dabei nicht. Chinesische Kunst und Kunstgewerbe wurden zu begehrten Sammelobjekten *(Abb. 39)*.

10.2 Gartenkunst in Japan

Japan bekommt erste Anregungen für seine Kultur aus dem schon weit überlegenen China. Das Jahr 552 n. Chr., in dem der Buddhismus offiziell in Japan eingeführt wurde, gilt als Zeitpunkt für die Übernahme der chinesischen Schriftzeichen. Korea hatte dabei Pate gestanden. Von dort aus gelangten auch verschiedene Kunstobjekte aus China nach Japan, und man begann, die chinesische Kultur in allem zu kopieren. Das bezog sich auch auf Bauten und Gärten. Bald kristallisierten sich ganz eigene, für die Japaner typische Auffassungen heraus.

In Japan bildeten sich nach der Einwanderung um 660 v. Chr. bis zum 5. Jahrhundert n. Chr. zunächst beherrschende Großfamilien. Daraus entwickelte sich ein Geschlechterstaat mit dem Oberhaupt eines Tenno aus der mächtigsten Sippe. Ab 645 n. Chr. entstand ein Beamtenstaat nach chinesischem Vorbild.

Schon in der Heian-Periode (794–1185) gibt es zahlreiche Parks und Gärten, die ihr eigenes, unverkennbar japanisches Gesicht tragen. Die meisten Gartentypen, die sich in den folgenden Perioden herausbilden, zeichnen sich durch charakteristische Gestaltungselemente aus.

Allgemein fällt die Zurückhaltung bei der Bepflanzung auf. Man verwendet wenige Pflanzenarten, häufig nur einige Pflanzen. Dadurch wird jeder Pflanze größeres Gewicht gegeben. Manche Gartentypen, besonders die sogenannten »Trockenen Gärten«, begnügen sich mit ein paar Pflanzen, unter Umständen nur mit einem einzigen, kleinen Gehölz. Solche Gärten bestehen meist aus Kiesflächen, die in strengen Linien oder Furchen nach festgelegtem Muster gezogen oder geharkt sind. Einige Steine von unterschiedlicher Größe, aufrecht oder flachgelegt, sind auf der Fläche verteilt oder in einer Gruppe zusammengezogen. Dazu nur eine Moosflechte und ein flaches Gehölz. Eingefaßt von einer Mauer mit Ziegelabdeckung, liegt der Raum im vollen Blick vom Gebäude oder von der Terrasse her. Diese für unser Empfinden fast überzogene Schlichtheit zwingt geradezu zur Meditation. Solche Innenhöfe, nach unserer Vorstellung kaum noch Gärten, findet man häufig in Tempelbezirken, bei der Wohnung des Hauptpriesters, oder auch bei Privathäusern, je nach Einstellung der Besitzer *(Tafel IX)*.

Steine, ihre Anordnung und ihre Beziehung zueinander, sind in Japan äußerst wichtig. In allen Gärten treten Steine auf, in einigen dominieren sie. Steinsetzungen erfolgen immer nach festgelegtem System. Nichts wird dem Zufall überlassen. Dem ästhetischen Empfinden und den ZEN-Vorstellungen entspricht der asymmetrische Rhythmus von sieben-fünf-drei. Das bedeutet: drei Steingruppen in differenzierten Abständen. Die Beziehung der Gruppen zueinander fällt besonders auf einer einfarbigen Kiesfläche oder Moosunterlage ins Auge. Die Steine werden im harmonischen Gegensatz nebeneinander gestellt. Der eine hoch aufgerichtet, der andere flach gewölbt daneben. Darin verkörpert sich das Yin-Yang-System. Yin für weiblich, sanft, Erde, Höhle, dunkel und der Norden. Yang als aufrecht stehender Stein für männlich, Stärke, Helligkeit, Sonne, Frühling und Süden. Bei den Steinen sind auch Steinlaternen zu erwähnen, die bei allen Gartentypen an markanter Stelle Akzente setzen. Sie werden teilweise halb versteckt hinter einem Busch in den Garten eingebunden *(Tafel X)*.

Neben Steinen zählt zu den Gestaltungselementen eine ausgewogen lebhafte Bodenplastik: Hügel in verschiedener Höhe und Breite, Senken, Mulden und Täler. Zu den Hügeln gehört bei größeren Anlagen im Hintergrund eine Nachbildung des Fusijama in seiner typischen nach oben aufschwingenden Gestalt. Oft wird ein ferner Bergrücken in das Gartenpanorama mit einbezogen. Man »leiht« sich ein Stück echte Landschaft. Die Hügel verlieren nach vorn an Höhe. Sie staffeln sich zum Hintergrund. Man kann Haupt- und Nebenhügel unterscheiden. In kleinen Gärten übernehmen diese plastischen Elemente als Wölbung geschnittene Gehölze, Rhododendron oder Koniferen, unter Umständen reicht auch ein größerer Stein.

Die Mulden und Senken füllen sich mit Wasser und werden zu Bächen und Seen. In trockenen Gärten werden Gewässer durch Steingeröll dargestellt. Wasserfälle finden sich häufig, naturalistisch aufgebaut. Je nach Situation sanft überfließend oder mit sprühender Gischt herabstürzend. Daneben schuf man auch trockene Kaskaden, bei denen die Illusion des Wassers durch Steinstellung und -lagerung ersetzt wurde. Das alles war auch auf kleinste Formate übertragbar. Für beengten Raum verwandte man Miniaturgärten in Tonschalen. Dafür wurden durch Rückschnitt kleingehaltene Gehölze (Bonsai) mit Geduld und in langer Zeit herangezogen. Es zeigt sich in allem, daß nicht allein die Wirklichkeit, sondern das scheinbar Wirkliche genügt zur Betrachtung und Meditation *(Tafel XI).*

Ein besonderer Gartentyp entstand aus der Teezeremonie, die ihren Anfang im 12. Jahrhundert nahm. Dafür wurde ein Teegarten mit Teehaus und entsprechenden Einrichtungen geschaffen. Zu dieser Veranstaltung fand sich eine Gruppe von Personen auf Einladung eines Gastgebers zu einem kontemplativen Treffen zusammen. Das Teetrinken lief mit festgelegten Riten als Kunstaktion ab. Man schritt durch einen Garten auf einem Pfad hin zum Teehaus, über Trittsteine, deren Anordnung sehr kompliziert zu verlegen war. Sie mußten die verschiedenen Elemente des Gartens verbinden: Eingangstor, Wartebänke, Brunnen und Wasserbecken. Größe, Struktur und Farbe sowie Abstände dieser Wegesteine folgten genauen Vorschriften. An der Teezeremonie nahmen alle Bevölkerungskreise teil. Es gab demnach sehr aufwendige und recht einfache Teegärten. Wesentlich waren die meditativen Handlungen, zu denen die Abgeschlossenheit des Gartens ohne große optische Ablenkung genügte.

Ein Gebiet für sich und doch ganz der Gartengestaltung und Gartenliebe verbunden, bildete die Kunst des »Blumenstellens«: »Ikebana«. Dabei geht es um das kunstvolle Herausarbeiten des Wesentlichen und Individuellen einer Pflanze, ganz reduziert auf Form, Linie und Farbe eines einzigen Gewächses.

Blütenfülle genießt man alljährlich, wenn überall die Kirschbäume in voller Blüte stehen. Dann zieht alles zum Picknick aufs Land zu einem großen Volksfest, wie schon vor Jahrhunderten.

11 Frankreich im Zeitalter Ludwigs XIV.

11.1 Der Auftakt in Vaux-le-Vicomte

Im 17. Jahrhundert erreichte Frankreich einen sehr großen Wohlstand, und die gesamte Macht konzentrierte sich auf eine Person, den König. In seinen Händen lag die Regierungsgewalt, und er war in allen Dingen, kulturellen wie politischen, bestimmend. So wollte es die Staatsform des *Absolutismus*. Ludwig XIV. wurde zum Herrscherbegriff dieser Epoche. Er konnte seine Regierungsgeschäfte 1661 dreiundzwanzigjährig übernehmen, nachdem vor ihm zwei bedeutende Staatsmänner nacheinander, *Richelieu* und *Mazarin*, mit Erfolg auf ein unumschränktes Königtum hingearbeitet hatten. In Frankreich gab es bereits ein ausgeprägtes Hofleben. Unter den vorangegangenen Königen waren, wie wir sahen, zahlreiche Schlösser gebaut und die dazugehörigen Gartenanlagen geschaffen worden.

Die tonangebende Gestalt war zur Zeit des Regierungsantrittes von Ludwig der Generalintendant des Finanzwesens, *Nicolas Fouquet*, gerade vierzig Jahre alt. Er verfügte über reichliche Mittel und sollte sich in künstlerischen Dingen als großer Kenner und Organisator erweisen. Er verstand es jedenfalls, die größten schöpferischen Geister seiner Zeit an sich zu ziehen und brachte eine Gruppe von Künstlern an ein gemeinsames Werk, das kurz nach seiner Fertigstellung bereits über die Landesgrenzen hinaus berühmt war und die Ära des französischen Barockgartens einleitete. Zu den Hauptgestalten in diesem Kreis zählten der Architekt *Le Vau*, der Gartenkünstler *Le Nôtre*, der Maler und Dekorateur *Le Brun* und die Dichter *Corneille*, *Molière* und *La Fontaine*. Anfang der fünfziger Jahre des 17. Jahrhunderts begann Fouquet sein großes Vorhaben. Er baute nach den Plänen von Le Vau das Schloß *Vaux-le-Vicomte* in der Grafschaft Melun in der Nähe von Fontainebleau, etwa 50 Kilometer südlich von Paris *(Abb. 40, Tafel XII)*.

Den Park gestaltete *Le Nôtre*. Das Schloß wurde von einem Wassergraben umgeben, wie er damals bei neuen Bauten immer noch beibehalten wurde. Das Gebäude mit einem großen Vorplatz, eingeschlossen von dem breiten Graben, liegt wie auf einer Insel. Zur Zufahrt hin bildet ein ausgedehnter Vorhof als »cour d'honneur« den Auftakt. Seitlich liegen symmetrisch angeordnet Wirtschaftshöfe mit Gebäuden. Auf der anderen Seite des Schlosses bietet der Blick von einer erhöht gelegenen Terrasse die Gesamtansicht des Gartens in tiefer Perspektive. Vor dem Betrachter breitet sich zunächst das »parterre de broderie« aus, seitlich und dahinter schließen sich weitere Parterres und Wasserbecken im Wechsel mit Fontänen an. Vor dem Anstieg des Geländes im Hintergrund liegt ein abgesenkter Querkanal, der sich in der Achsenmitte zu einem großen, fast quadratischen Becken erweitert. Die Absenkung ist durch eine Stützmauer abgefangen, in die in ganzer Beckenbreite eine Grotte eingefügt ist. Wenn man den Garten vom

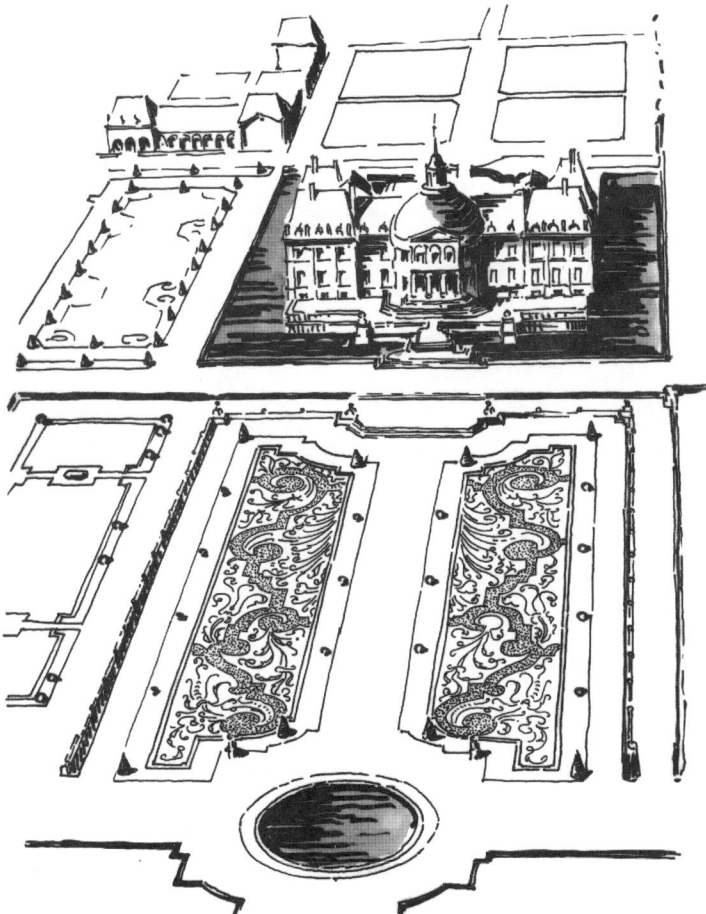

Abb. 40 Vaux-le-Vicomte
Parterre vor der Schauseite des Schlosses. Das Bauwerk steht noch isoliert auf einem Rechteck, von einem Wassergraben umgeben. Die Arabeskenformen sind für das flach gehaltene »Parterre de broderie« charakteristisch.

Schloß her sieht, ahnt man von dieser Grotte nichts. Erst wenn man bis zum Querkanal und Becken vorgegangen ist, entdeckt man die Grottenanlage.

Parterres und Becken wechseln miteinander ab, sind in ihrer Größe und Breite unterschiedlich und auch verschiedenartig ausgestattet. Das Mittelparterre mit den arabeskenartigen Broderien nimmt dabei den wichtigsten Rang ein. Alle Einzelteile sind in Vaux-le-Vicomte harmonisch in ihren Proportionen und ausgewogen in der Detailgestaltung in den großen, axialen Raum eingefügt, der durch Boskettpflanzungen seitlich begrenzt wird. Nach hinten bildet das ansteigende Gelände den Abschluß mit einer mächtigen Herkulesstatue als »point de vue« *(Abb. 41, Tafel XII)*.

Le Nôtre hatte sich in Vaux-le-Vicomte eine erste große, vom Ausmaß und den an ihn gestellten Anforderungen bedeutende Aufgabe geboten, wobei es ihm

Abb. 41 Vaux-le-Vicomte
Vom Parterre aus erstreckt sich ein langes Rechteck, das durch Baumwände abgegrenzt wird. Am Ende steigt das Gelände zu einem Hügel an mit einer Herkules-Kolossalstatue im Blickpunkt. Der von *Le Nôtre* als perspektivisch-geometrisch angelegte Garten sollte mit einem Blick in seiner gesamten Ausdehnung erfaßt werden können. Diesem Prinzip waren alle Einzelteile (Hecken- und Baumpflanzungen, Parterre, Wasserbecken, Querkanäle, Grotten und Figurenschmuck) untergeordnet.

gelang, richtungsweisende Lösungen zu finden. Er vermochte trotz der großen Ausdehnungen einen vom Schloßgebäude aus überschaubaren Raum zu schaffen, einen Repräsentationsgarten, wie man ihn für Festveranstaltungen mit vielen Gästen sich nicht besser wünschen konnte. Vom Schloß bis zum Herkules am Ende waren es 900 Meter, die Breite zwischen den Bosketts betrug 220 Meter, so daß sich ein Verhältnis von 1 : 4 ergab.

Trotz der großen Geschlossenheit boten die Einzelteile wie bei früheren Gärten keine aneinandergereihte Gleichmäßigkeit, sondern waren spürbar unterschiedlich in ihrer Wertigkeit. Von Schritt zu Schritt ahnte man Veränderungen, ganz besonders beim großen Becken mit der überraschend ins Blickfeld tretenden Grotte. *Variété* (Veränderung) wurde zu einer wichtigen Forderung der Hofgesellschaft, beinahe zu einer Lebenshaltung, der in späteren Anlagen wie in *Versailles* noch stärker nachgegangen wurde.

11.2 André Le Nôtre

Le Nôtre, im Jahre 1613 geboren, war bei Beginn der Arbeiten in Vaux-le-Vicomte 43 Jahre alt und verfügte über eine gründliche Ausbildung und bereits reiche Berufserfahrungen. Er stammte ganz und gar aus Fachkreisen. Sein Vater hatte es bis zum Intendanten der Tuileriengärten gebracht. Zum engeren Bekanntenkreis hatten angesehene Gärtner wie Claude Mollet gehört; seine Schwestern heirateten ebenfalls bei den Tuilerien beschäftigte Hofgärtner. Er wuchs also zwischen führenden Fachleuten auf, und seine Ausbildung erfuhr über alle gärtnerischen Wissensgebiete hinaus eine künstlerische Vertiefung.

André Le Nôtre 91

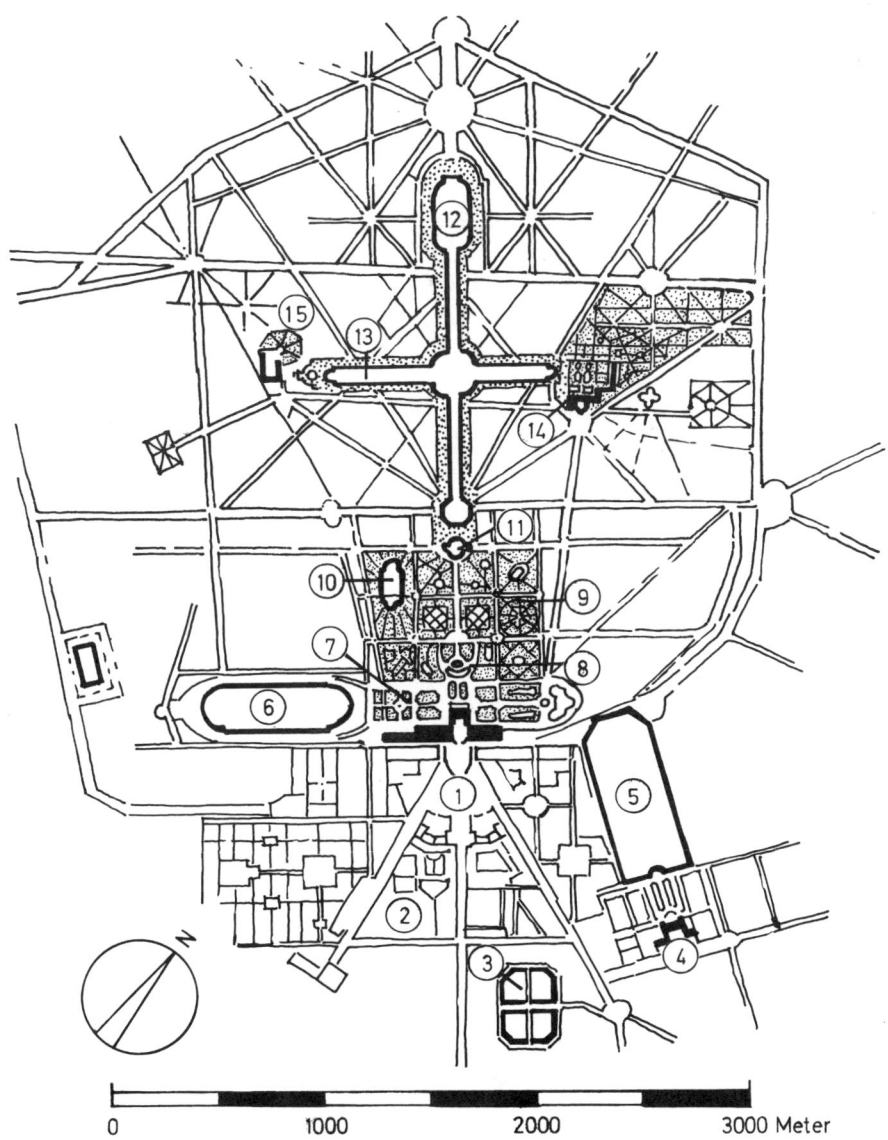

Abb. 42 Versailles
Länge der Schloßfassade 680 Meter, der Mittelkanal war 1560 Meter lang und 120 Meter breit, Gesamtlänge der Querarme 1013 Meter.

① Schloß mit Vorplatz
② Ortschaft Versailles
③ Wasserreservoir
④ Chateau de Clagny
⑤ L'étang (großes Becken)
⑥ La piece de Suisse (Schweizer See)
⑦ Parterre
⑧ Latonabrunnen
⑨ Bosketts
⑩ Königsinsel
⑪ Apollobrunnen
⑫ Kanal
⑬ Querarme
⑭ Trianon
⑮ Menagerie

Zusammen mit *Le Brun*, der bei der Malerei blieb und sich einen Namen machte, wurde er von *Simon Vouet* in der Malerei ausgebildet. Vouet hatte in Rom gelebt und siedelte 1627 nach Paris über. Ihm sagt man nach, daß er die in Italien erworbene barocke Linienführung in Frankreich einführte. Seine Gemälde und Fresken zeigen einen gedämpften, barocken Überschwang und tragen bereits klassizistische Züge. Es sind meist große Kompositionen mit raffiniertem, perspektivischem Aufbau. Diese Bildauffassung entsprach sinngemäß den Aufgaben, die *Le Nôtre* bei der Planung von Freiräumen zu lösen hatte.

Seine weitere Laufbahn als Hofgärtner hatte sich bereits abgezeichnet. Als er 24 Jahre alt war, wurde ihm die Nachfolge in der Stelle seines Vaters zugesagt. 1649 arbeitete er als Zeichner in den königlichen Gärten, was mit Entwerfen von Plänen gleichzusetzen sein dürfte. 1656 beginnen dann die Arbeiten in Vaux-le-Vicomte, und 1661 fängt er mit der Planung von Versailles an. Neben vielen weiteren Entwürfen und Beratungen plante er später als bedeutendste Anlagen *Chantilly*, *Saint Cloud*, *Fontainebleau* und *Meudon*, wobei er teilweise bereits Gärten vorfand und sie entweder veränderte oder durch Neuanlagen ersetzte. Er erreichte ein hohes Alter und starb 1700 mit 87 Jahren.

11.3 Das Gesamtkonzept von Versailles

Nach der Fertigstellung von Schloß und Garten in Vaux-le-Vicomte veranstaltete Fouquet großartige Feste, die am Hofe Ludwigs XIV. zum Tagesgespräch wurden. Der junge König war verärgert über die Prachtentfaltung und Verschwendungssucht seines Untertans. Er ließ Fouquet verhaften und wegen Unterschlagung von Staatsgeldern lebenslänglich einkerkern. Dennoch hatte Ludwig in der Anlage von Vaux-le-Vicomte das Vorbild für seine eigenen Pläne gefunden. Er übernahm den Künstlerstab Fouquets und ließ bei dem von seinem Vater ererbten Jagdschlößchen Versailles in großer Eile mit der Anlage eines Parkes beginnen. Bei seinem Ehrgeiz und Repräsentationsbedürfnis stand bei ihm fest, daß damit alles Bisherige übertroffen werden sollte *(Abb. 42)*.

Das väterliche Schloß blieb zunächst unberührt, und es wurde mit den Gartenanlagen begonnen. *Le Nôtre* fertigte die Pläne an, leitete den Ausbau und stellte die riesige Anlage im Zeitraum von sechs Jahren, von 1662 bis 1668 in ihren großen Linien fertig. Das Schloßgebäude wurde ab 1668 von *Le Vau* und danach von *Hardouin-Mansart* erweitert und zu einem der größten Schloßbauten mit einer Gebäudefassade von 580 Meter Länge ausgebaut. Die Ausdehnungen des Parkgeländes waren gewaltig. Vom Schloß bis zum Beginn des Kanals sind es etwa eintausend Meter. Dieser Teil umfaßt das dem Schloß vorgelagerte Parterre und die zwölf Bosketts *(Abb. 43)*. Der anschließende Kanal in der Achse des Parkes hat eine Länge von 1560 Metern und ist 120 Meter breit. Er wird von einem Querarm gekreuzt, der wiederum über eintausend Meter lang ist. Das Schloß liegt auf einer Anhöhe, die Kanäle am tiefsten Punkt des Geländes. Sie dienten zugleich zur Trockenlegung des ursprünglich etwas feuchten und sumpfigen Waldgebietes. Den Übergang zwischen den beiden verschieden hohen Ebenen löste Le Nôtre durch eine zweiarmige, weit geschwungene Treppenanlage, die in der Achsenmitte den großen Latonabrunnen umrahmend einschließt *(Tafel XIII)*.

Das Gesamtkonzept von Versailles 93

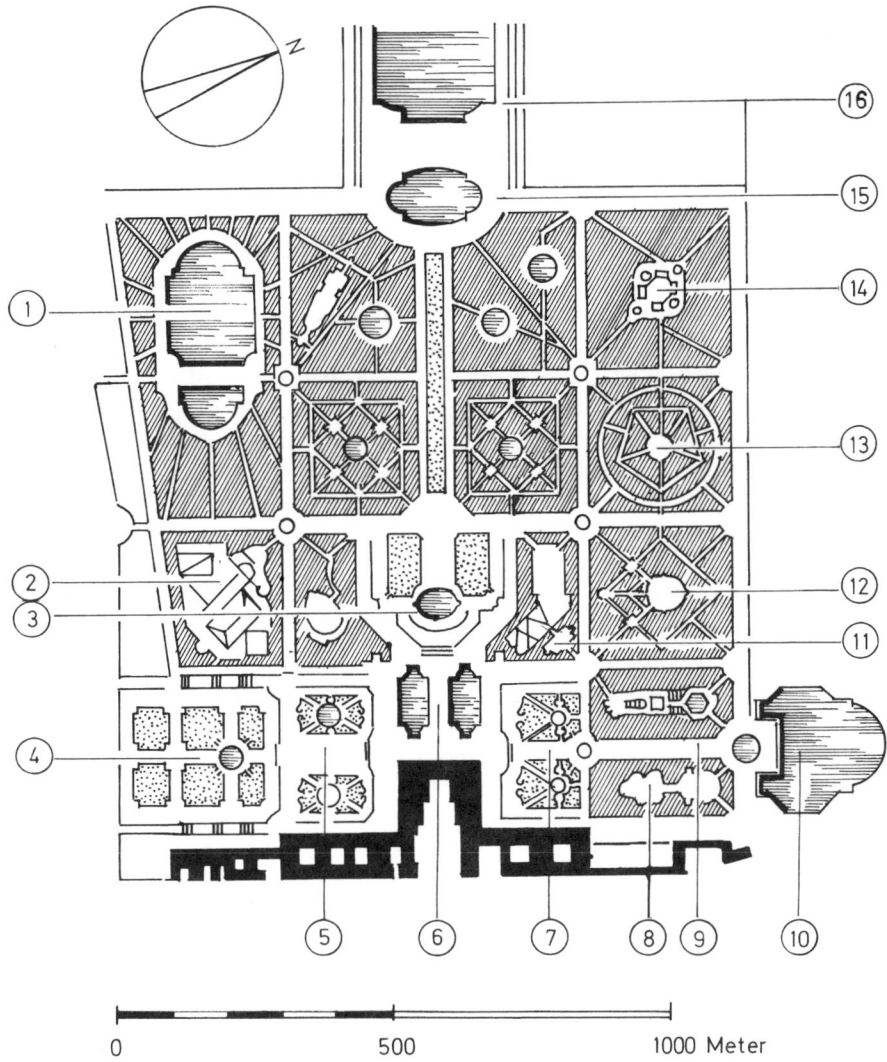

Abb. 43 Versailles
Parterre und Bosketts (der »petit parc«) nach der Fertigstellung um 1685.
Es umfaßt zwölf von drei Hauptalleen und Querwegen durchzogene Bosketts. Sie boten in ihrem Inneren immer wieder neue Gestaltungsmöglichkeiten und Inhalte für die zahlreichen Hoffeste. Eine ständige Veränderung, mit »variété« bezeichnet, wird zum festen Parkprogramm.
Überall befinden sich Springbrunnen und Wasserspiele, eine Fülle von Plastiken und Figurengruppen.

① Königsinsel
② Irrgarten
③ Latonabrunnen
④ Orangerie
⑤ Blumenparterre
⑥ Wasserparterre
⑦ Nordparterre
⑧ Triumphbogenboskett
⑨ Wasserallee
⑩ Neptunbrunnen
⑪ Bad des Apollo
⑫ Wassertheater
⑬ Stern
⑭ Obelisk
⑮ Apollobassin
⑯ Beginn des großen Kanals

In Versailles ist es *Le Nôtre* gelungen, trotz der beinahe unüberschaubaren Ausdehnungen der einzelnen Bereiche eine große, geschlossene Gesamtkonzeption zu erreichen. Von außen, von Südosten her, laufen die Wege und Alleen sternförmig auf das Schloß und auf den »*cour d'honneur*« zu. Das Schloß bildet auf der Höhe den absoluten Schwerpunkt der Anlage. Zum Park hin folgen Parterre und Bosketts als Bestandteile des inneren Gartens (»petit parc«). Dahinter dehnt sich vom Kanal und von diagonalen Alleen durchzogen der weitere Park (»grand parc«) aus.

An den Anlagen, vor allem an den Teilen in der Nähe des Schlosses, wurde ständig gearbeitet und geändert. Die Hofsitten und Gartenmoden wechselten während der knapp fünf Jahrzehnte laufend, in denen der Park Ludwig XIV. als Residenz diente. Ludwig erlebte eine lange Regierungszeit. Als er 1715 starb, wurde sein repräsentativer Hofstil sehr bald aufgegeben und der nicht mehr zeitgemäße Park von seinen Nachfolgern vernachlässigt. Aber auch schon Ludwig war nach wenigen Jahren der großen Hoffeste mit dem Aufzug von jeweils Tausenden von Menschen überdrüssig geworden. Nach dem endgültigen Ausbau konnten etwa fünftausend Menschen im Schloßbereich wohnen, und es waren für 200 Kutschen und 2500 Pferde Remisen und Ställe geschaffen worden.

11.4 Barocke Gliederung und Ausstattung am Beispiel Versailles

Bei aller Ausgewogenheit in Proportionen und perspektivischen Abstufungen und bei vollendeter Abgestimmtheit auf große Repräsentation hin blieb das entscheidende Kriterium bei der Gestaltung eines Parkes, wieweit er für die speziellen Anliegen und Wünsche des Hofes brauchbar und benutzbar war. Schon in Vaux-le-Vicomte hatte sich gezeigt, daß es ständig Abwechslung zu bieten galt, wobei der Phantasie der ausstattenden Künstler ständig neue Einfälle abverlangt wurden. Gelegentlich steuerten auch Hofleute eigene Ideen bei, die von den Fachleuten übernommen wurden.

Die Anlage des Parterres war dem schnellen Wechsel nicht so stark unterworfen, denn seine Ausschmückung war trotz verschiedener Neuerungen innerhalb größerer Zeiträume ziemlich beständig. In den Bosketts dagegen, die als abgetrennte Räume aneinandergereiht lagen, mußten sich unter Umständen Einrichtungen zur Unterhaltung auch einmal schnell und nur für eine kurze Benutzungsdauer einfügen lassen. Die Bosketts boten meist Kühle und Schatten und räumlich einen angenehmen Kontrast zur breiten, offenen, sommertags auch sehr heißen Hauptachse. Es gab in ihnen lauschige Ecken, Schaukeln, Wippen, Ball- und Kugelspiele, Heckenlabyrinthe, geschützte Lauben und Wasserkünste. Für die Einzelräume übernahm man die Begriffe des Schloßinneren wie »salle«, »salon« oder »cabinet«.

Auf den Kanälen fuhr man mit Booten. Nach Versailles hatte man venezianische Gondoliere geholt. Es gab sogar für Wasserturniere und Wasserschlachten eine Gartenflotte mit einem Admiral an der Spitze.

Der »grand parc« bestand aus einem Waldbestand, der von Wegeachsen durchkreuzt war. Alle Wege waren alleeartig geradlinig. Für Abzweigungen bildeten sich ganz bestimmte Systeme heraus; einmal der Stern (étoile), ein runder Platz, auf den sternförmig mehrere Wege zuliefen, dann eine X-förmige Kreuzung, das »croix de S. André« und der »patte d'oie«, wobei drei Wege von einem Punkt aus wie bei einem Gänsefuß abgingen.

Für die Ausschmückung des riesigen Parkareals mußte man verschiedene Abstufungen vorsehen. Es war verständlich, daß in den äußersten Ecken weniger intensiv ausgestaltet wurde.

Da als wichtigstes Glied der Schloßbau an zentraler Stelle lag, von wo aus man alles überschauen konnte, erlangte auch in seiner näheren Umgebung die Ausschmückung den Höhepunkt. Hier waren die Bildhauer wie bei der dekorativen Innenausstattung des Schlosses bevorzugt beteiligt, denn Statuen und Plastiken spielten in Versailles eine bedeutende Rolle. Für die Bildhauer – in Versailles waren es vor allem *Girardon*, der die berühmte Thetisgruppe schuf, und *Coysevox* – stellte sich ganz besonders das Problem des engen Zusammenwirkens mit Architekten und Malern bei Bauwerken, mit den Gartenarchitekten bei den Außenanlagen.

Von der Schloßnähe aus stufte sich die Durchgestaltung, der Reichtum an plastischen und gärtnerischen Details, über die Hauptachse zu den angrenzenden Quartieren weiter zu den Rändern des Parkes hin ab. Darin lag eine beabsichtigte Rangordnung, die das Hofleben auch in der Stufung der einzelnen Personen bei Hofe bis ins Kleinste beherrschte.

Bestimmte, feststehende Elemente innerhalb der Rangordnung für die dekorative Ausgestaltung zeichneten sich generell ab. Im Schloßbereich, oder wo eine besondere Pracht entfaltet werden sollte, waren es broderiengeschmückte Parterres, viele Statuen und Steinvasen sowie Wasser in Form von Becken, Brunnen oder Fontänen.

Danach folgte in der gemäßigteren Stufe der Ausschmückungen ein englisches Parterre, geschnittene Baumreihen, Buchenhecken und schattige Laubengänge, eine geringere Anzahl Statuen und Vasen.

In den Rand- und Grenzbereichen fanden sich schließlich Rasenflächen, als grüne Teppiche (»tapis vert«) bezeichnet, Kanäle, hohe Baumbosketts, die an den Außenflächen wandartig geschnitten waren.

11.5 Formen des Parterres

Die Bedeutung eines Parterres richtete sich nach seiner Lage innerhalb des Gartens. Man unterschied verschiedene Arten, die zeitlich parallel oder auch nacheinander entstanden waren. *Boyceau* in seinem *»Traité du jardinage«* und etwa einhundert Jahre später *d'Argenville* in seiner *»Théorie et Pratique du Jardinage«* haben diese einzelnen Gestaltungsregeln und Elemente beschrieben und für die Nachwelt festgehalten *(siehe 7.5)*. Danach gab es folgende verschiedene Parterreformen, die mit ihren Bezeichnungen teilweise bereits erwähnt wurden:

Das »parterre de broderie« wurde als schönstes empfohlen und demnach auch am bevorzugtesten Platz verwendet. Seine Arabeskenformen, ähnlich den zeitgenössischen Spitzenstickereien, wurden mit kleinen Buchsbaumhecken nachgeformt. Für die Zwischenräume in dem dekorativen Rankenwerk wurden

Abb. 44 Parterrevorlage
Parterre de broderie als Vorlage aus dem 1709 erstmals erschienenen Gartenwerk »La théorie et la pratique du jardinage« von d'Argenville unter Mitarbeit von Le Blond, der lange Zeit unter Le Nôtre gearbeitet hatte. (1731 wird dieses ausführliche und umfassende Werk auch in Deutschland herausgegeben.)

Das »parterre de broderie«, hier nur zur Hälfte als Muster dargestellt, zeigt die reichste Form einer Parterreausstattung. Es besteht, wie jedes Parterre, aus dem mittleren, beherrschenden Feld und dem Rahmen. Bei anderen Parterreformen gibt es meist außerdem noch Zierwege, wie beispielsweise beim »parterre à l'anglaise« (Englisches Parterre).

Das Feld besteht aus einer Grundfläche von Rasen, Sand oder Kies, in das arabeskenhafte, ornamental geformte Beete eingefügt sind. Die Beete werden durch niedrige Buchshecken begrenzt. Farbunterschiede werden durch Pflanzen, durch Rasen oder durch farbige Kiese bzw. Ziegelmehl erreicht. Eine leichte Aufwölbung der Beetfiguren zusammen mit der Mehrfarbigkeit ruft ein lebhaftes Gesamtbild hervor.

Der Rahmen wird durch eine Rabatte oder ein Rasenband gebildet, die durch eine niedrige Buchsbaumhecke begrenzt werden. Das umlaufende Rahmenband kann noch durch geschnittene Kugel- oder Pyramidenbüsche betont werden.

verschiedene Farben gewählt, die aus schwarzer, geriebener Kohle, rotem Ziegelmehl, rotbraunen Eisenspänen oder »Schmiedestaub« und aus weißem oder gelbem Kies bestanden *(Abb. 44)*.

Das »parterre de compartiment« war eine geschlossene, symmetrische Anlage mit zwei spiegelbildlichen, gleichen Hälften. Innerhalb ähnlich wie das »parterre de broderie« angelegt, aber die Randstreifen waren bunt mit Blumen bepflanzt.

Das »parterre à l'Anglaise« war sehr einfach in Form einer kaum gegliederten Rasenfläche durch Gehwege aus Sand getrennt.

Das »parterre pièces coupées« war ein Blumenparterre. Es führten schmale Sandwege hindurch, und die Beete waren mit Buchs eingefaßt. Die Beetmuster waren etwas breiter als die Broderiearabesken und bildeten Girlanden, Bänder, Kleeblätter oder Kränze, die mit Blumen bepflanzt waren.

Später sind darüber hinaus weitere Formen und Kombinationen entstanden, als das Vorbild des »Französischen Gartens« in allen europäischen Ländern nachgeahmt wurde und örtlich unterschiedliche Varianten entstanden.

Neben den verschiedenen Parterres und sonstigen Ausstattungselementen innerhalb der rangmäßig abgestuften Gartenzonen gab es noch eine Fülle von Dingen, die schmückenden Charakter hatten, wie Laubengänge, Terrassen, Treppen, Balustraden, Vasen und Figuren, Brunnen, Fontänen, Kaskaden, Wasserscherze und Grotten. Ferner waren aber auch eine Reihe von meist unsichtbaren, technischen Einrichtungen erforderlich, um den gesamten Schmuck- und Unterhaltungsapparat in Bewegung zu bringen und zu erschließen. Dazu gehörten vor allem Wasserreservoire und -leitungen, Schöpfwerke und Pumpen, Brücken, Rampen und alle möglichen Substruktionen. Die reichliche Wasserverwendung hatte bereits seit den Tagen der italienischen Gärten zu allerlei technischen Erfindungen und Spielereien geführt.

11.6 Neue Elemente im barocken Gartensystem

Mit *Le Nôtre* war eine Persönlichkeit an die Spitze einer Epoche und einer Kunstrichtung gelangt, die durch ihre Schöpfungen in alle Winkel Europas ausstrahlte und außerhalb Frankreichs an verschiedensten Orten durch seine Schüler, wie *Charles Carbonet* oder *Dominique Girard*, weiterwirkte. Die Reihe seiner Vorgänger im Dienste des Hofes zeigte Fachleute, die für bestimmte Richtungen, für Detailstücke, für technische oder künstlerische Einzellösungen einen Beitrag erbracht und den Weg von der additiven Richtung zum Gesamtkonzept vorbereitet hatten. Die Anforderungen an ihre Kenntnisse und an ihren Wissensstand waren laufend gestiegen. Häufig waren lange Reisen in den Süden Voraussetzung für ihr späteres Wirken oder für die von ihnen eingeführten Neuerungen. Bei *Le Nôtre* sahen wir, daß er eine vielseitige Ausbildung genossen hatte, die ihm neben seiner genialen Begabung zu seiner geistigen und künstlerischen Entfaltung verhalf. Das Verhältnis zu seinem Dienstherrn und König wurde im Laufe des Zusammenwirkens immer vertrauter, denn Ludwig XIV. nahm sich durchaus Zeit für seinen »Gärtner«. Auszeichnungen, Titel und Ehrungen waren Beweise einer *Le Nôtre* gegenüber allgemein gezollten Hochachtung. Er wurde schließlich zum »Berater des Königs« und Generalinspekteur in Versailles ernannt.

Neben zahlreichen weiteren, schon erwähnten Parkanlagen, die *Le Nôtre* selbst geschaffen hatte oder die von ihm inspiriert wurden und bei denen er bei aller Anpassung an jeweilige Gegebenheiten prinzipiell immer die gleichen Gestaltungsmittel angewendet hatte, sind einige Einzellösungen und auch Gesamtschöpfungen hervorzuheben, die der Epoche entweder eine neue Wendung gaben oder wegen ihrer Originalität überall Nachahmung fanden. Es handelte sich dabei um Objekte, die einem plötzlichen Einfall des Königs, des Hofes oder der Fachleute entsprungen und an deren Verwirklichung eine ganze Reihe von Künstlern beteiligt sein konnten.

Bereits 1664 wurde unter dem südlichen Parterre von Versailles zum Abfangen des Geländes eine *Orangerie* in den Hang gebaut mit offener Front nach Süden. Ludwig hatte aus Vaux-le-Vicomte fast 200 Orangenbäume übernommen, die es unterzubringen galt. Mit diesem Orangeriegebäude war ein Auftakt gegeben, und es gehörte fortan nach Möglichkeit zu jeder barocken Residenz.

Im »grand parc« am Südende des Querkanals ließ man eine *Menagerie* errichten, die wegen ihrer einfallsreichen Anordnung ebenfalls mehrfach nachgebaut wurde. Sie geht auf einen Entwurf von *Mansart*, den Nachfolger von *Le Vau*, zurück. Das Haupttierhaus lag zentral in der Mitte. Von dort aus gingen die Gehege als Kreissektoren, sternförmig sich nach außen erweiternd, ab. Die gesamte Anlage war im Grundriß mit einem liegenden Rad vergleichbar.

Am Nordende des Querkanals entstand 1670 ein kleines Bauwerk, das von einer sich damals ausbreitenden Chinamode beeinflußt war. Ludwig suchte nach einem Ort in seinem Versailles, wohin er sich mit einer kleineren Gesellschaft zurückziehen konnte. An der Stelle des ehemaligen Dörfchens Trianon entstand ein Teehaus »à la chinoise« für kurze Nachmittagsaufenthalte. Beidseitig wurden zwei Nebenpavillons hinzugefügt, so daß damit zum ersten Mal das später vielfach nachgeahmte Motiv eines Hauptgebäudes mit flankierenden Kavaliershäusern entstanden war.

Den besonderen Reiz erhielt das *»Trianon de porcelaine«* durch seine Dekoration. In dieser Zeit war die chinesische Kultur durch bilderreiche Berichte französischer Missionare zunehmend in Mode gekommen. Alle Welt sammelte chinesische Gegenstände, Stoffe, Zeichnungen oder Porzellan, die allerdings nur in begrenzten Mengen eintrafen. In Ermangelung originaler Chinoiserien brannte man in eigener Produktion Fayencen mit einheitlichen Farben in Weiß und Blau, von denen das Trianonschlößchen übersät wurde. Im Garten wurde reich mit Blumen auf Beeten oder in Vasen dekoriert. Diese duftende und bunte Vielfalt unterstrich die leichte und beschwingte Atmosphäre, die der Architektur der Gebäude entsprach *(siehe 10.1)*.

Das *»Trianon de porcelaine«* war ein kurzer, modischer Rausch. Schon nach wenigen Jahren wurde es wieder abgerissen und durch ein Trianon in Marmor, von Mansart entworfen, ersetzt. Bemerkenswert war dabei die Abkehr vom symmetrischen Grundriß zugunsten einer gewissen Unregelmäßigkeit, indem der Hauptbau im rechten Winkel zum Gästeflügel stand und beide Baukörper durch eine Galerie verbunden waren.

»Trianon« war inzwischen zu einem festen Begriff geworden. Man verstand darunter ein für sich gelegenes Sommerhaus, wo man wie in einer Eremitage zurückgezogen leben konnte und wobei schließlich die äußere Form, ob chine-

Neue Elemente im barocken Gartensystem 99

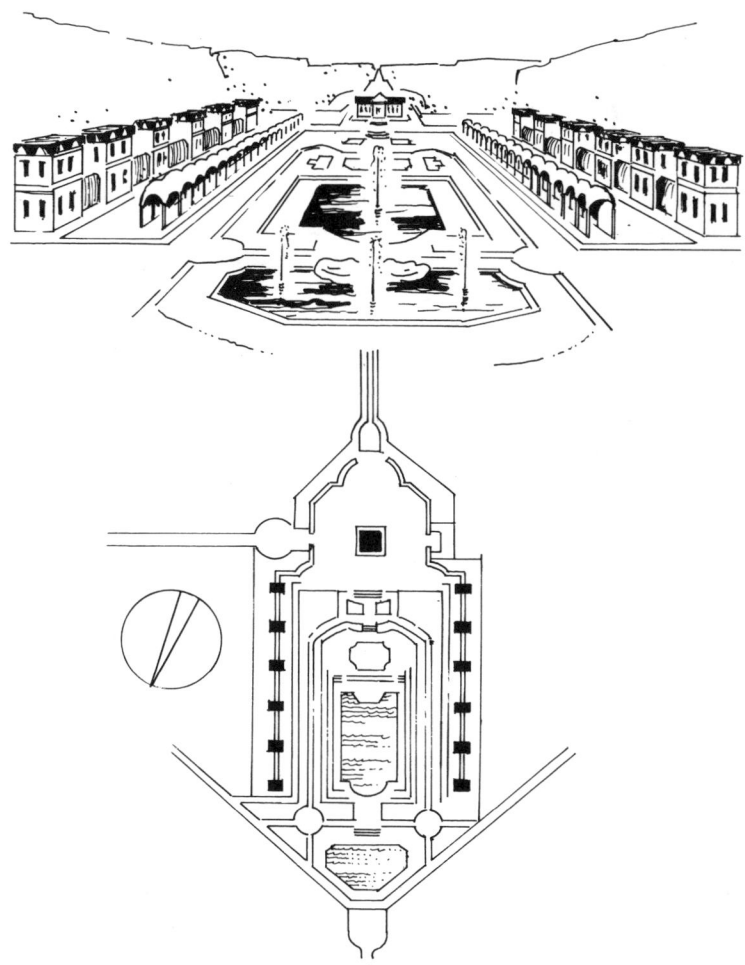

Abb. 45 Marly-le-Roi
Perspektivische Ansicht und Lageplan
Eine »Eremitage« Ludwigs XIV.
Sie bestand aus einem zentralen Schlößchen und je sechs seitlich angeschlossenen Gästepavillons, die ein Wasserparterre umschlossen. Die Anlage war von *Hardouin-Mansart* in den Jahren von 1677 bis 1684 erbaut worden und bildete in der Idee eine Fortführung der Trianonanlage in Versailles.

sisch, als Marmorpalais oder im Blockhausstil, keine entscheidende Rolle mehr spielte.

Aus der Abkehr vom pompösen und turbulenten Hofleben der frühen Jahre des Königs entstand eine weitere Anlage im *Eremitagenstil*. In den Jahren von 1677 bis 1684 erbaute *Hardouin-Mansart* in einem abgelegenen, engen Waldtal das Schlößchen *Marly-le-Roi* als einen Zentralbau, der nur einen achteckigen Festsaal mit vier außen angelehnten Appartements umschloß. Er sollte lediglich der königlichen Familie allein zum Wohnen dienen. Direkt daneben wurden an beiden Seiten heckenumschlossene Gärtchen, fast nur Freisitze, angelegt, in denen man sich geschützt aufhalten konnte. Das Schloß auf halber Höhe sah nach Nordwesten auf eine breite Wasserachse, die aus einer Reihung von Zierbecken mit Wasserspielen bestand. Parallel dazu lagen an beiden Seiten begleitend je sechs Einzelpavillons, die durch Laubengänge *(berceaux)* miteinander verbunden waren. Sie dienten als Unterkünfte für die jeweiligen Hofgäste. Nach Südosten stieg vom Schloß aus eine lange Kaskade in 53 Stufen aus farbigem Marmor an, La Rivière genannt. Sie wurde vor dem Schloß in einem dreistufigen Becken aufgefangen. La Revière war in ihrer Zeit die größte Kaskade in Frankreich. Wasser war in Marly in ausreichendem Maße vorhanden. So konnten an zahlreichen Stellen Fontänen placiert werden *(Abb. 45).*

Marly war im ganzen etwas zurückhaltender ausgestattet im Vergleich zu Versailles. Hier wollte der König fern aller Hofetikette in Ruhe mit einem kleinen Kreis Vertrauter jeweils einige Tage verbringen können. Als bauliche Konzeption war Marly-le-Roi eine Weiterentwicklung des Trianon und diente, ähnlich diesem, als Vorbild für andere europäische Höfe. Heute ist von der Anlage nichts mehr zu sehen, da sie in der französischen Revolution völlig zerstört und danach abgetragen wurde.

12 Die Ausbreitung des französischen Gartens in England und im deutschen Sprachraum

In Frankreich war die Konzeption des barocken Repräsentationsgartens bis zur Vollendung entwickelt worden. Die Idee dieser Raumvorstellung und die Kunst der großen Ausschmückung verbreiteten sich in alle Richtungen. Französische Gärtner wurden herbeigeholt und arbeiteten an europäischen Fürstenhöfen. Meist entstanden dann doch Gärten eigener Prägung, wobei auch Einflüsse aus anderen Quellen, beispielsweise aus Italien oder Holland, mitverarbeitet wurden.

In England bürgerte sich der französische Gartenstil mit seinen zahlreichen, luxuriösen Elementen, den Plastiken und Wasserspielen, kunstvollen Broderien, Grottenausstattungen und kleinen Sonderbauten, nicht so fest ein, weil er dem puritanischen Wesen der Engländer dieser Zeit zuwider war. Außerdem war Sparsamkeit besonders unter Königin Anna Anfang des 18. Jahrhunderts oberstes Gebot. Die Gärten zeigten deshalb meist eine außerordentliche Einfachheit. Schlichte Rasenflächen und breite Wege bestritten den Hauptanteil. Blumen blieben auf punktartige Wirkung in Töpfen oder Kästen beschränkt. Das englische Klima verbot von sich aus Aufenthalte oder Leben im Freien wie im Süden. Ganz und gar wären Festveranstaltungen, wozu der Garten am französischen Hofe in erster Linie zu dienen hatte, in England kaum denkbar gewesen. Dort liebte man vielmehr körperliche Bewegung und zügiges Spazierengehen beziehungsweise Wandern, wozu die Anlage von langen Alleen sich als willkommene Anregung erwies. Die Nutzung von Gärten war aus den äußeren Umständen und der Lebensweise der Engländer ganz anders gelagert und führte daher zu einer gelockerten Form in der Anlage von Parkflächen.

In Deutschland mußte man nach Ende des Dreißigjährigen Krieges überall neu anfangen. Zum wichtigen Faktor für das Aufblühen der Gartenkunst wurde das Erstarken der vielen kleinen und größeren Fürstenhöfe.

Versailles wurde der Idee nach das große Beispiel, das aber nirgends auch nur annähernd erreicht werden konnte. In Deutschland arbeitete eine Reihe von Franzosen, teils in direkter Nachfolge von Le Nôtre, wie *Carbonet* oder *Girard*. Es lassen sich aber auch noch andere Vorbilder feststellen, und teilweise verzichtete man sogar ganz auf den französischen Einfluß und lehnte sich wie in *Wilhelmshöhe* bei Kassel an italienische Gärten an. Gegenüber der Entwicklung in Frankreich zeigte sich keinerlei Einheitlichkeit, und es gab in diesem Sinne keinen »deutschen Barockgarten«. Im Gegenteil wurde durch die Konkurrenz der zahlreichen, kleinen Höfe die Vielartigkeit der deutschen Gartenschöpfungen im Barock nur noch gefördert.

Einige Gärten, bei denen sich verschiedene Einflüsse abzeichneten, verdienen wegen ihrer Größe, Originalität oder besonderen Eigenart eine eingehendere Betrachtung, die in annähernd chronologischer Reihenfolge geschehen soll.

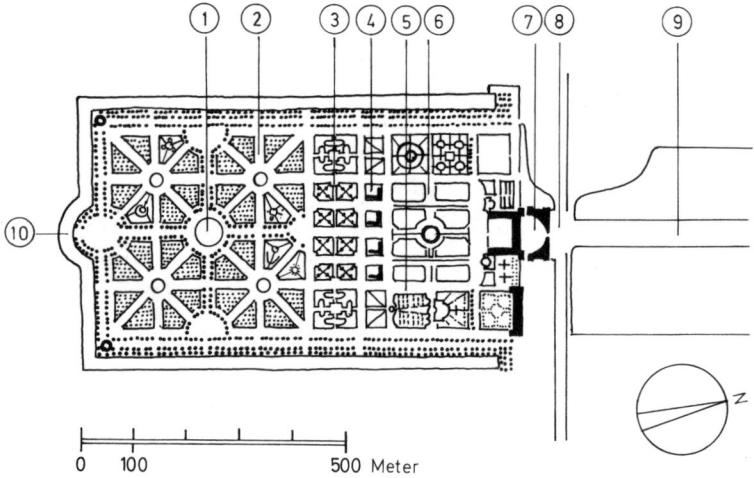

Abb. 46 Herrenhausen
Der Park wurde durch holländische Vorbilder beeinflußt, wo eine die gesamte Anlage umgrenzende Graft ein wesentliches Gestaltungselement war. Der Park wird von Herzog Ernst August und seiner Gemahlin Sophie 1682 begonnen unter Hinzuziehung des Gartenarchitekten Martin Charbonnier. Bis zum Todesjahr der Fürstin 1714 wird an der Erweiterung und endgültigen Ausstattung des »Großen Gartens«, wie der Park genannt wird, gearbeitet.

① Große Fontäne
② Bosketts
③ Boskettgärten
④ Wasserspiele
⑤ Gartentheater
⑥ Parterre
⑦ Schloß
⑧ Herrenhäuser Straße
⑨ Berggarten
⑩ Wassergraben (Graft)

Jeder Garten hat seine eigene Geschichte. Einige Gärten oder Parks tragen für ihre Epoche besonders charakteristische Züge. Unter Umständen sind es nur einige Details, die typische Stileigenarten oder Abweichungen zeigen. Ihre Betrachtung soll die erwähnte Vielfältigkeit verdeutlichen. Es geht bei der gebotenen textlichen Einschränkung nicht um eine lückenlose Aufzählung aller historischer Gärten. Das geschieht im weitesten Sinne in den »Zeittafeln« am Ende.

12.1 Hannover-Herrenhausen

Während der Regierung Herzog *Johann Friedrichs* wurde »Herrenhausen«, ehemals Vorwerk bei einem Dorfe Höringhausen oder Herrichhausen, 1666 zur Sommerresidenz erhoben und dort bald darauf ein Lusthaus mit Garten gebaut. Nördlich davon entstand noch ein Küchengarten, der spätere »Berggarten« *(Abb. 46)*.

Ein Jahrzehnt später wurden bereits eine Reihe Fachleute für die weitere Ausstattung des Gartens hinzugezogen. So der in Celle tätige Hofgärtner *Henry Perronet*, der aus Frankreich kam. Für die Wasserkünste, die in Herrenhausen bleibende Bedeutung und noch Steigerung erfahren sollten, beruft Johann

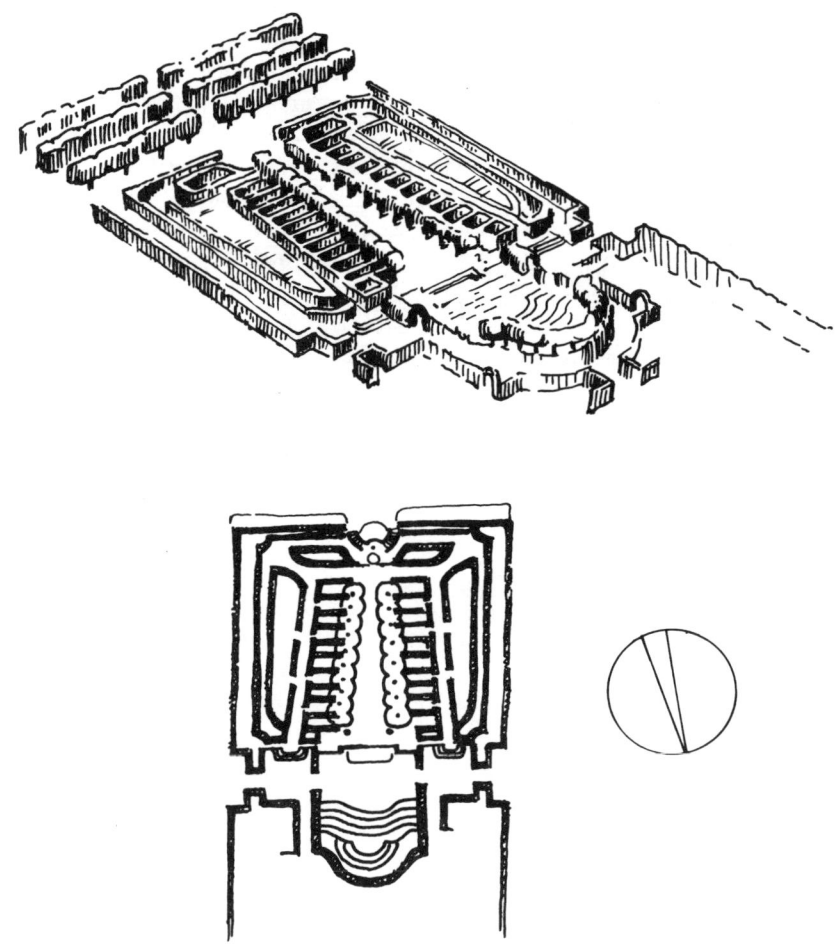

Abb. 47 Grundriß und Ansichtsskizze des Gartentheaters im Herrenhäuser Park
Es entstand in den Jahren von 1689 bis 1692. Die Bauarbeiten leitete Westermann, und Charbonnier pflanzte die Hecken. Die Tiefe der ansteigenden Bühne wurden durch nach hinten mehr und mehr zusammenrückende Heckenkulissen betont, an deren Enden zur Bühnenfläche zu vergoldete Bleifiguren aufgestellt waren; sie stammten aus Holland. Die Buchenhecken bildeten Kulisse, Bühnenraum und zugleich Umkleideräume für die Schauspieler.

Friedrich 1675 einen französischen »*Fontainizer*« namens *Cadard*, der bereits in Dänemark tätig war. Für den Grottenbau wird ein Augsburger »*Grottierer*«, *Michael Riggus*, herbeigeholt. Von 1676 bis 1680 erfolgte der Ausbau des Schlosses durch den venezianischen Architekten *Hieronymo Sartorio*.

Die Entstehung des »*Großen Gartens*« fällt erst in die Zeit *Ernst Augusts* und seiner Gemahlin *Sophie* von der Pfalz, denn 1682 läßt die Herzogin *Martin Charbonnier*, der für sie bereits vorher in Osnabrück tätig war, nach Hannover kommen. Bis 1714 dauerten die Erweiterung und die endgültige Ausschmückkung des Großen Gartens. Mit ihm entstand einer der ersten und bedeutendsten Barockgärten in Deutschland *(Abb. 47, Tafel XIV)*.

Sophie, deren Eltern den Heidelberger »*Hortus palatinus*« begonnen hatten, verlebte ihre Jugend in den Niederlanden und brachte von dort die Vorstellung von holländischen Gärten mit *(Tafel XVI)*. In Herrenhausen entstand unter diesen Eindrücken, aber auch aus der an Frankreich orientierten Sicht *Charbonniers*, ein großes Gartenrechteck, das nach außen durch eine umlaufende Graft abgegrenzt war. Sehr übersichtlich in ihren Ausmaßen und in sich klar gegliedert könnte die Anlage auch an frühe französische Beispiele wie *Charleval* erinnern. Ein großer Gartenraum wird dabei weniger spürbar, da die Längsachse durch die Heckenbosketts hinter den quadratischen Teichen einen optischen Abschluß erfährt. In der Mittelrichtung springt im Hintergrund lediglich noch die große Fontäne ins Auge, deren Wasserstrahl ab 1720 auf 35 Meter Höhe gebracht werden konnte. (Erst 1856 gelangte man nach Einbau neuer Wasserpumpen auf die damals bestaunte Höhe von 67 Metern.)

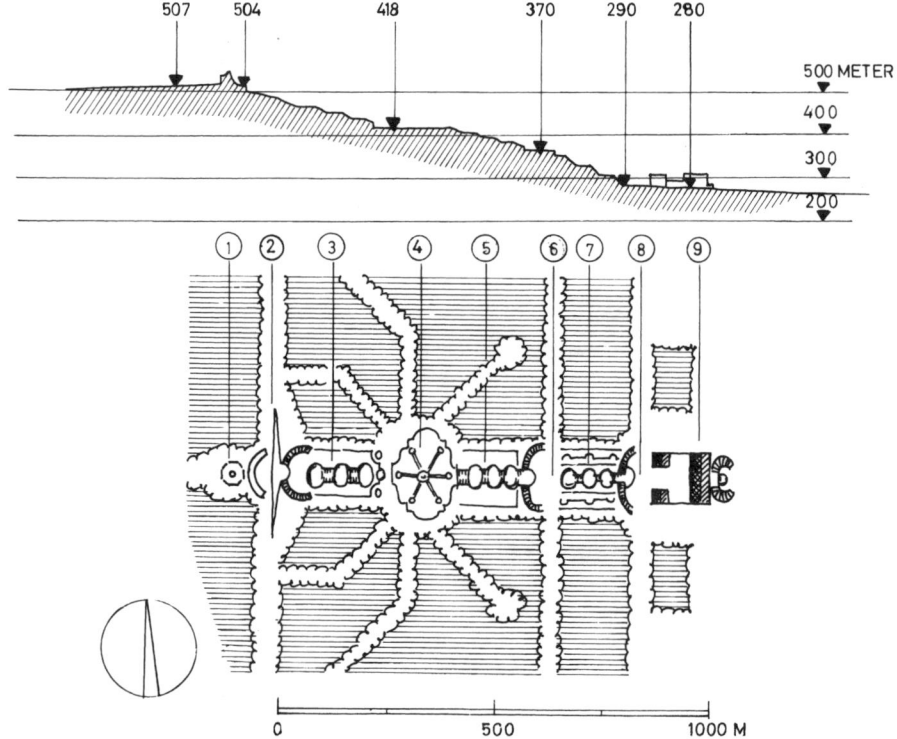

Abb. 48 Kassel-Wilhelmshöhe
Lageplan und Schnitt zeigen die geplante Anlage als gigantische Wasserkaskade, ihre Dimensionen und die Höhenunterschiede.
① Oktogon mit Herkulesstatue
② 1. Terrasse
③ Wasserkaskaden (als einzige ausgeführt)
④ 2. Terrasse
⑤ Projektierte Wasserkaskaden
⑥ 3. Terrasse
⑦ Projektierte Wasserkaskaden
⑧ 4. Terrasse
⑨ Schloß

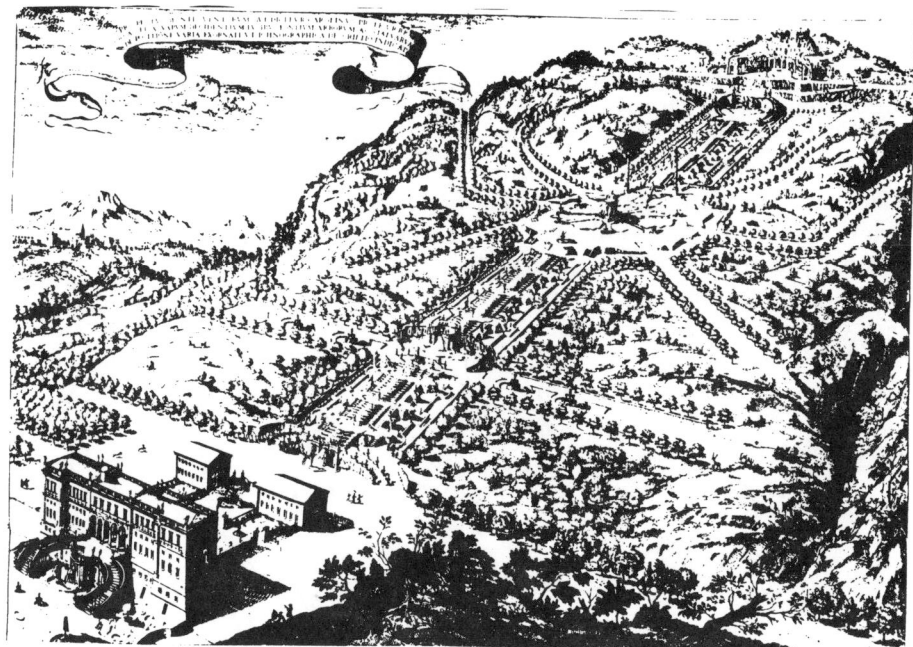

Abb. 49 Karlsberg bei Kassel
Kupferstich der projektierten Kaskadenanlage von F. Guerniero von 1706 für den Landgraf Karl von Hessen-Kassel. Eine gigantische Anlage, die neben der fast eintausend Meter langen Wasserachse den Berghang mit sternförmig verlaufenden Alleen einbeziehen sollte.

Erstaunlich, wie Landes- und Bauherren sich mit großzügiger Geste aus den Stammländern der Gartenkunst (Italien und Frankreich), aber auch aus anderen Gebieten Europas namhafte Künstler und Fachleute herbeiholten im offensichtlichen Bemühen, herausragende Anlagen zu schaffen. Die Mitarbeit von Künstlern, die über Landesgrenzen hinaus einen hervorragenden Ruf besaßen, strebten die meisten Höfe in Deutschland an. So war es in Heidelberg, Kassel-Wilhelmshöhe, Schleißheim, Nymphenburg, Brühl und an vielen anderen Orten.

12.2 Kassel-Wilhelmshöhe

Eine ganz andere Situation gegenüber Herrenhausen lag bei dem Garten in Wilhelmshöhe vor. Der Landgraf *Karl* von Hessen-Kassel hatte am Ortsrande des Habichtswaldes, etwa 5 Kilometer vor den Toren seiner Residenz, angeregt durch eine Italienreise zwischen 1699 und 1700, eine Hanglage an historischer Stelle ausgewählt. Dort wollte er eine gigantische Anlage ähnlich den Frascati-Villen entstehen lassen. Die Villa *Aldobrandini* hatte es ihm vor allem angetan. Hier sollte etwas Außergewöhnliches geschaffen werden. Bei seinem Besuch in Italien traf er auf einen Architekten, den aus Rom gebürtigen *Francesco Guerniero*, der ihm 1701 nach Kassel folgte und dort bald einen großzügigen Entwurf für eine Wasserkaskade vorlegte. Sie sollte sich den Hang hinab über eintausend Meter Länge erstrecken, mehrfach von Becken und Querterrassen unterbrochen *(Abb.*

Abb. 50 Kassel-Wilhelmshöhe
Blick vom Herkules auf die unvollendete Wasserkaskade, 250 Meter lang und 11,5 Meter breit. Am Hangfuß die Silhouette des erst 1801 beendeten Schlosses. (Die Kaskaden waren nach Plänen des Italieners Guerniero von 1701 bis 1718 erbaut worden.)
Am Horizont ist die Wilhelmshöher Allee sichtbar, die zur Stadt Kassel hinführt. Sie wurde 1767 aus Linden und Eschen gepflanzt.

48 u. 49). Die Arbeiten begannen mit einem »Wasserschloß« in Form eines monumentalen Oktogons auf der Höhe, das den Ausgangspunkt für die Wasserterrasse bildete. Die Kaskaden setzten sich im Querschnitt aus übermannshohen Stufen in der Mitte und seitlich begleitenden, niedrigen Stiegen, über die das Wasser hinwegplätscherte, zusammen. Sechs mächtige, gewinkelte Alleen, je drei links und drei rechts der Wasserachse, sollten wie Spinnenarme den Waldhang überziehen *(Abb. 50).*

Guerniero hatte bereits 1705 ein Kupferstichwerk mit den Entwürfen und Ansichten der gesamten Planung der Gärten und Bauten herausgegeben, wonach man sich von der kühnen Idee eine gute Vorstellung machen konnte. Die Anlage selbst wurde nur im oberen Drittel fertiggestellt und dann nicht weitergebaut. Von vornherein waren durch falsche Wahl des Steinmaterials, man baute mit Basalttuff aus hessischen Brüchen, ständige Ausbesserungsarbeiten erforderlich. Dieser Stein war seiner Struktur nach zwar für Grotten und Wasserkaskaden gut geeignet, seine Widerstandsfähigkeit gegen Witterungseinflüsse war aber äußerst gering, so daß die Weiterführung des Projektes schließlich abgebrochen werden mußte. Nach diesem Desaster kehrte Guerniero 1715 vor Beendigung der Bauarbeiten Kassel endgültig den Rücken.

Landgraf *Karl* ließ schließlich nach 1717 die über neun Meter hohe, kupferne Herkulesstatue von dem Augsburger Kupferschmied *J. J. Anthoni* anfertigen. Sie wurde weithin sichtbar hoch über dem Oktogonbau auf einer steilen Steinpyramide aufgestellt.

»Wilhelmshöhe« grenzt zeitlich an einen sich bereits abzeichnenden Geschmackswandel. Ähnlich Versailles fehlte nach dem Tode *Karls* der nachfolgenden Generation der Sinn für das Übermäßige und kehrte sich ins Gegenteil. Jetzt suchte man nach kleineren, einfachen, teils verspielten und gefühlvollen Dimensionen, und der Park erhielt dadurch allmählich ein anderes Gesicht.

12.3 Schleißheim

Unter dem Kurfürsten *Max Emanuel* von Bayern entstanden eine Reihe Barockanlagen. Noch sehr jung, mit siebzehn Jahren, erfolgte 1679 sein Regierungsantritt, und sein kriegsbedingter Aufenthalt in Frankreich wie in den Niederlanden vermittelte ihm bestimmende Eindrücke. Zunächst machte er sich an den Ausbau des ererbten Sommersitzes Schleißheim. Sein Hofbaumeister *Enrico Zuccali* erbaute ihm zwischen 1684 und 1687 etwa einen Kilometer östlich des alten Schlosses ein Gartenkasino, das er »Lustheim« taufte. Kurz nach 1700 wurde neben Zuccali der aus Belgien herbeigeholte *Charles Carbonet* bei der Anlage des Parkes tätig, und unter seiner Mitwirkung wurden die Grundzüge des Schleißheimer Gartens geschaffen. Aus einem weitverzweigten und von ferne herbeigeführten Grabennetz wurde um das Lustheim-Schlößchen ein kreisrunder Graben geführt, wodurch es wie auf einer Insel von der Umgebung abgetrennt lag und damit die Idee eines »Buen retiro«, einer Zufluchtstätte oder eines kleinen Verstecks, verwirklicht werden konnte *(Abb. 51)*.

Vom Kreis aus wurden Grenzkanäle an den Längsseiten des Parkes entlanggeführt. Das beherrschende Motiv bildete der Mittelkanal, der von dem etwas abgesenkten Parterre über eine Marmorkaskade in einem Becken endete. Der Mittelkanal teilte das vielräumige Boskettquartier, das zwei symmetrische Hälften bildete. Das mit Broderiebeeten verzierte Parterre lag vertieft und konnte somit von der Schloßterrasse und den seitlichen Umgängen aus gut eingesehen werden.

Der Umbau des Schlosses in seine spätere, langgestreckte Form wurde nach den Vorstellungen *Max Emanuels* 1701 von *Zuccali* begonnen und von *Joseph Effner*

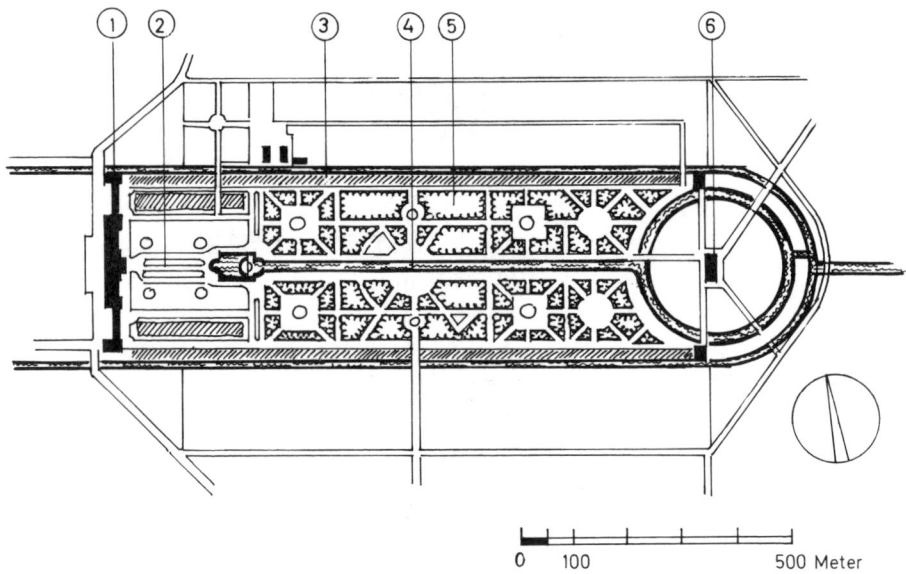

Abb. 51 Schloß Schleißheim bei München
Erbaut durch Kurfürst Max Emanuel; Baumeister des Schlosses J. Effner; die Gartenanlagen schufen Carbonet, J. Effner und Dominique Girard (Carbonet und Girard waren Schüler Le Nôtres gewesen). Das Parterre war besonders reich ausgestattet mit Broderien und zwei Wasserkanälen mit insgesamt 26 Wasserfontänen. Am Ende des Parterres war eine Wasserbalustrade nach dem Vorbild von Vaux-le-Vicomte eingefügt.
Der Park bildet ein langes Rechteck. An der dem Schloß gegenüberliegenden Parkseite ist als »point de vue« ein kleineres Gebäude errichtet: Lustheim, das von zwei Pavillons flankiert wird, die wiederum durch eine halbrunde Galerie miteinander verbunden waren. Dieser Abschluß war im französischen Garten ungewöhnlich. Dort verlangte man den ungehinderten Blick in die offene Landschaft.

① Schloß ④ Mittelkanal
② Parterre ⑤ Bosketts
③ Seitenkanal ⑥ Lustheim als »point de vue«

ab 1715 fortgesetzt. *Girard* arbeitete bis zu seinem Tode 1738 gemeinsam mit *Effner* an der weiteren Ausgestaltung des Parkes, dessen einmalige Note in der Gegenüberstellung von Schloß und Gartenkasino (Lustheim) als Abschlußbauten an den beiden Endpunkten des langen Rechteckraumes bestand.

12.4 Nymphenburg

Nymphenburg bildete das größte Projekt im süddeutschen Raum. Seinen Namen trägt es in Anlehnung an antike Quellgottheiten. *Max Emanuel* strebte hier ein Sommerschloß à la Versailles vor den Toren seiner Residenz München an. Das Verlegen des Sitzes nach außerhalb, wie es in Frankreich bereits beobachtet werden konnte, blieb auch bei den barocken Schloßanlagen in Deutschland charakteristisch. Dazu trug unter anderem besonders noch bei, daß in den alten Residenzstädten nicht genügend Raum zur Verfügung stand. Nymphenburg

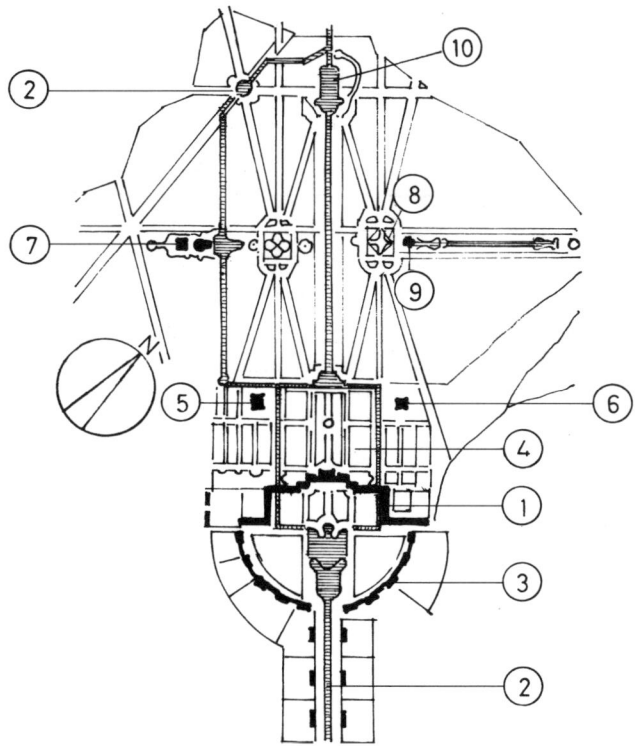

Abb. 52 Schloß Nymphenburg (Strukturskizze)
Die Anlage bestand aus drei Teilabschnitten:
Halbrunder Vorhof mit umgrenzenden Kavaliersbauten. Als Abschluß die Schloßfront: Schloß mit Mittelbau und mit je zwei Pavillonbauten seitlich, Gesamtbreite etwa 600 Meter. Parterre mit Außenabgrenzung durch Wassergraft im Rechteck (petit parc). »Grand parc« mit Kanal als Mittelachse, die in einer Kaskade endete; seitlich davon Diagonalalleen.
Im Park lagen verstreut nach und nach errichtete Filialschlößchen.
Der Park wurde 1804 von Sckell im landschaftlichen Stil verändert, lediglich die Kanalachse blieb erhalten.

① Schloß
② Kanal
③ Kavalierhäuser
④ Parterre
⑤ Amalienburg
⑥ Eremitage
⑦ Badenburg
⑧ Theater
⑨ Pagodenburg
⑩ Kaskade

sollte eine gesamte Hofhaltung in den Sommermonaten aufnehmen können. Sein Standort war durch ein vorhandenes Schlößchen, einen Sommersitz der Kurfürstenmutter, bereits gegeben *(Abb. 52).*

Die Schloßanlage präsentierte sich nach ihrer Fertigstellung als ein von vier Pavillons, zwei an jeder Seite, eingerahmter Mittelbau mit arkadenartigen Verbindungsbauten zwischen den einzelnen Gebäuden. Die in der späten französischen Zeit entwickelte Pavillonbauweise hatte sich hier in einer neuen Form durchgesetzt.

Der Vorhof wurde von niedrigen Bauten eingerahmt, ähnlich großzügig wie in Vaux-le-Vicomte. Die endgültige Fertigstellung der gesamten Anlage ging noch bis in die Zeit des Nachfolgers und Sohnes Max Emanuels, *Karl Albrecht*, bis in die Mitte des 18. Jahrhunderts, und es waren eine Reihe Künstler beteiligt wie *Zuccali, Agostino Barelli, Joseph Effner* und *Francois Cuvilliés* als Architekten und als Gartenkünstler *Carbonet, Girard* und später noch *Matthäus Diesel*.

Nymphenburg gliederte sich in einzelne Hauptabschnitte, denen ein axiales und symmetrisches System zugrunde lag. Zunächst der Vorhof als *»Cour d'honneur«*, in den die Zufahrtswege und als Mittelachse der Kanal von außen einmündeten. Dann folgte das Schloß, aus Einzelpavillons gebildet, an die sich seitlich direkt Gärten in Form der *»Giardini segreti«* anlehnten. Anschließend das Hauptparterre mit benachbarten Boskets im Sinne des »petit parc«. Das Parterre mit Broderien, die Boskets reich ausgestattet für Kugel- und Kegelspiele, Theater und andere Möglichkeiten höfischer Unterhaltung. Der Mittelkanal war im Parterrebereich aufgehoben, dafür grenzte ihn eine grabenartige Graft nach außen im Rechteck ab.

Hinter dem Parterre wurde der Kanal als gerade Mittelachse fortgesetzt und endete in einer Kaskade als »Point de vue«. Der Wasserzug durchteilte den waldartigen Bereich, der den »grand parc« bildete. Er wurde wiederum durch lange Diagonalalleen gegliedert und leitete in die Landschaft über.

Wasser stand in Nymphenburg allein schon durch den dominierenden Hauptkanal im Vordergrund. Überall traten Bassins, Fontänen und Wasserkünste in Erscheinung, bei denen vor allem *Girard* sein ganzes Können zeigte. Nach 1715 entstanden eine Reihe kleiner Filialschlößchen nach französischem Vorbild im Parkbereich verstreut für intime, weniger turbulente Aufenthalte und zur gelegentlichen Absonderung.

Zunächst ein Teepavillon als Oktogon mit verlängerten Seitenflügeln, als *Pagodenburg* bezeichnet, und danach als Gegenstück die *»Badenburg«*, ein Badeschlößchen. Beiden Bauten wurden passende Ziergärten mit Bassins und Heckenboskets zugeordnet. Schließlich wurde dem alternden Fürsten nördlich vom Parterre ganz aus dem Empfinden der Zeit heraus eine Eremitage, die *»Magdalenenklause«*, eingerichtet.

In späterer Zeit baute Cuvilliés an der Südseite des Parterres 1734 das Rokokoschlößchen *»Amalienburg«*, das als besonderes bauliches Kleinod aus dieser Zeitepoche herausragt.

12.5 Brühl

Ein weiterer Sohn Max Emanuels war der spätere Erzbischof und Kurfürst von Köln *Clemens August*. Ihm verdankte die Epoche eine Sommerresidenz zwischen Köln und Bonn, das Schloß Augustusburg bei Brühl, zu dessen Vollendung bekannte Baumeister beigetragen haben, wie der Westfale *Konrad Schlaun*, ferner *Balthasar Neumann* und der aus München kommende *François Cuvilliés*. Den wesentlichen Beitrag zum Garten lieferte wie in Nymphenburg *Dominique Girard*. Cuvilliés und Girard waren ab 1728 in Brühl tätig und gaben der Anlage das entscheidende Gesicht.

Brühl 111

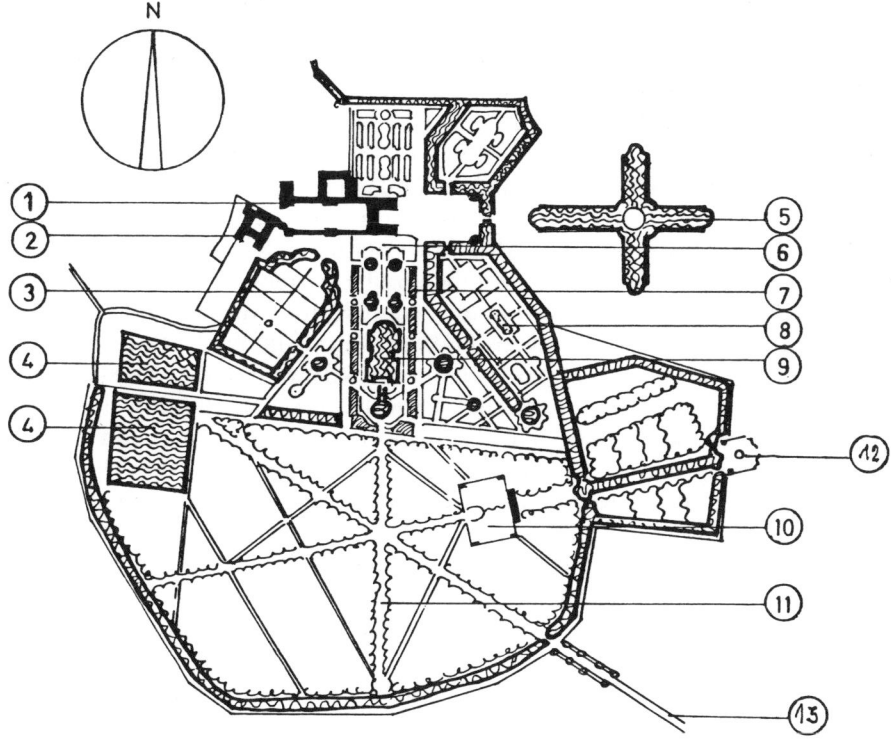

Abb. 53 Schloß Augustusburg in Brühl
Die Hauptgartenachse ging vom Südbau des dreiflügeligen Schlosses aus. Vom Schloß gingen weitere Gartenteile aus wie der Boskett- und Küchengarten. Sie legten sich sternförmig um das Gebäude. Alle Einzelgärten waren von Wassergräben umgrenzt.

Lageplan:
① Schloß
② Ehem. Franziskanerkloster
③ Küchengarten
④ Teiche
⑤ Wasserkreuz mit Insel (kam nicht zur Ausführung)
⑥ Terrasse vor dem Südflügel
⑦ Parterre de Broderie, eingefaßt in kastenförmig geschnittene Linden
⑧ Boskettgarten
⑨ Spiegelweiher
⑩ Chinesisches Haus
⑪ Waldartiger Teil mit Diagonalschneisen
⑫ Schneckenhaus
⑬ Weg zum Jagdschloß Falkenlust

Es wurde von der ersten Konzeption Schlauns, bei der an ein Wasserschloß gedacht war, abgegangen, und die Repräsentationsräume des Schlosses wurden in den Südbau des dreiflügeligen Gebäudes verlegt. An den damit zum Schwerpunkt des Schlosses erhobenen Trakt schlossen sich eine Gartenterrasse und das leicht abgesenkte Parterre mit Fontänen und Broderien an. Es wurde durch einen Spiegelweiher fortgesetzt und endete in einer großen Fontäne vor der abschließenden Baumwand des »grand parc«. Die Mittelachse wurde in einer geradlinigen Schneise bis an das Parkende durchgeführt.

Seitlich erhielt das Parterre durch kastenförmig geschnittene Linden seinen räumlichen Abschluß. Der Entwurf sah ursprünglich ein Kanalkreuz im Osten des Schlosses vor, das aber aus Geländeschwierigkeiten nicht zur Ausführung kam. Im spitzen Winkel zum Mittelparterre lagen beidseitig weitere Gärten, wobei der östliche Boskettquartiere aufnahm und der westliche als Küchen- und Kräutergarten dienen sollte. Beide Gartenteile waren von Kanälen umgrenzt, ebenfalls auch der gesamte waldartige »grand parc«, der von Diagonalschneisen durchkreuzt wurde.

Ähnlich wie in Nymphenburg entstanden nach 1750 abseits vom Hauptgebäude kleine Filialschlösser, die nur einige Jahrzehnte überdauert haben. Ihr chinesischer Stil war eine zeitweilige Modeerscheinung. Die Schlößchen sollten das Bild des Parkes beleben und mehr Unterhaltung bieten.

Südöstlich von der großen Fontäne als Abschluß des Parterres wurde im Waldteil des »grand parc« eine Chinoiserie als »maison chinoise« oder auch »Indianisches Haus« errichtet. Es bestand aus drei zweigeschossigen Pavillons, die in einer Linie durch eingeschossige Galerien verbunden waren. Der mittlere Bau dominierte. Zu seinem Obergeschoß führten von beiden Seiten geschwungene Treppen empor. Die Pavillons im chinesischen Stil hatten gewalmte Dächer, auf denen vergoldete Drachen schwebten. Vor der Westfront der Pavillons lag ein als Rechteck von Mauern eingefaßter Garten mit einem symmetrisch geschlängelten Wasserlauf in der Mittelachse. Er mündete in ein Rundbecken mit Fontäne.

An diesem Ort konnte der Bauherr sich losgelöst von Repräsentation zurückziehen und wie in den Berichten aus China die Intimität seines Gartens im Wechsel der Jahreszeiten und des Lichtes genießen.

Ein Kanal stellte von der Ostseite des Chinesischen Hauses in geradliniger Führung die Verbindung zu einem weiteren Belvedere-Schlößchen her, genannt Schneckenhaus, inmitten eines runden Teiches am Rande des Parkgeländes. Es war ein Blickfang, ein Rundbau mit vier Geschossen, die nach oben hin zurückgestaffelt waren.

Nach Südosten führte eine Allee zum Jagdschlößchen »Falkenlust«. Es lag außerhalb des Parkes und diente zu Treffen bei Jagden.

Nach Norden und Nordosten erstreckten sich vom Schloß zwei weitere Gärten, so daß die sternartige Gruppierung von Parkteilen um das Schloß beinahe ganz geschlossen war *(Abb. 53)*.

In Brühl haben topographische Gegebenheiten und die verschiedenen Vorstellungen der einzelnen Architekten zu einer außergewöhnlichen und unkonventionellen Gesamtlösung geführt, wobei die Mittelachse des Gartens gegen alle bisherigen Regeln an einen Seitenflügel des Schlosses verlegt wurde und der Ehren- und Vorhof dadurch zur Hauptachse im rechten Winkel lag.

12.6 Schönbrunn

In die Gruppe der Gärten, die sich sowohl an französische wie auch an italienische Vorbilder anlehnten, gehören auch die österreichischen Parks, wie die Schloßanlagen Schönbrunn und Belvedere.

Schönbrunn sollte die Krönung aller kaiserlichen Schlösser bilden. Auch dort war bereits ein alter Schloßbau vorhanden, als der Habsburger *Joseph I.* nach seiner Krönung im Jahre 1690 seinen Architekturlehrer *J. B. Fischer von Erlach* für seine Baupläne gewann. Fischer hatte sich noch bis 1686 in Italien umgesehen und war damals gerade dreißig Jahre alt. Er plante das Schloßbauwerk zunächst auf der Höhe des nach Süden ansteigenden, langen Grundstücks. Dort sollte es beherrschend über der Stadt liegen. Der endgültige, 1694 aufgestellte Entwurf sah dann das Schloß am Fuße des Hanges vor, wie es schließlich auch ausgeführt wurde. 1695 ist *Jean Trehet* bereits bei der Anlage des Gartens tätig. *Trehet* war 1654 in Paris geboren, kam 1684 über Deutschland nach Wien und hatte sich bereits einen Namen gemacht. 1698 wurde er nochmals nach Frankreich entsandt, um dort einige Gärten im Detail zu studieren und aufzuzeichnen. Zurückgekehrt entstand das langrechteckige Hauptparterre mit den Boskets auf beiden Seiten.

Die Aufbauarbeiten wurden allerdings 1705 eingestellt und erst vierzig Jahre später unter *Maria Theresia* und *Franz I.* zur endgültigen Fertigstellung wiederaufgenommen. Charakteristisch wurden die hohen Baumwände aus Linden und Hainbuchen mit eingefügten Statuennischen. Schließlich wurde in Anlehnung an Versailles 1752 eine *Menagerie* errichtet.

Der den Hang hinaufsteigenden Mittelachse fehlte immer noch ein optischer Abschluß, bis 1770 oben auf die Höhe eine offene Halle in der Art eines Triumphbogens, die *Gloriette*, gebaut wurde. Sie wirkte als architektonische Abgrenzung der vom Parterre aus ansteigenden und von Waldbosketts gerahmten Gartenfläche. Am Hangfuß entstand zu gleicher Zeit der Neptunbrunnen.

In Schönbrunn zeigte sich im Laufe des sich fast über achtzig Jahre hinziehenden Ausbaus, wie neben der ursprünglich in Österreich vorherrschenden, italienischen Tradition, die die ersten Entwürfe und die Auswahl des Standortes mitbestimmten, immer stärker französische Einflüsse Platz griffen.

12.7 Belvedere

Das *Belvedere* des erfolgreichen Feldherren Prinz *Eugen von Savoyen* nahm neben Schönbrunn in Wien einen hohen Rang ein. Sein Architekt war *J. L. von Hildebrandt*, der von 1668 bis 1745 lebte. Es bestand aus zwei Baukomplexen, dem oberen und dem unteren Belvedere, wobei das untere, der eigentliche Wohnbau, zunächst bereits 1716 fertiggestellt wurde *(Tafel XV).*

Mit den Terrassierungsarbeiten hatte man schon kurz nach 1693 begonnen, denn auch bei dem Belvederegelände handelte es sich um eine Hanglage und um ein ziemlich schmales, langes Rechteck, das zwischen Nachbargrundstücken eingeengt war. *Dominique Girard* wurde für die Gartenanlage 1717 nach Wien gerufen, wonach mit dem Bau des Hauptschlosses auf der Höhe um 1721 begonnen und damit die Anordnung mit dem Garten oberhalb der Gartenfläche im Gegensatz zu Schönbrunn verwirklicht wurde. Der Hanggarten wurde dem Schloßpalast zugeordnet, und von der Schloßterrasse aus umfaßte man den Gartenraum. Im Vordergrund lag das leicht vertiefte »Parterre de broderie« mit den Heckengängen und den erhöhten Umgangswegen. Es war mit Statuen und Fontänen geschmückt und durch einen breiten Mittelweg geteilt, der bis an den

Rand der oberen Kaskade führte. Aus der Mittelachse wechselte hier der Weg auf seitliche Rampentreppen, dann herrschte im weiteren Ablauf wieder die Mittelachse vor bis zur zweiten Kaskade, wo die Wegeführung wiederum auswich. Der mehrmalige Wechsel vom fast ebenen, breiten Weg in der Mitte auf die Rampen und Treppen an der Seite zwang zu immer neuen Blickwinkeln, die besonders beim Aufsteigen den architektonischen Reiz des gegliederten Schloßpalastes zur Wirkung brachten.

Auf der Höhe war dem Schloß nach Süden ein großer, eingefaßter Vorhof mit prächtigen, geschmiedeten Torflügeln an der Einfahrt vorgelagert. In seiner Mitte nahm er ein großes Bassin als Wasserreservoir auf.

13 Gärten in Holland

13.1 Geographische Gegebenheiten

Die Niederlande waren kulturell keine geschlossene Einheit. Brabant und Flandern als katholische Gebiete standen aus geschichtlicher Tradition stark unter französischem Einfluß. Die calvinistischen Provinzen Holland und Seeland hatten sich dagegen ständig gegen französische Einflüsse gestemmt.

Die geographischen Gegebenheiten sind in gewisser Weise für die Entwicklung der Landschaft, der Städtebilder, wie für die Lebens- und Wirtschaftsweise in besonderem Maße prägend und andererseits auch einengend gewesen. Der Boden ist allgemein alluvialen Ursprungs. Es fehlte daher ganz und gar an ergiebigen, örtlichen Steinvorkommen. Der Bau von hohen Stützmauern, Treppen und Brunnenkaskaden aus Natursteinen wie in anderen europäischen Ländern, allen voran Italien, wäre äußerst kostspielig gewesen, weil man das Material aus dem Ausland beziehen mußte und lange Transportwege damit verknüpft waren.

Das Land war seit dem frühen Mittelalter bereits intensiv landwirtschaftlich genutzt worden. Bezeichnend für das Landschaftsbild waren die zahlreichen, geradlinig geführten Wassergräben und Kanäle, die zur Entwässerung dienten. Die Holländer waren seit alters her mit wasserbaulichen Fragen vertraut. Schon im Mittelalter waren sie über ihr Land hinaus als Entwässerungsfachleute bekannt und tätig. Holland war mit seinen schachbrettartigen Grabensystemen beinahe vergleichbar mit dem alten Ägypten, nur daß in Holland keine periodischen Überschwemmungen eintraten, sondern das Grabennetz immer erhalten blieb.

Die Formen der Grundstücke und damit auch der Gärten paßten sich dem Rechteckschema der Wasserzüge an. Die Gärten waren also von vornherein durch Wassergräben eingegrenzt, und ihre ästhetische Wirkung ergab sich beinahe beiläufig. Die Hauptbedeutung der Kanäle bestand neben der Entwässerung in ihrer Nutzung als Verkehrswege.

13.2 Heemstede und Het Loo

An Heemstede bei Haarlem lassen sich für Holland typische Erscheinungen erkennbar machen. Die weitausgedehnte Flächenhaftigkeit war für das Landschaftsbild bestimmend. Den flachen Horizont ständig im Blickfeld mochte man in den Gärten nicht auch noch weite Perspektiven anlegen *(Tafel XVI)*.

Der Garten ist in das Netz von Gräben förmlich eingepreßt. Unmittelbar hinter den Gräben beginnen die landwirtschaftlich genutzten Flächen. Der Park mit dem Gebäude im Mittelpunkt sieht nach innen. Ein Blick in die Ferne unter

Einbeziehung optischer Blickpunkte ist aus topographischen Gegebenheiten nicht interessant und reizvoll. So werden Gestaltungsmittel wie Parterre und Boskette von Baumalleen eingegrenzt. Nicht auf eine große Achse hin konzentriert, sondern eher wie in der Renaissance aneinandergereiht beziehungsweise nebeneinander gelegt. Die Trennung wird noch durch Wasserkanäle unterstrichen.

Innerhalb einzelner Teile gibt es große Vielseitigkeit durch Blumenrabatten, variierende Parterre, Treillagen und Figuren. An den Randzonen des Parkes werden die ausschmückenden Details immer einfacher.

Heemstede wird von dem Utrechter Diderick van Veldhuysen nach 1680 angelegt. Berater war vermutlich Daniel Marot, ein französischer Emigrant, der auch in Het Loo tätig wurde. Prinz Wilhelm III., ab 1689 König von England, begann 1685, Het Loo anzulegen. Dieser Park war wesentlich größer, in seiner Topographie bewegter und prächtiger ausgestattet. Er war der bedeutendste Barockgarten in Holland.

Die Flachheit des Landes schloß in vielen Fällen aus natürlichen Gegebenheiten die Anlage eines terrassierten Gartens mit Treppenanlagen aus. So stieß auch der Bau von Wasserkaskaden und Springbrunnen wegen der geringen Höhenunterschiede auf Schwierigkeiten. In Holland fehlten fast alle Vorbedingungen, die in Italien und Frankreich als Voraussetzung für die Anlage eines Gartens im Sinne der Renaissance galten. Weil hier die Gärten wegen der Enge und starken Nutzung des Landes nicht sehr groß sein konnten, wirkten sie eingeengt, und es fehlte ihnen die in die Weite greifende Großräumigkeit. Deshalb suchte man innerhalb der Gartenanlagen durch vielfältige Details Abwechslung zu schaffen. Es entstand dadurch leicht ein allzu buntes Nebeneinander.

Hinzu kam, wie schon erwähnt, der Mangel an jeglichen Gesteinsarten, um wie in den südlichen Gärten den gebräuchlichen, klassischen Formenapparat von Statuen, Vasen, Treppenläufen oder Balustraden herzustellen. Dafür hatte es in Italien aus antiken Ruinen noch eine Fülle von Anregungen gegeben.

13.3 Gärten der Stadtbürger

In Holland war in den Städten das kräftig aufstrebende Bürgertum führend, nicht so sehr der Adel. Hier wurden die Vorbilder für den relativ kleinen Bürgergarten innerhalb oder am Rande der Stadt aus den eigenen Vorstellungen entwickelt, denn diese Gärten standen nicht unter dem Einfluß großer, fürstlicher Parkanlagen, wie beispielsweise in Frankreich.

Von Bedeutung wurden Darstellungen kleiner flämischer Gärten, die der Architekturmaler *Vredeman de Vries* in einer Stichfolge 1568 und nochmals später 1583 veröffentlichte. Es handelte sich dabei um Gärten, die meist innerhalb der städtischen Bebauung bei bürgerlichen Wohnsitzen lagen. Die verschiedenen Beispiele zeigten Ähnlichkeit in der prinzipiellen Aufteilung und Ausstattung. Sie bestanden aus einer Reihe nebeneinandergelegter, rechteckiger Gartenteile, die durch Hecken, Zäune oder Laubengänge voneinander getrennt waren. In der Mitte solcher Teilabschnitte befanden sich Wasserbecken oder Brunnen, es konnte dort auch nur ein Baum gepflanzt sein, der einen besonderen Verschnitt, gestuft oder ähnlich, zeigte. Die einzelnen Beete innerhalb waren geometrisch, das heißt viereckig, rund oder bandartig angelegt und mit Kantensteinen oder kleinen Buchshecken eingefaßt. Man sieht auf ihnen niedrige Kugelbüsche oder schlanke Bäumchen. Es sind Gärten, die nicht wie in Frankreich häufig nur zum Betrachten von oben gedacht waren, sondern in denen sich Menschen bewegen oder sich in einer pavillonartigen Laube zum Essen oder Trinken niederlassen konnten.

Vredeman hatte für seine Skizzen *Vitruv* studiert und zum Vorbild genommen. Seine Beispiele zeigten zwar noch keine axiale Anordnungen und großräumige Symmetrie, waren aber nicht in dem Maße überladen, wie es sich in die holländischen Bürgergärten eingeschlichen hatte. Die Gärten am Haus endeten an Kanälen, die wie Straßen an ihnen vorbeiführten und auf denen sich der »Verkehr« abspielte. Der Einblick in die Gärten war nicht unerwünscht. Man gestaltete sie entsprechend, um Besucher vom Kanal aus in Empfang zu nehmen.

14 Barockgärten im übrigen Europa

In fast allen anderen europäischen Ländern wurde der Einfluß Frankreichs ebenfalls spürbar, meist führte er jedoch nicht zu einer eigenen Weiterentwicklung des barocken Gartenkonzeptes. Entweder bildeten die Anlagen eine Endphase eines auf den in der Renaissance entstandenen Gärten aufbauenden Ablaufes, wie beispielsweise in Italien, oder die französische Gartenform wurde erst in einem so späten Zeitpunkt übernommen, als sie bereits passé war und neuen Ideen weichen mußte. Häufig waren aber auch Künstler aus Frankreich am Werk, die naturgemäß die in ihrem Lande herrschenden Stilformen verwirklichten.

Nach dem Tode Ludwigs XIV. im Jahre 1715 waren die Arbeiten in Versailles generell abgeschlossen, und unter seinem Nachfolger bestand keine Neigung, wie in der Zeit des Sonnenkönigs an der gigantischen Anlage festzuhalten, geschweige denn sie weiter auszubauen. So sah sich eine große Zahl Architekten und Gartenkünstler gezwungen, nach einem anderen Betätigungsfeld Ausschau zu halten.

In Deutschland und Österreich waren wir schon einigen Schülern Le Nôtres und französischen Fachleuten begegnet. Als sich der russische Zar Peter der Große von 1697 bis 1698 in Westeuropa aufhielt, lernte er unter anderen auch den französischen Gartenarchitekten *Le Blond* kennen und holte ihn zum Aufbau einer neuen Residenz nach Petersburg. Alexandre Jean Baptiste Le Blond, der noch unter Le Nôtre gearbeitet hatte, wurde 1716 mit seinem Eintreffen in Rußland zum Generalarchitekten von St. Petersburg ernannt, wo er bis zu seinem Tode im Jahre 1719 blieb. Die Stadt war eine Neugründung von 1703. Den geeigneten Bauplatz für eine Residenz fand man etwa 30 Kilometer außerhalb auf einer aus der flachen Ebene der Newamündung herausragenden Anhöhe. *Le Blond* schuf die in ihrer Art einmalige Treppenkaskade und den ausgedehnten Park nach französischem Vorbild. In keinem Park gab es eine derartige Fülle von vergoldetem Figurenschmuck, an denen ebenfalls ein französischer Bildhauer und Schüler von *Coysevox*, Nicolas *Pineau*, beteiligt war. Von einem russischen Beitrag bei dieser Anlage kann kaum die Rede sein, es sei denn in der grellen Farbigkeit, die vor allem durch die Plastiken im Goldhochglanz hervorgerufen wurde.

Auf direkte Mitwirkung gehen auch französische Einflüsse in *Schweden* zurück. Königin *Christina* von Schweden stellte Mitte des 17. Jahrhunderts ihren Hof ganz unter französischen Einfluß. Bei ihr wirkte *André Mollet*. Er war der Sohn *Claude Mollets*, der unter Heinrich IV. in Fontainebleau gearbeitet und mit seinem Sohn ein bedeutendes Gartenwerk herausgegeben hatte *(siehe 7.5)*. André Mollet veröffentlichte 1651 ebenfalls in Stockholm ein Buch »Le jardin de plaisir« und trug dadurch zur Verbreitung des französischen Gartens und der französischen Kultur in Schweden bei.

In Schweden wie auch in Dänemark bildete die Anbindung an die offene See oder an ein Binnengewässer meist den besonderen Reiz bei Schloß- und Parkanlagen. Von 1642 bis 1644 entstand das wichtigste Bauwerk, Schloß *Jakobsdal*, ferner Schloß *Carlsberg* und das Schloß *Drottningholm* am Mälarsee. Dort trug Königin *Luise-Ulrike*, neben der Bayreuther Markgräfin *Wilhelmine* eine weitere Schwester des Preußischen Königs *Friedrich II.* in Potsdam-Sanssouci, in der Mitte des 18. Jahrhunderts zur Belebung des Parkes viele eigene Ideen bei.

Charakteristisch für die Lage in einem See ist das Königsschloß *Frederiksborg* bei Kopenhagen. Die einzelnen Baukörper waren über drei durch Brücken verbundene Inseln verteilt. Am jenseitigen Seeufer erstreckten sich in der Gebäudeachse Parterre und Boskets, von einem Kanal symmetrisch geteilt. Eine ähnliche Anordnung und Lage in einem See zeigte auch das Schloß *Hirschholm*.

Die nach 1720 erbaute Sommerresidenz des Dänischen Königshauses, *Fredensborg*, bestand aus einem dem Hauptbau vorgelagerten, achteckigen Vorhof. Zum Park hin erstreckte sich ein halbkreisförmiges Parterre, von dem aus sternförmig Alleen in den Park weiterführten. Im ganzen bedeutete das eine originelle und einmalige Lösung.

15 Gärten des Spätbarock und des Rokoko

15.1 Dresdener Zwinger

Das klassische französische Konzept in seiner Abfolge über »Cour d'honneur«, Schloßbau, Parterre und Boskets, mit dem alles zusammenhaltenden Rückgrat der großen Achse, die sich im waldartigen »grand parc« als Kanal bis zu einem »point de vue« fortsetzte, wurde in seiner Gesetzmäßigkeit immer mehr abgewandelt, je weiter die Zeit in das 18. Jahrhundert hinein fortschritt. Es entstanden Anlagen, in denen die geometrische Ordnung und das barocke Detail zwar weiterhin beibehalten wurden; wie sich aber in Marly-le-Roi eine Abkehr vom übermäßig Repräsentativen und Überdimensionalen abzeichnete, so traten jetzt immer mehr intime und individuelle Tendenzen in der Gartengestaltung in den Vordergrund.

Der Zeitgeschmack hatte sich geändert, und die alles überstrahlende Herrschergestalt als absoluter Mittelpunkt begann ihren Glanz zu verlieren. Beim Dresdener Hof unter *August dem Starken* war zunächst noch keine Zurückhaltung zu spüren, und man hatte für den Ausbau der Residenz ganz hochfahrende Pläne. Vor seinem Regierungsantritt, der 1694 erfolgte, hatte sich der Regent längere Jahre in Italien und Frankreich aufgehalten, um sich in den bedeutenden Zentren dieser Länder zu bilden.

Durch den Brand des alten Schlosses im Jahre 1701 war der Anlaß für Aufbaupläne gegeben. Dem König stand ein hervorragender Fachmann zur Seite. *Matthias Daniel Pöppelmann*, er lebte von 1662 bis 1736, war sein Architekt und, wie es damals verlangt wurde, auch als Gartenarchitekt tätig. Er stammte aus Herford und kam mit 24 Jahren an das Hofbauamt in Dresden. Auf einigen Reisen konnte er sein Wissen schulen und besuchte unter anderem die Städte Rom, Versailles, Prag und Wien. Zur wichtigsten Anlage in der Ära Augusts des Starken zählte der Bau des »Zwingers«, ein Ensemble von Baukörpern, die einen Hof umschlossen. Ursprünglich hatte man nur einen Festplatz für Reiterspiele und Maskeraden am Hofe im Auge. Für Augusts Sammlung von über eintausend Kübelpflanzen war aber auch eine Orangerie erforderlich. Es entstand zunächst 1709 ein provisorischer, viereckiger Platz mit Holztribüne auf dem Gelände des Festungswalles, der die Bezeichnung »Zwinger« trug.

In den Jahren von 1710 bis 1732 wurden dann unter Leitung von *Pöppelmann* die Zwingerbauten errichtet. Zwei Pavillons, flankiert von Bogengalerien, lagen sich einen Innenhof einschließend gegenüber. Auf der einen Seite nach Südwesten verband ein langer, eingeschossiger Galerietrakt die beiden Pavillons. Er wurde in der Mitte durch einen turmartigen Aufsatz, das »Kronentor«, betont. So ergab sich ein dreiseitig umschlossener, festlicher Hof mit zentralen Wasserbecken und Fontänen. An der Nordseite sollten Gärten und Kaskaden bis zur Elbe herunterführen. (Die Nordseite wurde einhundert Jahre später [1834] durch den harmonisch eingefügten Bau der Gemäldegalerie von *Gottfried Semper* geschlossen.) Ihrer Zierlichkeit und den fein abgestimmten Proportionen zwischen Gebäuden und Freiraum verdankt die Zwingeranlage ihren künstlerischen Rang. Dazu trug eine Fülle von Skulpturen bei, die vorwiegend von *Balthasar Permoser* geschaffen wurden *(Abb. 54).*

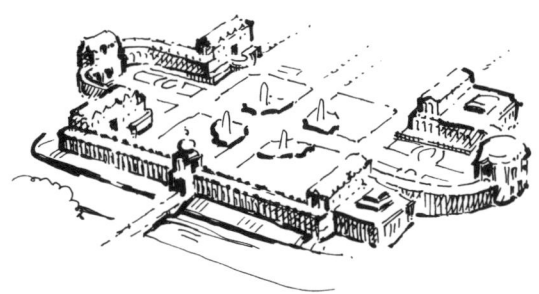

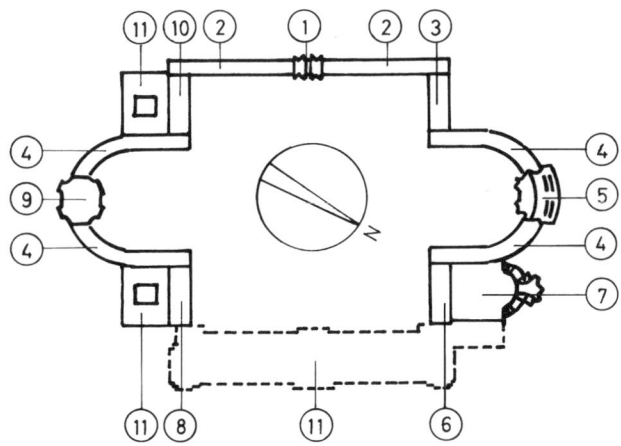

Abb. 54 Zwingeranlage – Ansicht und Grundriß
Der Zwinger in Dresden wurde in den Jahren von 1710 bis 1732 nach den Entwürfen M. D. Pöppelmanns errichtet. Die Anlage bestand aus einem Ensemble von Baukörpern (Pavillons wechselten mit Galeriegebäuden), die einen Hof dreiseitig umschlossen. Er wurde mit Fontänenbecken festlich ausgestattet und öffnete sich nach Nordosten hin zum entfernt gelegenen Elbeufer.
Die Skizze zeigt im linken oberen Bogen den »Wallpavillon«, in der Mitte die Langgalerien mit dem zentralen Kronentor und rechts zwischen den Bogengalerien den »Glockenspielpavillon«. Oben in die Öffnung zwischen den Bauten wurde einhundert Jahre später die Gemäldegalerie von Gottfried Semper eingefügt. Pöppelmann hatte noch an dieser Stelle Gartenanlagen mit Wasserkaskaden bis hinunter zum Elbufer vorgesehen.

Lageplan:
① Kronentor
② Langgalerien
③ »Mathematischer Salon«
④ Bogengalerien
⑤ »Wallpavillon«
⑥ »Französischer Pavillon«
⑦ »Nymphenbad«
⑧ »Deutscher Pavillon«
⑨ »Glockenspielpavillon«
⑩ »Zoologischer Pavillon«
⑪ »Gemäldegalerie« und Anbauten aus der Mitte des 19. Jahrhunderts

15.2 Eremitage bei Bayreuth

In einem von einer Mainschleife an drei Seiten umschlossenen Waldgelände ließ Markgraf Georg Wilhelm, er regierte von 1712–26, ein Schloß als eingeschossige Vierflügelanlage bauen. Im Fassadentrakt an der Nordseite lag in der Mitte ein Marmorsaal. In den Seitenflügeln reihten sich Einsiedlerzellen aneinander. Im Südflügel befand sich ein quadratischer Kuppelraum, der als Grotte mit reichen Wasserspielen ausgebaut war.

Dieses Ensemble machte er zum Schauplatz seiner höfischen Eremitenspiele, an denen alle zum Hof gehörigen Damen und Herren mitbeteiligt wurden. Damit stellte man sich gegen das strenge Zeremoniell, wie es an den absolutistischen Höfen üblich gewesen war.

Einfachheit war oberstes Gebot. Mönchskutte, selbstgefertigte Speisen, Holzlöffel und irdenes Geschirr, ein hartes Nachtlager waren die äußeren Zeichen *(Abb. 55)*.

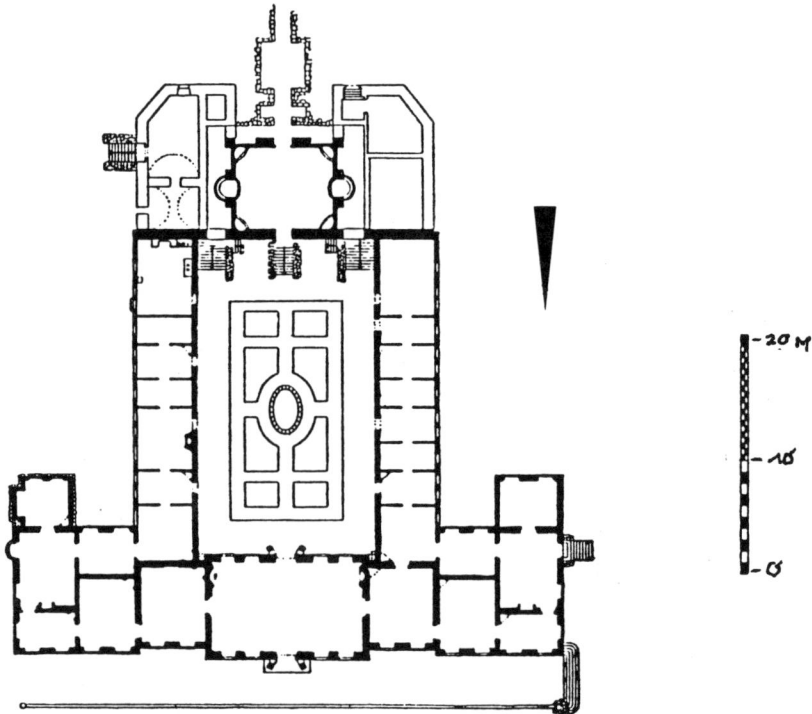

Abb. 55 Eremitage bei Bayreuth
Grundriß des alten Schlosses (erbaut 1715–18 von Markgraf Georg Wilhelm, umgebaut 1736 von Markgräfin Wilhelmine).
Im Mittelbau unten ein hoher Marmorsaal. Zur Linken im Damenflügel die Räume der Markgräfin mit Audienz-, Musik- und Schreibzimmer. Ferner chinesisches Spiegel- sowie japanisches Lackkabinett, Schlafzimmer. Im Ostflügel nach oben einzelne Kammern und Wirtschaftsräume. Zur Rechten der Herrenflügel mit Audienzzimmern. Dahinter Eremitenzellen im Westflügel bis zum quadratischen Kuppelbau im Süden.
Er war als Grotte mit entsprechender Ausstattung ausgebaut, hatte ausgeklügelte Wasserspiele, die auf Knopfdruck aus allen Winkeln und Ecken die Besucher buchstäblich durchnäßten.

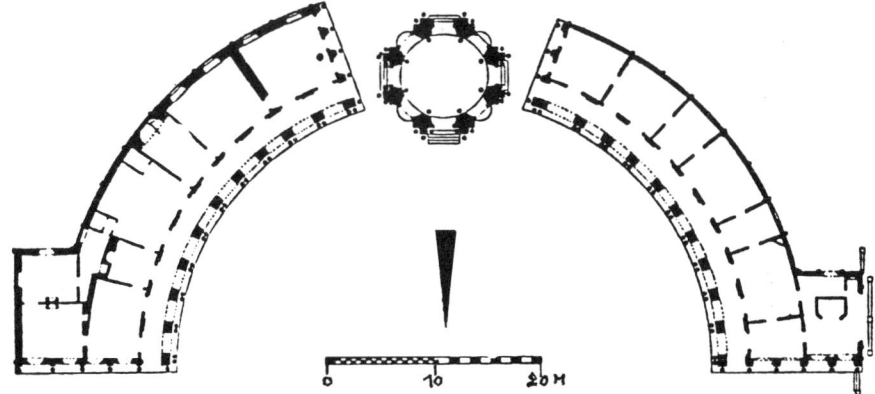

Abb. 56 Eremitage bei Bayreuth
Neues Schloß (erbaut von 1749–53). Drei isolierte Baukörper, links und rechts zwei geschwungene Wohnflügel mit nicht ganz symmetrischen Grundrissen. Sie treffen sich neben dem zentralen »Sonnentempel«, einem Kuppeloktogon. Der halbrunde Bogen der Gebäude wurde ergänzt durch ein vorgelagertes, ovales Wasserbecken mit zahlreichen Fontänen und Figurengruppen.

1735 übernahm ein späterer Nachfolger, Markgraf Friedrich, die Regierung und vermachte das »Alte Schloß«, so nannte man es inzwischen, seiner Gemahlin Wilhelmine. Sie war eine Schwester Friedrichs II., des Großen, von Preußen. Ein Jahr später erweiterte sie den Bau und ließ einige Räume an den Flügeln der Fassade anbauen. Sie trugen in ihrer erlesenen Ausstattung durch zahlreiche Künstler und Kunsthandwerker, nicht zuletzt durch eigenes Mitwirken der vielseitig begabten Markgräfin zum viel gerühmten Ruf des Bayreuther Rokoko bei.

Das »Neue Schloß«, in der Nähe gelegen, wurde von Wilhelmine 1749 in Angriff genommen und in ganz einmaliger Art über einem halbkreisförmigen Grundriß mit drei getrennten Baukörpern entwickelt. In der Mitte lag als Kuppelraum der *Sonnentempel*, ein Festsaal mit pseudosakralem Charakter, dem Sonnen- und Lichtgott Apollo geweiht, entsprechend seiner seit den Tagen des »Sonnenkönigs« Ludwig XIV. in Europa verbreiteten allegorischen Vorstellung. Die beiden geschwungenen Seitenflügel nahmen die aneinandergereihten Gemächer des Fürstenpaares auf. Ursprünglich war der Halbkreis der drei Gebäudeteile durch anschließende Treillagen zu einem vollen Rund geschlossen. Es umfaßte ein Parterre, das fast ausschließlich von einem ovalen, mit wassersprühenden Lebewesen bevölkerten Bassin ausgefüllt war. Westlich schloß sich ein geometrischer Garten an, bei dem eine symmetrische Teilung wie achsiale Ausrichtung hinter der Ausbildung von intimen Einzelräumen zurücktrat und der beinahe wieder additive Züge trug *(Abb. 56)*.

Zusammen mit den zahlreich im Park verstreuten Grotten, Höhlen, Ruinen und Eremitagen zeigte sich hier deutlich ein Wandel in der Gartengestaltung. Gebäude und Park spiegelten einen barocken Spätstil, das *Rokoko*, wie es sich bei den Bauten *Cuvilliés* in Bayern und in der Leichtigkeit des Dresdener Zwingers bereits gezeigt hatte *(Abb. 57)*.

124 Gärten des Spätbarock und des Rokoko

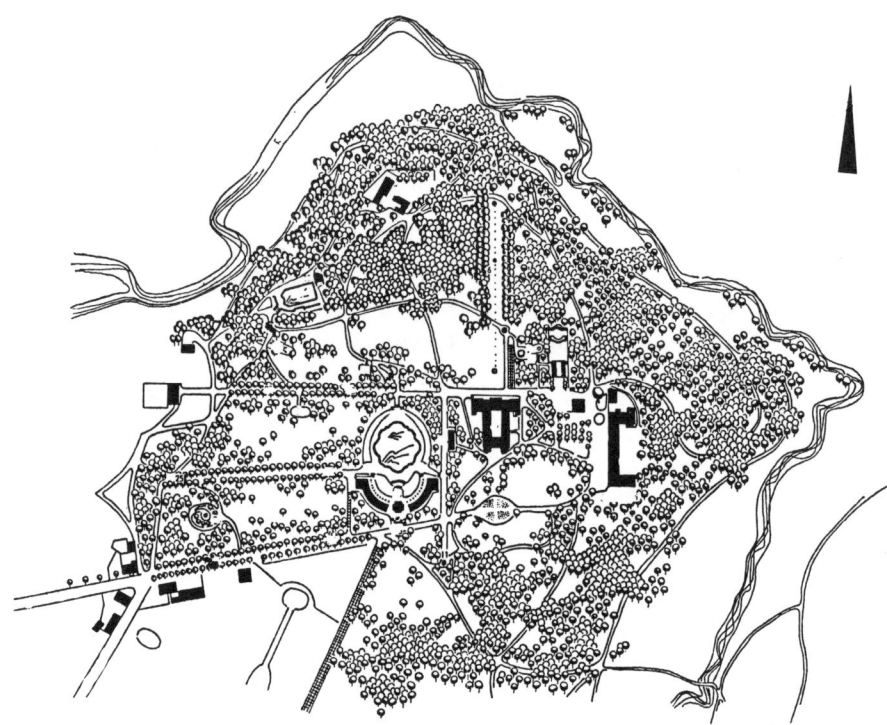

Abb. 57 Hofgarten der Eremitage
Der Park wurde in einem hügeligen Waldgelände in einer großen Mainschleife mit dem Baubeginn des alten Schlosses angelegt. Hier stießen ursprünglich französischer Stil mit dem neuen aus England kommenden aufeinander. Das zeigt schon der erste Blick auf den Lageplan. So kreuzen sich gradlinige Alleen mit frei geführten Wegen. Alte Pläne aus dem frühen 18. Jahrhundert zeigen noch barocke Gartenteile, vor allem in der Nähe des Neuen Schlosses. Der östliche Teil des Parkes blieb davon verschont. Seit 1740 entstanden bereits dort eine größere Anzahl »empfindsamer Staffagen« als künstliche Ruinen, wie ein altrömischer Tempel, ein antikes Portal, ein Ruinentheater, eine Grotte mit großem Bassin, ein Schneckenberg und Einsiedeleien. Im Sinne des Landschaftsgartens entstand ein Gürtelweg (belt) an der Peripherie des Eremitagenberges, der das Wiesental des Mains erschloß.

In Bayreuth ging die Vorliebe für einen naturalistischen Stil bei der Gruppierung und Einordnung der einzelnen Parkteile und Architekturelemente fast noch einen Schritt weiter in eine neue Epoche, die zur selben Zeit gerade in England ihre ersten Schritte wagte.

In diese Spätepoche fallen weiterhin vor allem die Gärten Friedrichs II. im ehemaligen Preußischen Bereich, der Garten *Karl Theodors* von der Pfalz in *Schwetzingen* und die fürstbischöflichen Anlagen in *Würzburg* und *Veitshöchheim*. Unterschiedliche Standorte, Bauherren und Künstler haben hierbei in einer Zeit, die sich immer mehr von der großen, allgemeingültigen Gesetzhaftigkeit entfernte und individuelle Lösungen bevorzugte, zu verschiedenartigen Lösungen geführt.

15.3 Potsdam-Sanssouci

Friedrich II. residierte in Potsdam und hatte ständigen Kontakt mit seiner Schwester in Bayreuth, der durch einige persönliche Besuche vertieft wurde. Er arbeitete schon als Kronprinz in *Ruppin* und *Rheinsberg* mit dem Architekten *Georg Wenzeslaus von Knobelsdorff* eng zusammen. Die seiner Mentalität gemäßeste Schöpfung ist das Schloß *Sanssouci* mit seinem terrassierten, »gläsernen« Berghang. Gleich nach seinem Regierungsantritt im Jahre 1740 wurde das kleine Lustschloß, in seinem Wesen eine »Eremitage«, entworfen. *Knobelsdorff* war wie viele seiner damaligen Kollegen auch hier Architekt für Gebäude und Garten. Das flache Schloß lag auf der Höhe mit Blick nach Süden in die Landschaft. Vor ihm fiel der Hang ab. Er war durch Stützmauern in sechs Terrassen gegliedert, auf denen hinter Glasfenstern Edelobst gezogen werden konnte. Am Fuße des Hanges erstreckte sich das Parterre mit dem zentralen Bassin. Neben dem Schloß entstand auf beiden Seiten etwas nach unten abgesetzt je ein Gebäude, westlich eine Orangerie und östlich eine Bildergalerie. *Knobelsdorff* entwickelte in der unteren Parterreebene eine Ost-Westachse, die vom zur Stadt Potsdam hinweisenden Obelisken bis zu einem westlich gelegenen »Rehgarten« durch Boskets und Rondelle führte.

Abb. 58 Schloß Sanssouci bei Potsdam
Friedrich der Große von Preußen ließ sich von seinem Architekten Knobelsdorff in den Jahren zwischen 1745 und 1747 auf der Höhe eines Südhanges ein Schlößchen als »Maison de plaisance« (Lustschloß) errichten.
Der Hang wurde durch Stützmauern in sechs Terrassen gegliedert. Vom spiegelnden Bassin im Grunde aus führte eine Treppe in Absätzen nach oben auf die Gebäudemitte zu. Auf den einzelnen Terrassen wurden später hinter Glasfenstern Pflanzen und Edelobst angezogen.
Das Bassin in der Ebene lag zentral in der Mitte eines Parterres. Die spätere Erweiterung des Parkes lag in der Ebene im rechten Winkel zur Terrassenachse.

Von unten trat das niedrig gehaltene Schlößchen Sanssouci kaum ins Auge, denn es blieb hinter den aufsteigenden Glasterrassen fast verborgen, bis man die Höhe erreicht hatte. Äußerlich wurde damit die gewünschte Isolierung und Zurückgezogenheit zum Ausdruck gebracht.

Die für die Obstzucht aufgestellten Fenster am Terrassenhang wurden als spiegelnde Glasflächen zu einem bestimmenden Gestaltungselement *(Abb. 58, Tafel XVII)*.

15.4 Schwetzingen

Ein nochmals ganz auf Symmetrie ausgerichteter und durch sein kreisrundes Parterre einmaliger Garten entstand kurz nach dem Regierungsantritt *Karl Theodors* von der Pfalz in Schwetzingen. Den ersten Entwurf, der später gewisse Abänderungen und Ergänzungen erfuhr, erstellte der Hofgärtner *Ludwig Petri*, der von 1714 bis 1794 lebte. Nach seinem Weggang von Schwetzingen übernahm ab 1761 *Nicolaus Pigage* als Oberbau- und Gartendirektor die Erweiterung, indem er den Gartenraum in der ganzen Breite des runden Zirkels um die gleiche Länge

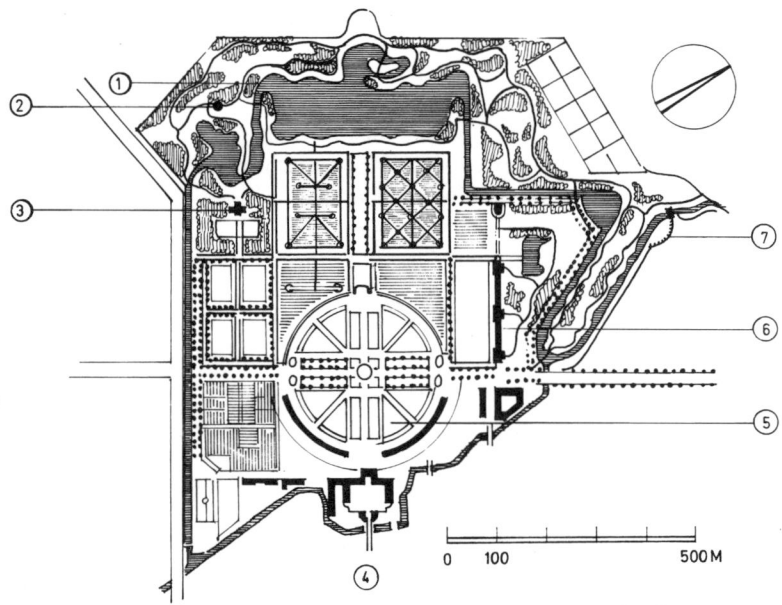

Abb. 59 Schwetzinger Schloßgarten
Von Nicolaus Pigage stammt der geometrische Teil der Anlage, die mit dem zentralen, kreisrunden Zirkel unter den Barockgärten einmalig ist und erst am Ende der Epoche in der zweiten Hälfte des 18. Jahrhunderts entstand.
Das Parkgelände an der Nord- und Westseite wurde von dem erst fünfundzwanzigjährigen F. L. v. Sckell, einem Angehörigen einer neuen Generation, im landschaftlichen Stil umgestaltet.

① Großer Weiher
② Merkurtempel
③ Moschee
④ Schloß
⑤ Großer Zirkel
⑥ Orangerie
⑦ Römisches Wasserkastell

vergrößerte und durch ein breites, rechteckiges Bassin abschloß. Der Kreis hatte einen Durchmesser von etwa 325 Metern und war auf der Schloßseite zur Hälfte von »Zirkelhäusern«, auf der gegenüberliegenden Hälfte durch Laubengänge geschlossen. Breite, vielreihige Baumalleen bildeten vom Schloß aus eine Mittelachse, die sich über den Kreis hinaus in die Tiefe des Parkes fortsetzte. Im Mittelpunkt des Zirkels kreuzte rechtwinklig eine gleichartige Querachse. Die Boskets und vor allem die benachbarten Räume waren mit vielen Bauten, Brunnen und spielerischen Elementen angefüllt, die der Hofgesellschaft individuelle Unterhaltung bieten sollten *(Abb. 59).*

Pigage erreichte im Schwetzinger Park eine große Tiefenwirkung in der Mittelachse, hinter der die im Grundriß stärker hervortretende Kreisbildung aus dem Blickwinkel des Besuchers dennoch zurücktrat.

15.5 Würzburg

Die Fürstbischöfe von Würzburg hatten ihre prächtige Residenz in einem Gelände der östlichen Altstadt parallel zu einer Bastion der Befestigungsanlagen errichtet. Namhafte Architekten wurden bei dem 1720 begonnenen Bauwerk hinzugezogen und fertigten gleichzeitig auch Gartenpläne an. *Balthasar Neumann, Maximilian von Welsch* und *Johann Dientzenhofer* waren damit betraut worden.

Erst 1770 wurde der in der Nähe von Prag gebürtige *Johann Prokop Mayer* Hofgärtner in Würzburg. Er hatte eine Ausbildung in den königlichen Gärten von Paris genossen, hatte sich in Versailles intensiv umgeschaut und längere Zeit in England gearbeitet, wobei er den neuen, englischen Landschaftsstil bereits kennengelernt hatte.

Für die Anlage in Würzburg stand in Verlängerung der Gebäudemittelachse nur ein begrenzter Raum bis zur ansteigenden Bastion zur Verfügung. Von dort griff der Garten auf das Gelände vor dem südlichen Seitenflügel über. Diese Einschränkung versuchte Mayer durch eine reichhaltige Gliederung und Ausstattung der Gärten wettzumachen. Er entwickelte eine Folge von Zentralräumen, gewissermaßen als Fortsetzung der in reichem Rokoko ausgestatteten Innenräume des Schlosses. Er führte die Arbeiten genauso wie bei seiner Einflußnahme auf den Garten beim Sommerschlößchen Veitshöchheim in bewußtem Festhalten an einen von der Zeit bereits überholten, höfisch gezirkelten, geometrischen und auf Symmetrie abgestimmten Stil aus. Ferner schuf er damit keine großen Dimensionen nach den Vorbildern Frankreichs, was schon vom Gelände her unmöglich war, sondern ein im Detail korrekt durchgebildetes Neben- und Nacheinander im spätbarocken Formenkanon. Jeder einzelne Gartenteil war fest umschlossen. Als charakteristische Ausstattungselemente lassen sich Parterre als kreisrunde Bowling-Green oder in dreieckiger Form mit Fontänenbecken, ferner Laubengänge, Heckenquartiere und Heckenovale, Kaskaden, Gartenpavillons, reichlicher Skulpturenschmuck und aufgereihte Kübelbäumchen aufzählen. In die Lustgärten wurden von *Mayer*, der übrigens auch ein Werk über seine Arbeiten verfaßte, Obstanlagen mit einbezogen, wie es ähnlich auch in Sanssouci geschehen war.

128 Gärten des Spätbarock und des Rokoko

15.6 Veitshöchheim

Fast gleichzeitig wurden Schlößchen und Garten des zum Jagdaufenthalt dienenden Besitzes der Würzburger Fürstbischöfe in Veitshöchheim ausgebaut *(Abb. 60)*. Auch hier lieferte *Balthasar Neumann* mit den zur Vervollständigung am Schloß angefügten Flügelbauten seinen Beitrag. Seitlich vom erhöht gelegenen Schloßbereich mit Parterre und der von ovalen Wasserbecken beidseitig geschmückten Zufahrt entstand unter *Adam von Seinsheim* auf dem Gelände eines ehemaligen Tiergeheges ein Heckengarten von etwa 450 Meter Länge und 250 Meter Breite, der ringsum von einer hohen Mauer nach außen abgeschlossen war. Sein Grundriß wurde nicht wie üblich vom Schloß aus entwickelt, sondern von einem ovalen, großen Becken, dem »Großen See«, aus. Dieses Becken grenzte axial an den Schnittpunkt der leicht nach Westen ansteigenden Ost-Westachse mit der im rechten Winkel dazu verlaufenden Nord-Südachse. Der erste

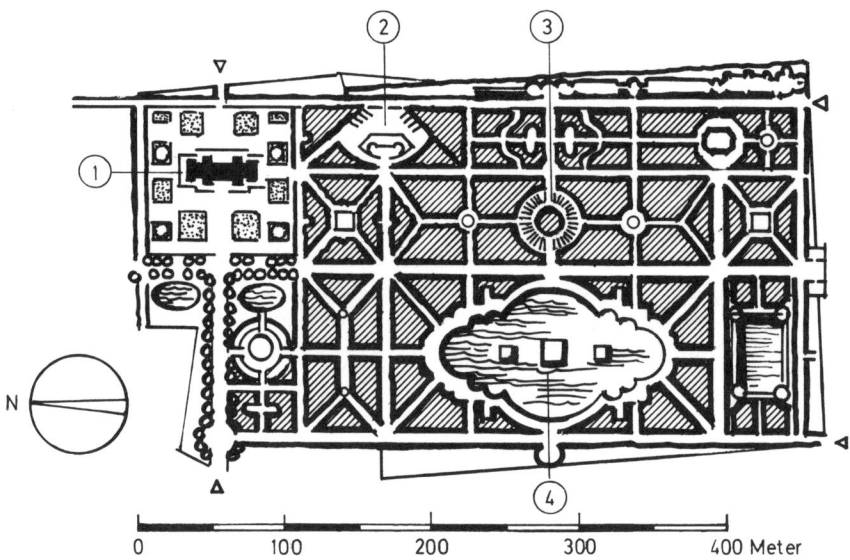

Abb. 60 Veitshöchheim
Der Veitshöchheimer Hofgarten erhielt als Sommerresidenz der Würzburger Fürstbischöfe seine endgültige Gestalt erst nach 1750 und gilt als Beispiel einer heiteren Rokokoanlage. Heckengänge, reicher plastischer Schmuck und Wasserflächen bzw. Brunnen prägen das Bild.
Mittelpunkt des Gartens bildet der »große See« mit der zentralen Parnaßgruppe des Bildhauers Ferdinand Tietz, der neben Peter Wagner den Hauptanteil an den heiteren, teilweise komödiantenhaften Figuren hatte. Insgesamt sind 280 Figuren und Plastiken im Garten aufgestellt. Weitere Schwerpunkte bilden das Heckentheater, ein Muschelhaus sowie zwei chinesische Tempelchen.
An der Planung waren die Hofgärtner Mayer und Orth maßgeblich beteiligt, die auch den Schloßgarten bei der Würzburger Residenz anlegten.
Der Hofgarten war durch eine hohe Mauer von der Umwelt optisch völlig abgeschlossen. Das nordöstlich auf einem Parterre erhöht gelegene Schlößchen erhielt seinen endgültigen Ausbau durch Balthasar Neumann.

① Gartenschloß
② Heckentheater
③ »Circus« mit 32 Figuren von Tietz
④ Großer See mit Parnaßgruppe

Abb. 61 Veitshöchheimer Hofgarten
Kind in zeitmodischer Tracht auf einem Rokokopodest, vom Bildhauer Ferdinand Tietz.

bekannte Plan stammt aus den Jahren 1721 bis 1725. Ein späterer Entwurf von 1753 zeigt bereits einen verfeinerten Ausbau. Seine künstlerische Bedeutung erhielt der Garten durch den reichen Skulpturenschmuck. Die Bildhauer *Ferdinand Tietz* und *Johann Peter Wagner* waren es, die um 1765/66 und 1772 bis 1777 eine Fülle von Steinfiguren, fast dreihundert, schufen. Musikanten, Komödianten, Tänzer und Hofdamen, Gestalten aus fernen Erdteilen, Putten und Jagdtiere, die farbig in Gold und Weiß verschönt wurden und als graziöse, heitere Geschöpfe voll Lebensnähe und leichtem Spott auf den Betrachter herabschauten *(Abb. 61)*.

Abb. 62 Veitshöchheimer Hofgarten
Durchblick zwischen Heckenwänden auf ein Wegekreuz mit Fontänenbecken und einen Pavillon im Hintergrund.

Tietz schuf auch das größte Figurenensemble des Gartens, die »Parnaßgruppe« in der Mitte des »Großen Sees«, aus der das sich aufbäumende Pegasusroß hoch herausragt.

Heckenquartiere und Heckengänge mit engen, tiefen Durchblicken, unterbrochen von kleinen Fontänen oder Pavillons, kabinettartige Einzelräume, ein Heckentheater und ein Muschelhaus, chinesische Tempelchen wie auch das Rondell mit zweiunddreißig Figuren ringsum bildeten den an parallelen Achsen aufgereihten Inhalt des in viele intime Einzelräume untergliederten Veitshöchheimer Hofgartens *(Abb. 62).*

16 Der Landschaftsgarten

16.1 Allgemeine Tendenzen

Im Barock zeigten Architektur und Plastik einen reichen und malerischen Formenkanon, die Gestaltung der Gärten blieb dagegen einer strengen, linearen Gesetzlichkeit unterworfen. Im nachfolgenden Klassizismus erfolgte dagegen in der Architektur eine Absage an den barocken Stil. Man baute in einer Besinnung auf das plastisch wieder Faßbare, linear Umgrenzte und strebte eine in sich ruhende, unveränderliche Form an.

Bei der Gestaltung von Gärten geschah genau das Umgekehrte. Man verwendete Elemente des Malerischen in den Grundrißlinien wie in der Flächen- und Raumbildung. Bei der Vedutenbildung, der Anlage von tiefen Ausblicken, berief man sich auf die Maler des Hochbarock, vor allem auf eine Gruppe, die Landschaftsmotive in den Schwerpunkt ihrer Bilder gerückt hatte. Es waren besonders drei Maler, die als Vorbilder galten: *Claude Lorrain*, er lebte von 1600 bis 1682 in Frankreich, *Jan van Ruysdael*, von 1628 bis 1682 in den Niederlanden, und *Salvator Rosa*, der von 1615 bis 1673 lebte und vorwiegend in Neapel und Rom tätig war.

Ihre Landschaftsbilder galten zeitweilig als Vorbilder für die Behandlung der gärtnerischen Elemente, für die Modellierung des Bodens wie für die Verwendung von Wasser und Vegetation. Jeder Garten sollte jetzt einen anderen Grundriß haben und ein ständig wechselndes Wegesystem. An die Stelle des Typischen und Gesetzmäßigen trat das Individuelle, von der Norm Losgelöste. Das Terrain des Landschaftsgartens war der bewegte Boden, wie man ihn zunächst vorfand mit Erhebungen und Senken in schwingender Kurve. Die Vegetation bekam die Oberhand. Sie überschnitt die Wegeführung und überdeckte zum Teil Gebäude und Ausblicke im Hintergrund. Die Erfassung aus der linearperspektivischen Betrachtung wie im Barock war bei einem Landschaftsgarten nicht mehr gegeben.

Die Verwendung von Wasser in natürlicher Form und freier Lebendigkeit kam der malerischen Auffassung entgegen, wobei die Bassins zu Teichen und Seen verändert wurden, die Kanäle verschwanden und an ihre Stelle Bäche, Flüsse und Wasserfälle traten.

So ergab sich schließlich eine Identitätsvorstellung zwischen dem Werk der Natur und einem Kunstwerk. Der landschaftliche Stil zielte in gewisser Weise darauf ab, nach dem Vorbild der natürlichen Landschaft eine Kunstschöpfung entstehen zu lassen. Der Barockgarten war noch Abbild einer absolutistischen Staatsräson. Ihr hatte der Landschaftsgarten nicht mehr ausschließlich zu dienen, denn seine Triebkräfte erwuchsen auf einem neuen, geistigen Hintergrund. Für einen englischen Schriftsteller und Zeitkritiker, den *Earl of Shaftesbury*, bedeutete das französisch-architektonische Prinzip des Gartens eine Vergewaltigung des Individuums.

England übernahm die Führung bei der neuen, von Schere und Zwang befreiten Garten- und Parkgestaltung, begünstigt durch die bereits zu Beginn des 18. Jahrhunderts bestehenden demokratischen Formen seiner Staatsführung, die solchen Neuerungsbestrebungen entgegenkamen. Neben dem Erwachen des Individualismus schlug auch das »aktive Naturgefühl« des Barock in ein passives Verharren gegenüber Landschaft und Natur um. Damit war die geistige Voraussetzung für die Verwirklichung der Idee des Landschaftsgartens gegeben. Der barocke Mensch hatte seine Welt auch gegen ihre Gesetzlichkeit umgestaltet, sie unter Umständen ohne Rücksicht auf Gegebenheiten »auf den Kopf« gestellt. Wo Täler waren, ließ man Hügel entstehen oder umgekehrt, wie es zahlreiche Beispiele gezeigt hatten.

Jetzt zur Zeit des Landschaftsgartens fühlte sich der Mensch nicht mehr als »Alleinherrscher«. Man lernte die Komplexität und das Gesamtgefüge einer Landschaft mit allen ihren verschiedenartigen Inhalten an Pflanzen, Gewässern und topographischen Unebenheiten begreifen und achten. Damit erfolgte eine ästhetische und ethische Wertung der freien, unberührten Natur, und »Zurück zur Natur« hieß die schlagwortartige Zusammenfassung des von *Jean Jaques Rousseau* gepredigten »Gesundungsevangeliums«. Indem die Schranke zwischen Naturschönheit und Kunstschönheit fiel und man zwischen beiden identische Werte feststellte, wurden die Grenze und Unterschiedlichkeit zwischen Garten und Landschaft aufgehoben. Nun bestand kein grundsätzlicher Gegensatz mehr zwischen Gestaltetem und Gewachsenem. Die Gleichsetzung von Natur und Kunst hätte theoretisch die Anlage von Gärten überflüssig gemacht, aber dem Garten erwuchs das hochgesteckte Ziel, die Natur in einem erhöhten und idealen Zustand nachzubilden. Das Wirken von »Landschaftsgärtnern« nahm die Planung von Gärten den Architekten und Baumeistern vollends ab, wie es beispielsweise der Berufsweg von *Brown* in England oder *Sckell* in Deutschland oder vieler anderer zeigte, wie es sich aber auch schon bei *Le Nôtre* und seinen Schülern durchgesetzt hatte. Jetzt entwickelte sich teilweise sogar ein umgekehrtes Verhältnis einer Abhängigkeit der Bauarchitekten vom Gartenfachmann bei den ausgedehnten Parkschöpfungen.

Später dann in der zweiten Hälfte des 19. Jahrhunderts spiegelte sich in der Malerei beispielsweise eines *Caspar David Friedrich* nicht mehr nur eine »idealisierte Landschaft«, sondern es traten neue, befremdende Elemente auf in Form einer dämonischen und geradezu feindlichen Natur, die in drohenden, Unheil verkündenden Eis- und Bergregionen oder wüsten und leeren Öden Gestalt annahm. Die Darstellung solcher Motive war das Signal für eine veränderte Naturauffassung und gab der Planung eines Gartens als Idealbild der Landschaft keinen Raum mehr. Im Garten- und Parkraum überwog seit dieser Wende wieder ein botanisches und kosmographisches Interesse, oder es entstanden reine Luxusmotive. Der Tiefpunkt dieser Entwicklung wurde am Ende des 19. Jahrhunderts erreicht, danach kehrte man wieder zu formalen und architektonischen Gärten zurück.

16.2 Der Beitrag Englands

Der historische Ablauf der Ereignisse, die zum Landschaftsgarten in England und danach auf dem europäischen Kontinent führten, begann von außen, das heißt durch die Einflußnahme zeitkritischer Schriftsteller, Dichter, Maler und Künstler. Neben *Shaftesbury* verfaßte 1712 *Joseph Addison*, er lebte von 1672 bis 1719, einen Essay über die freie, ungezügelte Natur und gegen die geometrische Mode. *Shaftesbury*, der von 1671 bis 1713 lebte, war zuvor in einem »Naturhymnus« gegen jegliche Eingriffe in die Natur, für einen neuen Wertbegriff von Natur und Landschaft und gleichzeitig für eine freie Lebensentfaltung eingetreten. Er hatte sich an den Gemälden von *Lorrain* und *Poussin* auf Reisen in Italien begeistert, in denen die Landschaft neu entdeckt worden war.

Von einem anderen, an den Fragen der Gartengestaltung stark beteiligten und einflußreichen Schriftsteller, *Alexander Pope* (1688 bis 1714), machte ein ironischer Beitrag zur geometrischen Gartenszene die Runde. Er verfaßte einen fingierten Pflanzenkatalog, in dem aus Buchsbaum, Taxus oder Efeu geformte Figuren in leicht lädiertem Zustand, was das Witzige und gezielt Verspottende daran war, angeboten wurden: »ein Adam und Eva in Taxus, Adam ein wenig beschädigt durch den Fall des Baumes der Erkenntnis im letzten Sturm« oder ein »St. Georg in Buchs, sein Arm noch kaum lang genug, doch wird er im nächsten April in der Verfassung sein, den Drachen zu töten«. *Pope* lieferte auch einen praktischen Beitrag, einen vermutlich als ersten bewußt freigestalteten Garten auf seinem kleinen Besitz in *Twickenham*, nahe an der Themse gelegen, der verschiedene bezeichnende Elemente enthielt, wie Trauerweiden, weitere ungeschnittene Bäume, einen Muscheltempel, einen Bowling-green und eine später ausführlich beschriebene und dadurch bekannt gewordene Grotte, deren Eingang als Ruine gestaltet war, wodurch sie zum Vorläufer einer weitverbreiteten Verwendung von Ruinengebäuden im Landschaftsgarten wurde.

Der Tenor, der allgemein alle literarischen Ergüsse dieser Epoche erfüllte, war von den Schönheiten und Vorzügen der Natur erfüllt. Dem Leser die Natur lieb machen, sie wandernd und schauend entdecken, ihr nacheifern und sie kopieren, das waren die mit Temperament und Elan verfolgten Ziele. Daneben wurde die Forderung erhoben, der Gärtner müßte ein Maler sein, und man empfand keine Abgrenzung zwischen Dichtung, Malerei und Gartenkunst.

So lag es nahe, daß der Maler und Architekt *William Kent*, der von 1685 bis 1748 lebte, zu einer entscheidenden Figur wurde und später auch als Gartenarchitekt wirkte. Er hatte in Italien Renaissancegärten aufgesucht, die inzwischen fast zweihundert Jahre bestanden, meist schon lange nicht mehr gepflegt waren und sich daher von Bäumen überwuchert, teilweise verfallen und ruinenartig zeigten. Sie vermittelten dem Betrachter einen ganz anderen, ursprünglich nicht beabsichtigten Eindruck, an dem sich aber vermutlich der Zeitgeist des 18. Jahrhunderts eher entzünden konnte als an dem originalen Zustand.

Kent und andere Italienreisende mochten sich durch den verwilderten Zustand der Anlagen in ihren Natur- und Gartenvorstellungen bestätigt sehen. *Kent* war auch der erste, der einen »Landschaftsgarten«, den *Rousham*-Garten in *Oxfordshire*, anlegte. Er verwirklichte dabei einen freien, malerischen Entwurf, indem er Motive aus der umgebenden Landschaft aufgriff, keine Wasserkünste verwendete, sondern nur einen See mit natürlichen Ufern ausbildete und Malerisches von Licht und Schatten durch Bäume und Gebüsche zum Ausdruck brachte.

Nach *Kent*, der keineswegs als Dilettant allein dastand, denn die Anfangsphase ist durch Aktivitäten von Nichtfachleuten gekennzeichnet, traten allmählich geschulte Gärtner auf den Plan, übernahmen die Anregungen und Erkenntnisse ihrer poetischen Vorgänger und steuerten die Entwicklung von nun an durch eigene Erfahrungen bei zahlreichen, nachfolgenden Parkschöpfungen.

Bis dahin gab es auch in England eine Übergangsphase, von der unabhängig auch auf dem Kontinent entstandene Beispiele Zeugnis ablegten, wie es im Bayreuther Eremitagengarten bereits angedeutet wurde.

Im 17. Jahrhundert hatte die Schafzucht infolge einer gestiegenen Nachfrage nach Wolle in England zugenommen. Man wandelte Äcker in weiteres Weideland um, das von Gehölzknicks eingegrenzt wurde. Ein ständiger Holzmangel hatte zur Anpflanzung von Bäumen in Alleeform oder Einzelstellungen innerhalb der Grenzpflanzungen, weniger dagegen zu geschlossenen Aufforstungen geführt. So entstand allmählich die englische »Parklandschaft«. Gefördert wurde diese Entwicklung noch durch einen neuen Zug wohlhabender Bürger zum Landleben, die durch die sich entfaltende Industrie, durch Handel und koloniale Besitzungen zu Reichtum gekommen waren. Man erwarb Ländereien und baute sie nach gewissen Idealvorstellungen aus, eine Erscheinung, die im nachbarocken Frankreich in ähnlicher Form bereits aufgetreten war und den Begriff *»Ferme ornée«* geprägt hatte, in England als »*ornamental farm*« Eingang fand.

Solch ein Ideallandgut sollte in verschönter Umgebung liegen und dabei keine Unterschiede oder Abtrennungen zwischen dem Gartenbereich beim Haus und dem weiteren Parkgelände wie den angrenzenden Ländereien aufweisen, also einen unmerklichen Übergang vom Garten zur Landschaft bilden.

Um 1750 waren genauere Berichte von chinesischen Gärten nach Europa gedrungen. Sie zeigten, daß in China aus langer Tradition schon immer eine freie Gestaltung vorgeherrscht hatte, die sich mit der gerade in England zunächst völlig unabhängig davon entstandenen Auffassung in gewisser Weise deckte. Die Begeisterung für den chinesischen Garten hatte obendrein der Architekt *William Chambers*, er lebte von 1726 bis 1796, mit einem im Jahre 1757 verfaßten, dank seiner reichen Fantasie sehr detaillierten Werk über chinesische Gärten tüchtig angeheizt, so daß es vom Kontinent aus, von dem in Gartendingen einst führenden Frankreich her, wie eine willkommene und bewußt gesuchte Verbindung erscheinen mußte und deshalb zu der Bezeichnung »*anglo-chinois*« kam. Gärten dieser Art, angefüllt mit »chinesischen« Bauten, entstanden einen kurzen Entwicklungsabschnitt lang in vielen Orten, bis sich ein eigenständiger, »echter« Landschaftsstil Bahn brach und die chinesische Mode verdrängte.

Seit *Kent* hatten sich einige Grundsätze und Gestaltungsprinzipien durchgesetzt. Endlich arbeitete auch ein Gärtner, also ein Fachmann, *Charles Bridgeman*, an einem für die Epoche entscheidenden Park, dem Garten in *Stowe*. Noch befangen in regelmäßigen Vorstellungen, erfand er für den offenen Landschaftsgarten entscheidende Detaillösungen. Auch *Kent* lieferte Ideen zur Anlage von *Stowe*, bis dann *Lancelot Brown* ihn dort ablöste und damit der bedeutendste Landschaftsgärtner Englands die Bühne betrat *(Abb. 63).*

Der Beitrag Englands 135

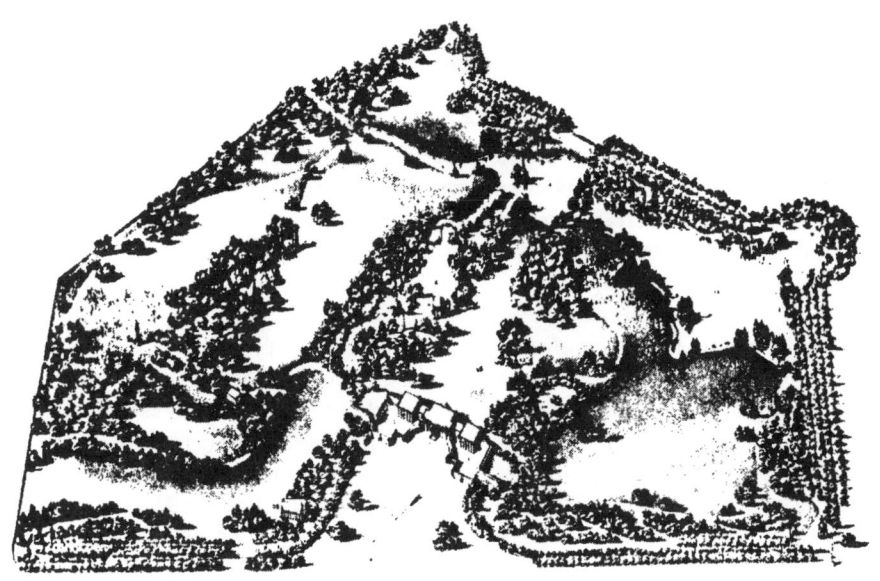

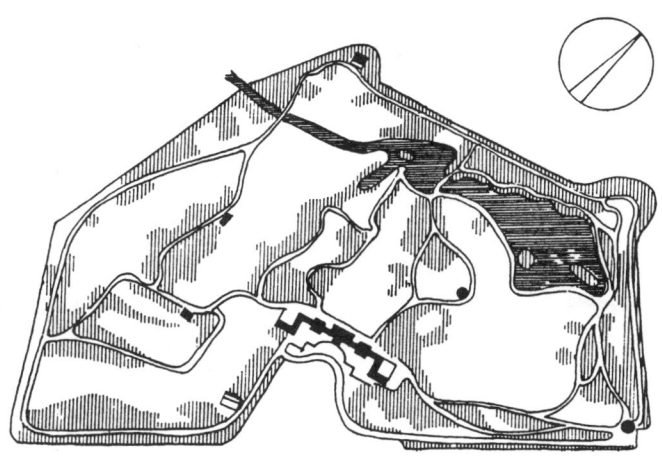

Abb. 63 Lageplan des Parkes von Stowe
Das Bild des für die Entwicklung in England entscheidenden Parkes wurde vorwiegend durch L. Brown geprägt.
Im Plan sind die gewundenen, stets wechselnden Linienführungen zu erkennen, ferner die vielseitigen Durchblicke nach den verschiedensten Richtungen, der sich zu einem See erweiternde Wasserlauf und der ringsum vorwiegend in einer Grenzpflanzung verlaufende Randweg (belt).
Oben zeitgenössische Darstellung; unten schematische Darstellung.

Bisher hatte man einige Grundregeln als richtig erkannt und angewendet. Man pflanzte nur noch ungeschnittene Bäume und Gebüsche; die Aufteilung des Gartens sollte auf die Reihung einer Folge von Bildern hinzielen; die Beziehungen der einzelnen Gartenteile untereinander und des Gartens zum Gebäude wurden aufgegeben, damit entfielen jede Abstufung und Symmetrie; grundsätzlich hatte die »undulierende« Schönheitslinie vorzuherrschen, eine stets wechselnde und gewundene Linienführung bei allen Einzelteilen, wie Gehölzrändern, Wegen oder Ufern; eine optisch freie Öffnung des Parkes nach außen wurde durch einen Graben mit dem Grenzzaun auf der Grabensohle, dem als »A-ha« bezeichneten Überraschungseffekt, ermöglicht.

16.3 Lancelot Brown

Brown wurde 1716 geboren, genoß eine für damalige Zeit sorgfältige Schulbildung und danach eine gründliche Ausbildung als Gärtner. Er kam etwa 1740 nach *Stowe*, wo er zunächst unter *Kent* arbeitete, nach dessen Tode ab 1748 als Hauptgärtner und später Verwalter dort tätig war. Er gab dem Park das endgültige Gesicht und bewies damit sein hervorstechendes Können. Nach und nach wurde er von vielen Stellen zu unzähligen Planungen herangezogen, meist waren es Umgestaltungen. Herausragend blieben dabei seine Arbeit in *Stowe* und die Umgestaltung des Parkes in *Blenheim (Abb. 64)*. Er betätigte sich auch als Architekt und baute eine Reihe von Gutshäusern. Seine Gestaltungsmittel waren verhältnismäßig einfach. Die besondere Wirkung lag in der Art und Weise, wie er diese Mittel in Anwendung brachte. Er verwendete neben Bodenmodellierungen einzeln gestellte Gehölzgruppen (*clumps*), die er in Kontrast zu weiten Rasenflächen brachte. Geschlängelte Wasserläufe erweiterte er zu Seen und ließ die

Abb. 64 Blenheim-Park
Im Park von Blenheim bei Woodstock staute L. Brown einen kleinen Wasserlauf zu zwei großen Seen auf, die an ihrem Zusammenlauf von einer Brücke römischer Bauart überquert wurden. Das Bauwerk in Verbindung mit der Wasserfläche, die ausgreifende Bodenmodellierung und die weiten Rasenflächen im Kontrast zu einzeln gestellten Gehölzgruppen bildeten in ihrer Art einfache, aber äußerst wirkungsvoll angewendete Gestaltungsmittel, die den Stil Browns auszeichneten.

Abb. 65 Park von Blenheim bei Woodstock
Die Insel inmitten der Seefläche, mit säulenartig aufragenden Pappeln bestanden, bildete ein in den Landschaftsparks immer wiederkehrendes, beliebtes Motiv.

Uferlinien geschwungen und ungebuchtet verlaufen *(Abb. 65)*. An der Peripherie des Parkes legte er eine Grenzpflanzung in Wellenlinien (*belt*), in der ein Randweg rundum entlangführte. Diese an sich wenigen Gestaltungselemente setzte er in äußerst gekonnter Weise ein, und es gelang ihm, ausgewogene Harmonie mit reichen Spannungsfeldern zu verbinden, wie es von anderen Zeitgenossen nicht erreicht wurde. Sein Ruf als Gartenarchitekt war schließlich unbestritten, und er fand am Ende seiner Laufbahn allseitige Anerkennung.

»*Capability*« *Brown*, so hatte er sich genannt, weil er überall Verbesserungsmöglichkeiten fand, hatte zahlreiche Nachahmer und naturgemäß auch Kritiker; Erscheinungen, wie sie sich mit jeder Weiterentwicklung einfinden.

Humphrey Repton, 1752 geboren und bis 1818 lebend, aber erst ab 1788 als Landschaftsgärtner tätig, fühlte sich als Nachfolger des bereits verstorbenen *Brown* und setzte die Arbeiten bei einigen seiner Gartenschöpfungen fort. Im Gegensatz zu *Brown* hinterließ er eine Menge Aufzeichnungen und fand als Fachschriftsteller viel Gehör und Verbreitung. Beeindruckend waren seine Darstellungen für Gestaltungsvorschläge, denn er stellte seine geplanten Gartenszenen in Ansichten vor, denen er den Zustand vor der Umgestaltung in einer entsprechenden Ansicht hinzufügte. Die Methode, sich in Abbildungen auszudrücken, entsprang den ursprünglichen Anregungen aus der Malerei und wurde während der Epoche des Landschaftsgartens beibehalten. *Fürst Pückler* hat davon später in Deutschland ebenfalls regen Gebrauch gemacht.

Repton bezog wieder Blumengärten in der Nähe und der Umgebung der Gebäude in die Parkanlagen ein. So entstanden schließlich abgesonderte Gärten in Hausnähe für Blumen und auch Gemüse. Im weiten Park gestaltete er nicht nur Aussichten und Durchblicke, sondern auch wieder in sich geschlossene Teile.

16.4 Der Ausklang in England

Die folgende Zeit war in England durch die Hinzunahme neuer, aus fernen Ländern und Klimazonen stammender Baum- und Gehölzarten gekennzeichnet. Man wandte sich immer mehr einer reicheren Blumenverwendung und deren Anzucht zu. Bald war man von botanischen Entdeckungen so erfüllt, daß die Pflanzenverwendung und die dafür erforderlichen Einrichtungen, wie Glashäuser, die eigentlichen gestalterischen Probleme in den Hintergrund drängten. Gegen Ende des 18. Jahrhunderts wurden Blumen und Stauden bevorzugt, die möglichst ausdauernd waren und für einen langen Zeitraum des Jahres als Zierpflanzen zur Verfügung standen. Im Jahre 1804 wurden die *»Londoner Gartenbau-Gesellschaft«* und kurz danach die *»Königliche Gartengesellschaft«* gegründet. Als Königin *Viktoria* 1837 den Thron bestieg und für England damit eine lange, friedliche Aufbauzeit begann, stand dem Gartenbau bereits eine so reiche Auswahl an Pflanzen zur Verfügung, daß man Dreiviertel des Jahres einen blühenden Flor im Garten erhalten konnte, wenn man nur Pflanzen in genügender Zahl und Auswahl in den Treibhäusern vorkultivierte.

Der Landschaftsgarten der weiten Durchblicke, malerischen Ansichten und der Identifizierung von Garten und Natur, der Stil zu *Browns* Zeiten, war dagegen noch mit wenigen Baum- und Gehölzarten ausgekommen, er fand aber nun kein Verständnis mehr.

Auch *Loudon* schuf mit seiner *»Encyclopaedia of Gardening«* 1822 ein 1200 Seiten starkes Standardwerk, in dem er beinahe alles zusammenfaßte, was zum Stande der Gartenepoche zu sagen war. Mit Sorgfalt berichtete er auf europäischer Breite über die gesamte Fachliteratur, über Gärten in allen Ländern, Nordamerika bereits einbeziehend, ferner über Pflanzenanzucht und alle dazugehörigen Techniken und selbstverständlich auch über alle wichtigen Pflanzenarten.

Gärten, in denen bestimmten Pflanzen entsprechend besondere Einrichtungen getroffen wurden, rückten immer mehr in den Mittelpunkt der weiteren Entwicklung. Nicht nur Treibhäuser, sondern auch Außenbeete, beispielsweise »Felsengärten« für alpine Pflanzen, Moor- und Sumpfbeete, wurden angelegt, und das Interesse an Gärten für botanische Sammlungen und Arboreten griff immer mehr um sich. Sie traten schließlich an die Stelle des einst nach rein künstlerischen Beweggründen gestalteten Idealbildes einer Landschaft.

17 Der Landschaftsgarten in Deutschland

Nach 1750 griff der englische Landschaftsstil auch auf den europäischen Kontinent über. Überall wo Gärten nach der neuen Art erweitert, umgestaltet oder ganz und gar neu angelegt wurden, gingen meist Besichtigungsreisen zu den englischen Beispielen voraus, die sich oft zu längeren Aufenthalten und gründlichen Studien ausdehnten.

Einhundert Jahre zuvor hatte man mit Italienreisen begonnen, um Anregungen für die eigenen Gärten zu sammeln, und zwei Generationen davor hatte noch alles auf die französischen Vorbilder geblickt. Inzwischen waren dann bereits naturalistische Elemente aufgetaucht, wie wir sahen, und nun bedurfte es keines allzu großen Anstoßes mehr, um die überkommenen Vorstellungen von Symmetrie und Axialität, von geschnittenen Pflanzenformen und Wasserkünsten recht schnell zu vergessen und sich mit großem Eifer der neuen, freien und landschaftlichen Gestaltungsform zuzuwenden.

Fürst *Leopold Friedrich Franz* von Anhalt-Dessau, er lebte von 1740 bis 1817, unternahm 1763 und nochmals drei Jahre später mit seinem Architekten *F. W. von Erdmannsdorff* und seinem Hofgärtner *J. F. Eyserbeck* Reisen nach England, wobei dieses über lange Zeit zusammenarbeitende Dreigespann zum ersten Mal den Landschaftsstil und die historisierende Bauweise Englands kennenlernen konnte. (*Erdmannsdorff* war 1736 geboren und lebte bis 1800, *Eyserbeck* lebte von 1734 bis 1817.)

Auf einer weiteren Reise nach Italien wurde der in Rom ansässige Archäologe *Johann J. Winckelmann* zum Kunstvermittler, der als Erforscher der Antike einen bedeutenden Ruf genoß. Auch die Landschaft Italiens hinterließ bei den Reisenden prägende Eindrücke, die bei den späteren Arbeiten ihren Niederschlag fanden.

17.1 Der Wörlitzer Park

In einer sehr langen und recht harmonisch verlaufenen Bauzeit, die in den sechziger Jahren des 18. Jahrhunderts begann, 1771 durch einen Bruch des Elbedammes, der alles bis dahin Entstandene wieder zerstörte, unterbrochen wurde und sich bis ins zweite Jahrzehnt des 19. Jahrhunderts hinzog, ließ *Franz von Dessau* von seinen Architekten, zu denen sich später die Hofgärtner *Neumark* und *Schoch* sowie dessen Sohn hinzugesellten, in der Nähe von Wörlitz bei Dessau einen Sommersitz bauen. Der ausgedehnte, in Buchten und Seitenarme gegliederte Wörlitzer See bildete den zentralen Bereich des Gartens, der mit vielen Einzelmotiven im Sinne des frühen sentimentalen Stils angereichert war. Gegen das Hochwasser der Elbe, das alljährlich eine Gefahr bedeutet hätte, wurde der Park durch einen Wall geschützt, an den anderen Seiten ging er frei in die angrenzenden Flure über. Die weit ausgedehnte Wasserfläche verlieh dem Park Großräumigkeit. Tiefe, sich verengende Blickbahnen, die meist auf eine klassische Gebäudekulisse zielten, glitten über den Wasserspiegel oder über lange Wiesenschneisen. Es waren allein dreißig Objekte im gesamten Park, die den Besucher fesseln sollten und ihn von Punkt zu Punkt weiter zu locken suchten: Gebäude in historischen Stilen, antike Tempel als Nachahmungen, Grotten, Brücken und kleine Inseln *(Abb. 66)*. Durch sie sollten Fantasie und Gefühl angeregt oder Empfindungen und Bildungsbedürfnisse angesprochen werden. Einzelne Teile des Parkes wurden nach ihren Schöpfern, den Hofgärtnern Schoch und Neumark benannt. Das Schloß als bedeutendstes Bauwerk wurde in den Jahren von 1769 bis 1773 errichtet und galt seither als eines der ersten, rein klassizistischen Bauwerke Deutschlands.

Der Wörlitzer Park zählte schon während seiner Entstehung zu den bemerkenswertesten Beispielen und sah eine Reihe namhafter Besucher, wie unter anderem *Goethe* und den Kieler Professor und Gartentheoretiker *C. C. L. Hirschfeld*. Goethe gab der Besuch in Wörlitz Anregungen zu seinen eigenen Vorschlägen für den *Weimarer* Park *(Abb. 67 u. 68, Tafel XVIII)*.

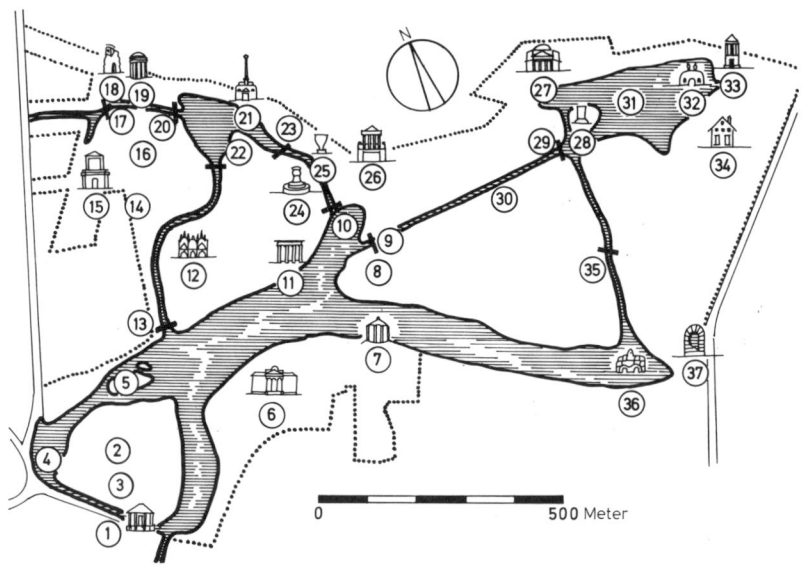

Abb. 66 Wörlitzer Park
Schematische Darstellung der zahlreichen Objekte und Staffagen in dem etwa 110 ha großen Parkgelände.
Der Park erschloß sich dem Besucher auf einer Wanderung zu Fuß über Wälle, Wege und zahlreiche Brücken, die immer wieder einen Blick über die weite Seefläche gestatteten. Daneben vermittelte eine Fahrt im Boot über den offenen See und durch die engen Kanäle ein Gegenbild. Der Garten sollte nach der Vorstellung seiner Schöpfer gärtnerische und landschaftliche Eindrücke vermitteln, wie auch literarische, historische und die Empfindsamkeit ansprechende Erlebnisse bieten.
Alle Einrichtungen und Bauten hatten neben ihrer optischen Wirkung als Silhouette oder Blickpunkt meist auch eine hintergründige und tiefere Bedeutung und einen daraus sich ergebenden Inhalt.

Erläuterung zum Plan (Abb. 66)

1 Eisenhart: Ein Pavillon am See mit Sehenswürdigkeiten aus Nordamerika (»Eisenhart« nach dem zum Bau verwendeten Raseneisenstein)
2 Neumarks Garten, benannt nach dem Hofgärtner Neumark
3 Labyrinth, versehen mit belehrenden und ermahnenden Schrifttafeln; es endete im »Elysium«, einer ovalen Rasenfläche, die von Ziergehölzen und Blumenpflanzungen eingerahmt war
4 Rousseau-Insel nach dem Vorbild in Ermenonville mit einem Gedenkstein für Rousseau inmitten eines Rondells aus Pyramidenpappeln
5 Inselgruppe mit der Roseninsel als größter, geschmückt mit blühenden Stauden und Gehölzen und einer »Geisblatt- und Jasminlaube« unter einer beschattenden Linde
6 Schloßgebäude errichtet von 1769 bis 1773 vom Architekten F. W. von Erdmannsdorf als einer der frühesten klassischen Bauten in Norddeutschland. Anfahrt zum Schloß von Südwesten über eine geschwungene Allee. Westlich vom Schloß der Fürstin-Garten, ein eingehegter Garten mit Rasen- und Blumenflächen; südöstlich vom Schloß die Wirtschaftsgebäude, die alte Kirche und der Kirchhof
7 Vestatempel
8 Wurzelhaus
9 Schwimmende Brücke
10 Neue Brücke
11 Das Nymphäum lag vor einem mit einer Laube bekrönten Hügel, der mit Weymouthskiefern und anderen Immergrünen bepflanzt war
12 Gotisches Haus als malerische Kulisse und Gebäude für Sammlungen alter Glasmalereien, Dekorationsstücke und Gemälde
13 Wolfsbrücke
14 Floragarten
15 Floratempel
16 Schochs Garten, benannt nach dem Hofgärtner Schoch, war von Kanälen umgeben, über die, wie überall im Park, Brücken in verschiedenartigsten Konstruktionen hinüberführten
17 Kettenbrücke, an Ketten schwebend; darunter ein unterirdischer Gang, der zu einer grottenartigen Einsiedelei führte
18 Luisenklippe mit Felsengrotte
19 Tempel der Venus, ein Monopterus in dorischer Säulenordnung auf einem Hügel. Ausblicke von und zum Tempel hin zwischen dunklen, immergrünen Gehölzen hindurch. Im Felsen unter dem Tempel eine Grotte des Vulkan
20 Hohe Brücke
21 Monument
22 Stufenbrücke
23 Agnesbrücke
24 Warnaltar
25 Goldene Urne
26 Wachhaus zum Pferde
27 Pantheon, eine verkleinerte Nachbildung des Pantheon in Rom mit Antikensammlung. Im Untergeschoß katakombenähnliche Räume mit ägyptischen Gottheiten
28 Herderinsel mit Gedenkstein für den Dichter
29 Sonnenbrücke
30 Sonnenkanal
31 Großes Wallach bedeutet großes Wasserstück bzw. eine seeartige Erweiterung
32 Amaliengrotte
33 Rotes Wallwachhaus mit klassizistischer Fassade
34 Italienisches Bauernhaus, ein Geschenk Karl Augusts von Sachsen-Weimar, der 1778 zusammen mit Goethe zur Besichtigung des Parkes eingeladen war
35 Eiserne Brücke
36 »Stein«: ein aus Findlingen errichtetes Ensemble mit einer Grotte, rings von Wasser umgeben; angefügt war eine Nachbildung der »Villa Hamilton«. Der »Stein« diente auch zur Inszenierung eines nächtlichen Vesuvausbruches
37 Grotte der Egeria (antike Quellennymphe)

Abb. 67 Wörlitzer Park
Rousseau-Insel siehe unter 4 der Erläuterungen zum Lageplan (Abb. 66).

Abb. 68 Wörlitzer Park
Gotisches Haus, siehe unter 12 der Erläuterungen zum Lageplan (Abb. 66). Ein im gotischen Stil nachempfundenes Bauwerk.

17.2 C. C. L. Hirschfeld

Hirschfeld kann als der wichtigste Theoretiker der Gartenkunst seiner Zeit im deutschsprachigen Schrifttum bezeichnet werden. In seiner 1779 erschienenen fünfbändigen »*Theorie der Gartenkunst*« stellte er künstlerische Regeln für die Gestaltung von Landschaftsgärten auf, die sich in der Gesamtentwicklung niederschlugen. Er beschrieb und kritisierte fast alle nennenswerten, neu entstandenen Anlagen in Deutschland und den Nachbarländern, die er meist selbst in Augenschein genommen hatte.

Systematisch griff er dabei Punkt für Punkt alle Gestaltungselemente auf, wie Bodenmodellierungen, Linienführung, Stellung der Gebäude, Anordnung von Einzelbäumen und geschlossenen Pflanzungen, Wege, Grotten, Ruinen, Monumente und Bildfolgen, aber auch »geistige Inhalte«, wie Wohnlichkeit, Schönheit, belehrende und sentimentale Reize oder malerische Kontraste und vieles andere mehr. Schließlich lieferte er für den allgemeinen Begriff »Garten« eine Einteilung, worin er nach Gärten für die einzelnen Tageszeiten (Morgen-, Mittags-, Abendgarten) oder Jahreszeiten (Frühlings-, Sommer-, Herbst-, Wintergarten), nach Gärten in besonderen Lagen (Berg-, Tal-, Waldgarten) und nach der Verschiedenartigkeit ihrer Besitzer vom Fürsten über den wohlhabenden Bürger bis zum »einfachen Landmann« untergliederte, was seit den Klerikerschriften des Mittelalters in zahlreichen Gartenwerken in annähernd ähnlicher Weise immer wieder geschehen war. Er fügte dann aber auch neue Begriffsbestimmungen hinzu, wie »Volksgärten« oder »Gärten bei Begräbnisstätten«, ferner bei Hospitälern und ähnlichen öffentlichen Gebäuden, wie Gartenanlagen zur »Verschönerung von Dörfern, Spazierwegen« oder Tiergärten und Gärten in anderen, ähnlichen Situationen.

Damit eröffneten sich für den Begriff »Garten« ganz neue Dimensionen, die mit den gesellschaftlichen Veränderungen am Ende des 18. Jahrhunderts im Zusammenhang standen und die im 19. Jahrhundert als Aufgabengebiet einer neuen Generation von Gartenarchitekten immer deutlicher erkannt wurden, wobei solche Einrichtungen für die Öffentlichkeit wie Spazierwege und Promenaden, Umwandlungen von Stadtbefestigungen in Grünanlagen oder der mittelalterlichen Begräbnisstätten in »Friedhöfe« dem Zeitstil entsprechend zunächst noch weiterhin im landschaftlichen Stil angelegt wurden.

17.3 Anlagen einer frühen Epoche

Gleichzeitig oder nachfolgend mit dem frühen Beispiel in *Wörlitz* entstand eine ganze Reihe von Anlagen. In *Hohenheim* ließ sich ab 1774 der Herzog von *Württemberg* einen 60 bis 70 Morgen großen, langgestreckten Park nach der Idee einer ländlichen Kolonie einrichten. Sie sollte den Eindruck erwecken, innerhalb von Ruinen des antiken Rom entstanden zu sein. Neben der Fülle von Ruinen fanden sich gotische Kirchen- und Klosteranlagen, in denen als Gebrauchsräume Säle und Kabinette, Konzertzimmer, Gartenhäuser, Bäder und ähnliche Einrichtungen untergebracht waren. Zwischen den Bauten schlängelte sich ein Bach, der an manchen Stellen zu einem Wasserfall aufgestaut war und verschiedene Becken speiste. Bei den Ruinengebäuden liebte man den Kontrast von meist einfachster, äußerer Erscheinung und prächtiger Innenausstattung. Dabei gab es groteske Zusammenstellungen, wie beispielsweise ein »Wirtshaus neben den Bögen des Goldenen Hauses des Nero« oder einen »Konzertsaal in den Überbleibseln des Tempels der Cybele« wie auch eine »Köhlerhütte mit einer Bibliothek« im Inneren. Goethe hatte nach seinem Besuch geurteilt: »nur machen viele kleine Dinge zusammen leider kein großes«.

In der Nähe von Dresden entstanden das *»Seifersdorfer Tal«* und der *»Plauensche Grund«*. Ersteres war ein mehrere Kilometer langes, welliges Tal eines Flüßchens, das mit Denkmälern, Tempeln, Altären, Hütten und Aussichtspunkten vom Grafen *Hans Moritz Brühl* seit 1781 ausgestattet wurde und ebenfalls als eine »verschönte Landschaft« mit vielen Stimmungswerten, zugleich aber auch als Ausflugsziel der Dresdner Bevölkerung gewertet wurde.

Der *Plauensche Grund* war bereits eine gemeinsame Unternehmung Dresdner Grundbesitzer am Stadtrand, die damit ein Gelände für Spaziergänge mit den bekannten Elementen, Hütten, Tempelchen, Gedenksteinen und Büsten verehrter Dichter und ähnlichem schufen.

Im *Wilhelmshöher* Park bei Kassel wurde 1793 der Grundstein zur Ruine einer Ritterburg, der später benannten »*Löwenburg*«, gelegt und das Ritterleben von seinen Bewohnern, *Wilhelm IX.* von Hessen-Kassel und seiner Begleitung, für einige Jahrzehnte mit Überzeugung nachgespielt. Das Parkgelände mit der seit achtzig Jahren von seinem Erbauer *Guerniero* verlassenen Treppenkaskade in der Höhe wurde mit einem »Römischen Aquädukt«, mit Ruinen, Tempeln, Wasserfällen und Seen landschaftlich ausgestattet.

Es gab noch eine ganze Reihe solcher Gärten im frühen, landschaftlich verspielten Stil verstreut im Lande, in Brandenburg, in Schlesien und Sachsen, während im süddeutschen Raum bereits eine junge Begabung eine erste Probe seines Könnens ablegte und damit die klassische Zeit des deutschen Landschaftsgartens in die Wege leitete.

17.4 Friedrich Ludwig von Sckell

Sckell durfte am Nord- und Westrand des noch ganz geometrisch geplanten *Schwetzinger Parkes* im Jahre 1775 langgestreckte, landschaftliche Partien anlegen, nachdem er von einer Studienreise aus England zurückgekehrt war. Dort hatte er, wie seine archivierten Zeichnungen belegen, die Parkanlagen von *Blenheim*, *Stowe*, *Stourhead*, *Kew* und den gerade fertiggestellten Felsengarten in *Chelsea* besuchen können. Er reiste über Holland nach Deutschland zurück und brachte neu eingeführte Gehölze und Sämereien mit nach Schwetzingen. Die Studienreise verdankte er einem Stipendium seines Landesherren, *Carl Theodor* von der Pfalz, für den er noch lange tätig sein sollte.

Auch *Sckell* entstammte einer alten Gärtnerfamilie. Er wurde am 13. September 1750 in Nassau-Weilburg a. d. Lahn geboren, wo sein Vater als Hofgärtner tätig war.

Seine Familie siedelte 1757 nach Schwetzingen über, weil der Vater in kurpfälzische Dienste trat und unter *Pigage* und *Petri* am barocken Ausbau des Parkes mitarbeitete. Der junge Sckell blieb bis zum zwanzigsten Lebensjahr in Schwetzingen und erhielt eine gründliche Ausbildung in Mathematik, Sprachen, Architektur und Landschaftsmalerei.

Ab 1770 absolvierte er eine Gärtnerlehre in Bruchsal und Zweibrücken, 1773 reiste er nach Frankreich, arbeitete in den Gärten von *Versailles* und in den *Tuilerien-Gärten*, wo er sich gärtnerisch weiterbildete. Dabei studierte er vor allem die Werke *Le Nôtres*. Im Anschluß daran erfolgte die bereits erwähnte Reise nach England.

In Schwetzingen wurde *Sckell* als späterer Nachfolger seines Vaters für viele Jahre seßhaft, und bei dem weiteren Ausbau des Parkes entwickelte sich eine fruchtbare Zusammenarbeit mit *Pigage (Abb. 59)*. Er erarbeitete sich hier seine gestalterischen Grundauffassungen, die er später bei weit größeren Aufgaben zur Anwendung brachte. Als 1777 *Carl Theodor* Kurfürst von Bayern wurde und damit in die Residenz nach München wechselte, zeichnete sich auch für *Sckell* eine Wende ab. Neben den Arbeiten in Schwetzingen häuften sich Aufgaben außerhalb für den Kurfürsten und für andere Auftraggeber *(Abb. 69 u. 70)*.

So legte er 1780 den Garten *Schönbusch* bei Aschaffenburg an und in den folgenden Jahren, um nur einiges wenige herauszugreifen, Gärten in Oranienstein bei Diez a. d. Lahn, in der Umgebung Mannheims, in Heidelberg, in Rohrbach an der Bergstraße, in Trippstadt, in Dürkheim an der Weinstraße, in Neckarshausen, in Herrenheim bei Worms, in Oppenweiler in Württemberg, in Dirmstein in der Rheinpfalz, in Blieskastel, in Birkenau an der Bergstraße, in Amorbach und Grünstein.

Schönbusch kann als der erste klassische Landschaftsgarten in Deutschland und den Nachbarländern gelten. In Schwetzingen hatte *Sckell* noch romatischen Ideen mit Ruinenbauten oder mit einer »Moschee« gehuldigt, in *Schönbusch* dagegen verwendete er nicht mehr exotische oder historische Motive, sondern er suchte die natürlichen Gegensätze der Landschaft zu steigern und hob sie damit in eine künstlerische Ebene. Das Mainknie bei Aschaffenburg wurde nach

Abb. 69 Der Merkurtempel in Schwetzingen
Sckell ließ das Bauwerk im landschaftlichen Teil des Schwetzinger Parkes als Ruine mit Baurissen und abgestürzten Mauerteilen errichten; auch der Weg dorthin war beschwerlich gestaltet.
Daneben bediente er sich bei der Ausgestaltung des Parkes historischer oder exotischer Motive, wie im Minervatempel und mit der Moscheennachbildung. (*N. Pigage*) besorgte ihm die Durchführung der Bauten.)

Abb. 70 Römische Wasserleitung in Schwetzingen
Den nördlichen Abschluß des Schwetzinger Parkes bildete eine aus Tuffstein erbaute *Ruine* einer römischen Wasserleitung, die zu den für die Epoche des frühen Landschaftsgartens typischen, romantischen Bauspielereien gezählt werden muß.

seinen Plänen in eine Parklandschaft verwandelt, bei der die weiten Durchblicke zwischen Baumkulissen über Wiesengründe und Wasserschneisen noch heute beeindruckend sind. Schloß und Stadtsilhouette wurden als Hintergrundstaffage in den Park mit einbezogen, und die städtebaulich-landschaftliche Konzeption Sckells, die hier erst in Andeutungen verwirklicht werden konnte, wurde bereits spürbar *(Abb. 71)*.

Nach dem Niederlegen der Festungsanlagen in Mannheim plante er 1789 einen »Grüngürtel« um die Stadt. Im gleichen Jahr wurde er auch durch *Carl Theodor* zur Planung eines großen Volksgartens, den »Englischen Garten« in München, herangezogen.

Sckell hatte inzwischen seinen frühen romantischen Stil abgestreift und konnte vor allem bei den großen Münchener Arbeiten (Englischer Garten und Nymphenburg) den ihm eigenen klassischen Stil entfalten und damit einen künstlerischen Höhepunkt in der deutschen Landschaftsgärtnerei erreichen. Nach dem Tode *Pigages* wird er 1797 Hofbaudirektor und zwei Jahre später nach dem Tode von Carl Theodor von dessen Nachfolger zum Gartenbaudirektor in Rheinland-Pfalz und Bayern ernannt. Immer noch behielt er seinen Wohnsitz in Schwetzingen bei, bis er 1804 mit der Übernahme der ihm auf Lebenszeit übertragenen »Hofgärten-Intendanz« nach München übersiedelte.

Seine Arbeiten gehen ins Unübersehbare, wobei im Verlauf seiner Tätigkeit städebauliche Aufgaben und Bebauungspläne immer größeren Anteil hatten (1808 erster deutscher, städebaulicher Wettbewerb in München. Sckells Vorschlag wurde für die Ausführung zu Grunde gelegt, 1810 Generalplan für alle

Abb. 71 Schönbusch bei Aschaffenburg
Sckell verwandelte die Mainebene in eine Parklandschaft, indem er die natürlichen Gegebenheiten künstlerisch steigerte und dabei auf historische und exotische Motive, wie bei seinen früheren Arbeiten, verzichtete.
Die hoch angehobenen, ruhig fließenden Wasserarme spiegelten die aus dem flachen Gelände aufragenden Bäume in voller Größe. Das Schlößchen blickte von einer leichten Anhebung durch die Baumgruppen. Die flachen Blickpunkte erzeugten eine starke Tiefenwirkung.

Bauanlagen in der Umgebung der Stadt München, 1811 wird sein Generalplan I für die Maxvorstadt genehmigt, 1812 sein Generalplan II für die Ludwigsvorstadt). Damit hatte *Sckell* über die Begrenzung von Einzelobjekten hinaus großräumige Aufgaben mit teilweise raumordnenden Funktionen übernommen.

Seine lebenslangen Erfahrungen legte er in den 1818 veröffentlichten »*Beiträgen zur bildenden Gartenkunst für angehende Gartenkünstler und Gartenliebhaber*« nieder, in denen er neben Gestaltungsfragen und Techniken des Ausbaus und der Pflanzung auch zur geistigen Zielsetzung bei der Anlage von Grünflächen mit Rückschlüssen auf Inhalte und Gestaltungsformen Stellung nahm.

Zur Verdeutlichung seien hier einige Gedanken *Sckells* in Auszügen aus den »*Beiträgen*« frei zitiert:

»Gärten im landschaftlichen Stil sind gegenüber den symmetrischen nicht so kostspielig, weil das natürliche Gelände zur Anlage verwendet wird.«

»Die kühnen Riesenwerke der Natur (Berge, Gebirge, Schluchten, Wasserfälle) liegen nicht mehr im Bereich der nachahmenden Gartenkunst. Sie können nur da, wo sie von Natur aus gegeben sind, benutzt werden. Beim landschaftlichen Garten handelt es sich um eine Kunst, bei der die Natur in ihrem festlichen Gewand erscheint.«

»Die Naturinhalte erstrecken sich über weite Räume. Für den Garten muß daher eine Auswahl getroffen werden. Keine Überhäufung und Überladung oder zusammengedrängte Machwerke. Deshalb ist der landschaftliche Stil nur auf großen Flächen anwendbar.«

Friedrich Ludwig von Sckell 149

»Bei kleineren Gärten wähle man ein einzelnes Naturmotiv wie beispielsweise ein kleines Gebüsch aus Rosen und Jasmin, daneben ein paar schlanke Bäume; oder ein erhöhter Sitzplatz, ferner eine kleine Mulde als Geländemodellierung.«

»Beim Bau von Ruinen so verfahren, daß sie echt wirken und man die Neuherstellung nicht empfindet. Herabgestürzte Teile müssen natürlich erscheinen und dort liegen, wo sie nach den Gesetzen des Fallens liegen müßten *(Abb. 69)*. Auch Wege zu Ruinen hin müssen verfallen erscheinen, nicht dagegen gut gepflegt und bequem gangbar, sondern verwildert und zugewachsen.«

»Beim Anordnen und Errichten der verschiedensten Bauwerke im Parkgelände muß beachtet werden, daß von ein und demselben Standpunkt aus nicht verschiedene Baustile und Motive gesehen werden können.«

»Beim Abstecken eines Gehölzsaumes ist zu beachten: Vorbild ist der natürliche Waldrand, rund und stumpfwinkelig oder einbuchtend, sogar tiefere Schneisen können auftreten; eine Auflockerung kann durch vorgesetzte Bäume erfolgen; es sollen aber keine schematischen Wellenlinien entstehen *(Abb. 72)*. Bei Flußbildungen keine Ausbuchtungen wie bei Seen oder Teichen, keine parallelen Uferlinien und keine Wiederholung der Einzelformen; Inseln sollen

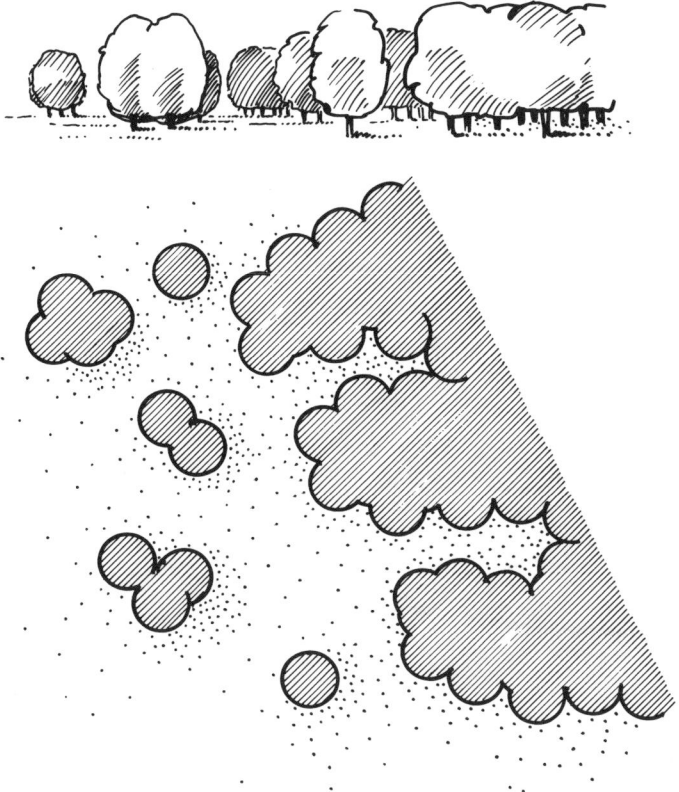

Abb. 72 Waldsaum nach Sckell
Vorbild ist der natürliche Waldrand, rund und stumpfwinkelig einbuchtend, gelegentlich eine tiefere Schneise, Auflockerung durch vorgesetzte Bäume, keine schematischen Wellenlinien.

nicht direkt in Flußmitte liegen, sie haben eine längliche Form und verlaufen stromaufwärts spitz zu, also keine kreisrunden Gebilde.«

»Seen und Teiche sind beides ruhige Gewässer mit einer Breiten- und Längsausdehnung. Ein See ist größer und verlangt wenigstens nach seiner Seite hin eine freie Lage; seine Ufer sollen vorwiegend offen sein, mit Einzelbäumen bestanden; daneben treten geschlossene Gehölzpflanzungen auf; als Abwechslung am Ufer Gebäude. Abwechslung, Vielseitigkeit und Belebung sind anzustreben. Ein Teich ist kleiner als ein See; er hat eine geschlossene Lage, wirkt ruhig und ist meist geschlossen bepflanzt, ein Motiv der Abgeschiedenheit und Einfachheit.«

»Flache Ufer lassen die Wasserfläche größer erscheinen; es bildet sich kein toter Winkel vom Lande wie vom Wasser her und ergeben sich gute Pflegemöglichkeiten. Gelegentlich sollen steilere Uferpartien mit Felsen oder Findlingen als Unterbrechung ausgebildet werden. Gelegentlich Ausbuchtungen des Sees zur Seite hin, so daß man das Ende der Ausbuchtung nicht sieht; dadurch wird die Illusion einer größeren Ausdehnung oder einer Inselbildung erreicht *(Abb. 73 u. 74)*. Die »Hahas«, die keine Abgrenzung wahrnehmen lassen dürfen, sollen dort angelegt werden, wo es dem Garten an Ausdehnung mangelt. Man verbinde das Schöne der Landschaft außerhalb mit der eingegrenzten Gartenanlage.

Abb. 73 Landschaftliche Gestaltung nach Sckell
Gelegentliche Einbuchtungen in einen See lassen ihn größer erscheinen, da man das Ende der Ausbuchtung nicht sieht und so die Illusion einer größeren Ausdehnung oder einer Inselbildung erreicht wird.
Seeufer wirken, wie in der oberen Skizze, durch steile Ufer und hohe, dichte Pflanzung einengend.
Flache Ufer, wie in der unteren Skizze, lassen die Wasserfläche größer erscheinen, und es bildet sich dabei kein toter Winkel vom Lande wie vom Wasser her.

Abb. 74 Landschaftliche Gestaltung nach Sckell
Weg am Waldsaum in geschwungener Führung, immer wieder neue Blickrichtungen eröffnend. In die Lichtung locker vor den dichten Bestand gesetzte Bäume erzeugen Tiefenwirkung.
Gefälliges Anschwingen des Geländes trägt zur räumlichen Wirkung bei. (Skizze nach Motiven aus dem Nymphenburger Park)

Wege müssen in genügendem Abstand an den »Hahas« vorbeiführen, damit die Täuschung nicht wahrgenommen wird.«

»Die Natur macht keine Wege, es ist das Werk des Menschen und der Tiere. Wegebiegungen müssen begründet sein. Zunächst ist die Gerade die kürzeste Verbindung; erst Hindernisse führen zu Krümmungen. Hohlwege verschließen den Blick in die Gesamtanlage; die begleitenden Hänge sind reich und liebevoll zu bepflanzen, denn es entsteht ein traulicher und intimer Ort; beim Austritt aus dem Hohlweg muß ein schöner Fernblick folgen.«

»Wege können so zweckmäßig und täuschend geführt werden, daß sie die Gärten weit größer erscheinen lassen, als sie in Wirklichkeit sind, wenn sie die Gartengrenze nicht erraten und nicht vermuten lassen.«

»Bei kleinen gedrängten Anlagen lassen Wege mit verkehrten Kehren einen Garten größer erscheinen; zwischen den Kehren ist eine dichte undurchsichtige Pflanzung erforderlich *(Abb. 75)*.«

»Bei geschlossenen Pflanzungen ist es weit besser, daß Nadelgehölze für sich getrennt von Laubgehölzen stehen und nicht mit ihnen gemischt erscheinen.«

»Laubhölzer sollen nach folgenden Gesichtspunkten zusammengebracht werden: gleicher Habitus, gleiche Aststellung, Aststärken, Verzweigungsformen und Blattformen; als Beispiele der Zusammenstellung: Platane, Ahorn und Liriodendron oder Hainbuche, Rotbuche, Ulme, Erle, Wildkirsche und Faulbaum.«

152   Der Landschaftsgarten in Deutschland

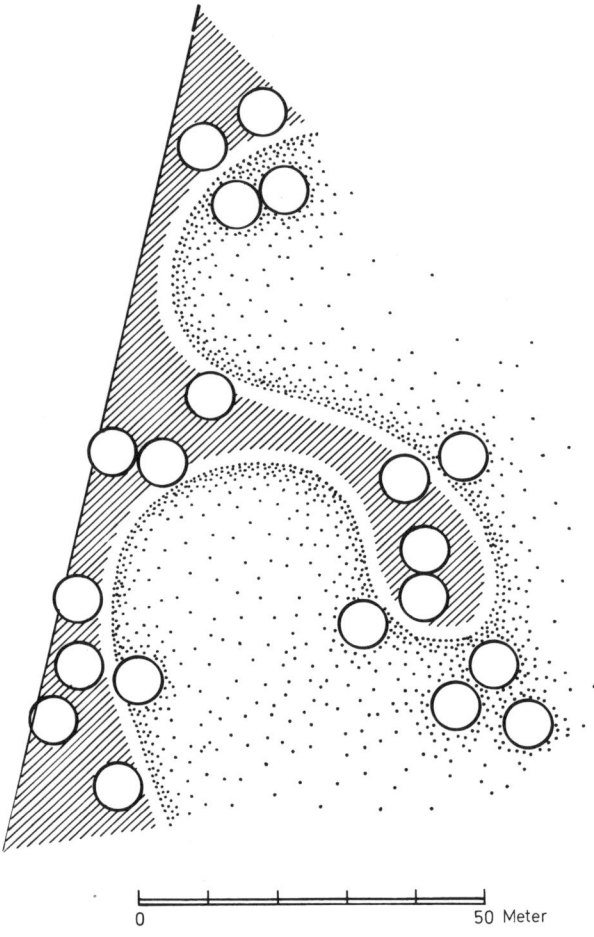

Abb. 75 Landschaftliche Gestaltung nach Sckell
Eine geschickte Wegeführung kann Gärten und Parks größer erscheinen lassen, wenn die Gartengrenzen nicht in Erscheinung treten. Wege mit verkehrten Kehren lassen einen Garten ebenfalls größer erscheinen.
Zwischen den Kehren und zur Gartengrenze ist dabei eine dichte, undurchsichtige Pflanzung erforderlich.

»Volksgärten dienen zum Genusse der freien und gesunden Lebenslust, zum traulichen und geselligen Umgange und der Annäherung aller Stände, für das Bedürfnis aller Stände, jedes Alters, für Greise, Wiedergenesende und die zarte Jugend. Sie gehören nicht zu dem ganz feinen und delikaten Teil der Gartenkunst, daher keine Pflanzungen, die besondere Pflege und Schutz erfordern. Breite Wege, großzügige Wegeführung, nichts Kleinliches; warme und geschützte, sonnige Ruhebänke. Volksgärten müssen die größte Zahl seiner Lustwandler und ihren verschiedenen Geschmack zu befriedigen vermögen.«

»Menschen, die die Welt noch nie betrübte und die ein beständiger Frohsinn beglückt, sehnen sich nach den lieblichen Bildern der Natur, sie suchen jene Wege auf, die am Rande ausgedehnter Wiesen im Duft schön blühender Gruppen, zwischen Rosen und Jasmin umherführen. Während andere, die des Schicksals harte Laune empfinden mußten, die bald die Hoffnung, bald die Freundschaft oder die Liebe täuschte, sich aus den frohen Zirkeln zu entfernen suchen, diese mit den schönen Kindern der Flora, der Rose, die ihre Dornen verbarg, fliehen und eher in düstere Wälder, in heilige Haine, wo Ruhe, Einsamkeit und toter Ernst wohnen, hineilen. Hier ist ihre Stimmung im Einklang mit der Natur, hier weilen sie im Schatten bei einer ehrwürdigen Eiche, am murmelnden Bache, mit dem sie ihre Klagen vereinigen.«

»In solchen Volksgärten muß aber auch dem gesellschaftlichen Vergnügen, dem Tanze und anderen muntern Spielen stattgegeben werden, wo zugleich auch Speisen und Erfrischungen eingenommen werden können. Gebäude müssen in gutem Geschmack und an solchen Stellen errichtet werden, wo sie als bildliche Gegenstände öffentlicher Zierde und Verschönerung erscheinen.«

Mit *Sckell* war auf dem Gebiet der Gartenplanung eine neue Ära angebrochen. Es ging nicht mehr nur um ästhetische und formale Fragen oder um die Interessen einzelner, elitärer Gruppen allein. Sckell empfand bereits seine Aufgabe als Dienst an der Allgemeinheit und an der Gesamtheit der Mitmenschen, gerade auch der Minderbemittelten und Benachteiligten, der Kranken und Schwachen, der Greise und der Kinder. Diese sich in allen europäischen Ländern seit der Wende zum 19. Jahrhundert anbahnende Tendenz trat in der Gartenplanung immer mehr in den Vordergrund, je mehr die »öffentliche Hand« als kommunale Behörde zunehmend gegenüber der »Landesherrschaft« Aufgaben und Verantwortungen übernahm, wie es sich in den großen alten, freien Reichs- und Hansestädten als ersten nunmehr abzeichnete. Dabei wurde die Entwicklung des landschaftlichen Gartenstiles durch einige herausragende Persönlichkeiten weiterhin gefördert, von denen besonders auf zwei, Fürst *Pückler-Muskau* und *Peter Joseph Lenné*, auf Grund der ihnen zukommenden Bedeutung eingegangen werden soll.

17.5 Fürst Pückler

Der Reichsgraf *Hermann von Pückler*, er wurde erst 1822 in den Fürstenstand erhoben, teilte im Frühjahr 1815 den Bürgern von Muskau an der Lausitzer Neiße mit, daß er ein mehrere tausend Morgen umfassendes Gelände seines Besitzes in nächster Umgebung der Stadt in einen Landschaftspark zu verwandeln beabsichtigte. Dazu benötigte er weitere Ländereien und auch praktische Mithilfe, die er von den Muskauern erwartete. Als Gegenleistung verprach er eine Parkanlage, die das sonst unbedeutende Städtchen für alle Zukunft zu einer Sehenswürdigkeit machen würde. *Pückler* hatte damals die Dreißig gerade überschritten und war für ein solches Vorhaben in fachlicher Hinsicht gut vorbereitet. Er besaß eine ausgesprochene Neigung und Begabung zur Landschaftsgärtnerei. Er kannte bereits den *Wörlitzer Park* und hatte in Weimar lange Gespräche über Parkgestaltung mit *Goethe* geführt. In München hatte er die Arbeiten *Sckells* besichtigt. Auf weiteren Reisen war er in Frankreich, in Wien und in Oberitalien, schließlich 1814 noch in England gewesen, wo er die bekanntesten Landschaftsgärten besichtigt hatte. *Pückler* war die umfangreiche, englische Literatur und auch *Hirschfelds* »Theorie der Gartenkunst« bekannt. Auf Grund dieser vielseitigen Studien und Kenntnisse vermochte er ein Gelände auf seine Eignung für eine landschaftliche Gestaltung hin zu beurteilen und konnte sich an eine solche Aufgabe wagen.

Pücklers Besitzungen und die angrenzenden Länderein bestanden aus sandigen Kieferhängen und ausgedehnten Mooren; der Anteil an besseren Böden war sehr gering. Die Neiße durchfloß das leichtwellige Gebiet, und es gab in der Flußsenke gut gewachsene, alte Baumbestände. Die Gegebenheiten erschienen deshalb für eine Parkanlage gut geeignet.

Als *Pückler* die vorgesehene Fläche von etwa 500 ha zur Verfügung hatte, setzte er seine ganze Kraft, aber auch sein gesamtes Vermögen für den Ausbau des Muskauers Parkes ein. Er ging bei seiner Arbeitsweise vom Malerischen aus und ließ sich von dem Maler *J. W. Schirmer* Zeichnungen anfertigen, auf denen Scenerien von zukünftigen Parkausschnitten dargestellt waren. Über den darin dargestellten Parkhintergrund konnten in der Reihenfolge von hinten nach vorn verschiedene Schablonen gedeckt werden, wodurch die Gestaltung des Mittel- und Vordergrundes erkennbar wurde. Diese Methode der zusammensetzbaren Parkabbildungen übernahm *Pückler* in seine 1834 verfaßte Schilderung der Entstehung des Muskauer Parkes mit dem Titel »Andeutung über Landschaftsgärtnerei«.

Pücklers Stil war durch einige grundsätzliche Merkmale gekennzeichnet. Er beschränkte sich auf große Naturformen und auf die Herausbildung großräumiger Konturen zwischen ausgedehnten Wiesenflächen, die von Gewässern unterbrochen wurden, und gestaffelt, beziehungsweise eingerahmt wurden von Baumgruppen und Gehölzkulissen. Die malerische und künstlerische Komponente behielt bei seinen Arbeiten stets den Vorrang vor sammlerischen oder botanischen Interessen. Das unterschied ihn von Zeitgenossen, bei denen das rein Pflanzliche bereits betonte Beachtung fand. Alles, was außerhalb des künstlerischen Bereiches lag, konnte ihn nicht verlocken, wobei allerdings jegliche Kunstform begründet sein mußte. In seinen Wegeführungen vermied er beispielsweise alle gekünstelten Schwünge und Krümmungen; sie verliefen einfach und nach natürlichen Gegebenheiten.

Ebenso dienten alle Bauwerke praktischen Zwecken. Sie hatten wie die Wegeverbindungen entweder eine funktionelle Herleitung oder erfüllten eine traditionelle, historische Aufgabe. *Pückler* ließ sie nicht zur reinen Staffage werden, wie es damals in den Gärten häufig der Fall war.

Der Fürst übernahm aus England die zur Zeit *Loudons* bereits verbreitete Einordnung von Blumenarrangements, denn eine große Anzahl an Pflanzen für solche Zwecke stand infolge des Aufschwunges der Pflanzenanzucht, durch Glashäuser und andere, neue gärtnerische Fertigkeiten ermöglicht, in reichem Maße zur Verfügung. *Pückler* legte Blumenbeete in die nähere Umgebung des Schlosses, in den für ihn als »*Pleasureground*« geltenden Bereich, entweder in Form eines rechteckigen *Teppichbeetes* vor der Freitreppe oder innerhalb einer Wiesenpartie, die meist durch Gehölzgruppen optisch geschlossen erschien. Dabei bediente er sich zahlreicher, geschwungener Kunstformen für einzelne, verstreut liegende Blumenbeete. Vor allem sollte aber dadurch eine optische Bereicherung geschaffen werden, die sinngemäß mit den Zierformen der Renaissance- oder Barockgärten vergleichbar war.

Der Fortgang der Arbeiten in Muskau litt unter ständigem Mangel an den erforderlichen Geldmitteln. *Pückler* mußte den Ausbau zeitweilig ruhen lassen und unternahm abenteuerliche, mehrjährige Reisen zunächst nach England, später nach Afrika, Griechenland und Ägypten. Seine danach verfaßten Reiseberichte bildeten eine literarische Sensation, wurden teilweise in alle europäischen Sprachen übersetzt und erzielten hohe Auflagen. Dennoch sah sich *Pückler* gezwungen, seinen Besitz Muskau im Jahre 1845 zu verkaufen und von dort auf einen anderen, alten Besitz der Pücklers nach *Branitz* bei Cottbus überzusiedeln. In den folgenden Jahren legte er, immer wieder durch Reisen ins europäische Ausland unterbrochen, dort ebenfalls unter ähnlichen Bedingungen wie in Muskau einen Park an, der etwa nur die halbe Größe hatte. In dieser Zeit war sein Ruf als Parkfachmann bereits weithin bekannt, und er wurde an vielen Stellen als Berater hinzugezogen, wie in Weimar durch *Goethe*, in Babelsberg durch den Preußischen Prinzen *Wilhelm* und im Pariser »Bois de Boulogne« durch *Napoleon III*. Hochbetagt starb *Pückler* 1871 im Alter von 87 Jahren und wurde im Branitzer Park in einem »Tumulus«, einer zwanzig Meter hohen Erdpyramide im See, beigesetzt *(Tafel XIX)*.

17.6 Peter Joseph Lenné

Lenné wurde im Jahre der Französischen Revolution 1789 als Sohn eines kurfürstlichen Hofgärtners in Bonn-Poppelsdorf geboren. Auch seine weiteren Vorfahren waren Gärtner, so daß er in einer alten, gärtnerischen Tradition aufwuchs. Im benachbarten Brühl verbrachte er von 1805 bis 1808 bei seinem Onkel *Clemens Weyhe* die Lehrjahre. Anschließend ging er wie alle seine namhaften Vorgänger auf Studienreisen, hielt sich dabei in Paris und Süddeutschland auf und lernte in Aschaffenburg und München *Sckells* Arbeiten kennen.

Von 1812 bis 1815 war er in Wien, wo er bereits eigene Arbeiten in den Gärten von *Schönbrunn* und *Laxenburg* durchführte. Danach kehrte er nach Koblenz zurück und fertigte Pläne für die Erweiterung der Stadt an, die besondere Beachtung eines hohen Beamten aus Preußen, des Oberlandforstmeisters *Hartig*, fanden. Auf dessen Empfehlung hin kam er 1816 an den Preußischen Hof nach *Potsdam*, wo er über viele Jahre hin eine reiche Tätigkeit entfaltete und bis zu seinem Tode im Jahre 1866 wirkte.

In den Anfängen seiner Potsdamer Zeit mußte er eine Reihe von Schwierigkeiten überwinden. Dort gab es einen alteingesessenen Stab von Hofgärtnern, die es dem Neuling schwer machten. Auch fehlte es an geschulten Hilfskräften, und um Anlagen in größeren Maßstäben fertigzustellen, fehlte es an Geld und Großzügigkeit wie an den erforderlichen Pflanzenbeständen. Deshalb gründete *Lenné* 1822 den *»Verein zur (Be)förderung des Gartenbaues in den Königlichen Preußischen Staaten«* und mit Unterstützung dieses Vereins und einflußreicher Gönner die *»Königliche-Gärtner-Lehranstalt«* und die *»Landesbaumschule«*. (Der Verein und die Lehranstalt haben bis in die Gegenwart ihre ständige Nachfolge gefunden und in gewisser Weise über eineinhalb Jahrhunderte hinweg das geistige Rückgrat der Garten- und Landschaftsgestaltung wie der Landschaftspflege gebildet.)

Im gleichen Jahr 1822 konnte *Lenné* eine Studienreise nach England unternehmen, die für den Zweiunddreißigjährigen einen großen Gewinn bedeutete. Nach seiner Rückkehr wurde er zum »Königlichen Gartendirektor« ernannt, und die Bedingungen für sein Wirken am Preußischen Hof und darüber hinaus für andere Auftraggeber verbesserten sich zunehmend.

Nach dem Ableben *Friedrich Wilhelms III.* im Jahre 1840 setzt für *Lenné* nochmals eine langjährige Schaffensperiode unter dessen Sohn und Nachfolger ein. Als er nach einundsechzigjährigem Berufsleben starb, war er inzwischen hochgeehrt und ausgezeichnet als Ehrenmitglied der Preußischen Akademie der Künste, Ehrendoktor der Universität Breslau und Ehrenbürger mehrerer deutscher Städte. Seine Arbeiten umfaßten einen umfangreichen Katalog. Neben den Arbeiten an den Gärten der königlichen Familie, wobei die Umgestaltung des Potsdamer Parkes anfangs im Vordergrund stand, reihten sich Parkgestaltungen und städtebauliche Arbeiten für Berlin und weitere Städte an. Dabei sind seinem Beitrag zur Schaffung von »*Volksparks*« als neu zu lösende Aufgabe wie seinen ausgreifenden Planungen in der Landschaftsgestaltung zukunftsweisende Bedeutung beizumessen.

Schon bei seinen ersten Arbeiten in Potsdam, die 1816 mit dem »*Neuen Garten*« begonnen hatten, faßte *Lenné* immer die größtmögliche Ausdehnung ins Auge. Für ihn endete der Planungsauftrag nie an der Grundstücksgrenze.

Im gleichen Jahr legte er seinen ersten großen Plan für *Sanssouci* vor, der mehr Erstaunen als Anerkennung fand, denn er hob die »sakrosankte« Mittelwegachse auf und bildete sie nur als Sichtschneise im Sinne des landschaftlichen Stiles aus. Der Park sollte durch eine geschwungene Wegeführung erschlossen werden. Große Wiesen- und Wasserflächen, Baumhaine und Einzelgruppen wie eine Freistellung der Gebäude mit Ausblicken in die Umgebung waren die Grundlinien dieses Entwurfes, der für *Lennés* damalige Auffassung charakteristisch war, aber nicht zur Ausführung kam. Ein späterer Plan von 1836 zeigte bedeutende Geländezunahmen und damit die erforderliche Breitenausdehnung, die nunmehr eine großzügige, landschaftliche Gestaltung zuließ. In der Zwischenzeit hatte *Lenné* bereits einzelne Teile des Parkes umgestaltet, und dabei war es zur Zusammenarbeit mit bedeutenden Baumeistern des preußischen Klassizismus, wie unter anderem mit *Schinkel*, gekommen *(Tafel XX)*.

Die Erweiterung des Parkes in Potsdam setzte sich aus Einzelabschnitten zusammen, die nach und nach entstanden, wie 1826 der »*Charlottenhof*«, 1827 das Gelände des »*Hopfenkruges*« und 1840 der »*Marlygarten*«, ferner die »*Orangerie*« und der »*Nordische*« wie der »*Sizilianische Garten*«.

Seit 1818 schuf er auf der *Pfaueninsel* einen Tierpark für den König. In unmittelbarer Nähe gestaltete er für den Fürsten *Hardenberg* in Klein-Glienicke einen »Pleasureground« und pflanzte vierzigjährige Buchen, wodurch er ein fertiges Parkbild schaffen konnte. Als *Schinkel* für den späteren Besitzer, Prinz *Karl*, einen Schloßumbau durchführte, wurde *Lenné* für die Parkanlage dabei tätig und betreute sie viele weitere Jahre. Es ging nicht immer ohne Schwierigkeiten, denn beim Babelsberger Schloßpark für den Prinzen *Wilhelm*, den späteren Deutschen Kaiser, wurde er beispielsweise von *Pückler* verdrängt, vermutlich weil die Fürstin als Tochter *Karl Augusts* von Weimar *Pückler* schon gut kannte und daher mehr zuneigte. Das Grundkonzept für diesen Park soll jedoch von *Lenné* stammen, wobei Pückler, wie meist, nur rein beratend eingegriffen hatte.

Bereits 1824 wurde *Lenné* nach Magdeburg gerufen, um dort auf dem Gelände eines ehemaligen Klosters einen Volkspark, den »*Kloster-Berge-Garten*«, anzulegen. Damit eröffnete sich ihm ein neues Aufgabengebiet. In der folgenden Zeit konnte er noch mehrere Volksparks schaffen, wobei der *Tiergarten* in Berlin die größte Anlage dieser Art wurde.

In Magdeburg schlug er für die vorgesehenen Bauten, einen »Volkssaal« und einen Monopteros, wiederum den Berliner Architekten *Schinkel* vor, was auf einen guten, fachlichen Kontakt hinweisen mag. Nach den erhaltenen Pflanzenlisten verwendete er in Magdeburg vorwiegend einheimische Arten, wie Ahorn, Eschen, Pappeln, Weiden, Linden und Ulmen, dazu noch die von ihm gerne bevorzugten Platanen und Weymoutskiefern.

17.7 Landesverschönerungskunst

Im Jahre 1820 stellte *Lenné* einen Entwurf für das Gut *Reichenbach* in Pommern auf, das dem späteren Direktor des »Vereins zur Förderung des Gartenbaus«, *Bethe*, gehörte. Hier griff seine Planung weit über den Gutspark hinaus und umfaßte die gesamte Gemarkung. *Lenné* sprach von »Aufschmückung« und meinte damit eine »ökonomische« Einbeziehung des Gutslandes, wobei eine Gliederung in Koppelweiden, Obstgärten und Ackerfluren mit Hilfe von Gehölzpflanzungen vorgesehen war.

Das läßt an die englische Art der Anlagen zur »ornamental farm« denken, deren Ausbau aber noch ganz auf ästhetischen Gesichtspunkten beruhte. Zu *Lennés* Zeiten hatte bereits eine über den Landschaftsgarten hinausgreifende »Landesverschönerungskunst« breites Verständnis gefunden, und Beispiele waren örtlich unabhängig voneinander überall schon festzustellen.

In Fulda war im ersten Jahrzehnt des 19. Jahrhunderts ein Architekt und Baumeister im Staatsdienst, *Gustav Vorherr* (1778–1847), durch Arbeiten und Veröffentlichungen hervorgetreten, die sich mit ländlichem Bauen, wie mit Dorfgestaltung und Maßnahmen zur Hebung des Ackerbaues, befaßten. Mit einem Kreis Gleichgesinnter hatte er eine »Lehre der *Landesverschönerung*« entwickelt, in der alle landschaftsgestaltenden und das Landleben beeinflussenden Faktoren untersucht und auf eine Förderung wie auch Gesundung des Gesamtgefüges »Landschaft« hin weiterentwickelt werden sollten. Ihnen schwebte neben ästhetischen Wertungen gleichbedeutend eine ökonomische und ökologische Zielrichtung vor, die immer wieder betont und unterstrichen »zum Nutzen der Bevölkerung wie zum Wohle des Landes« dem Ganzen dienen sollte.

Mit ähnlicher Blickrichtung hatte *Sckell* bereits über »Volksgärten« geschrieben, *Pückler* zur Anlage des Muskauer Parkes aufgerufen, wurden zu gleicher Zeit Festungswälle in den Deutschen Städten geschleift und in Promenaden für die Bürger umgestaltet. Vorwiegend wurden dabei immer die Vorteile für die Bevölkerung oder für die Volksgesundheit wie der persönliche Gewinn an Erbauung und Schönheit für jeden einzelnen betont, aber auch der Wert einer gesundeten Natur in harmonischer Abstimmung mit sauberen Gewässern (Wallgräben) so dringend vor Augen geführt, daß an der Wichtigkeit all dieser Ziele kein Zweifel mehr aufkommen konnte.

Neben *Sanssouci* schuf *Lenné* im Laufe der Jahre für Potsdam eine Reihe von Grünanlagen und verfolgte dabei weitgehend die Neugestaltung der gesamten Umgebung in eine blühende Kulturlandschaft, der von einer Kette von Seen umschlossenen »Insel Potsdam«.

Für die Durchgrünung Berlins führte *Lenné* eine Reihe von Arbeiten und Planungen durch, Einzelobjekte, wie der Schloßpark *Charlottenburg* (1819) oder die Neugestaltung des *Tiergartens* von 1833 bis 1839. Nach dem Regierungsantritt *Friedrich Wilhelms IV.* wurde *Lenné* mit Bebauungsplänen für Berlin betraut, bei denen er sich bemühte, für gesundes Wohnen durch breite, baumbestandene Straßen und zahlreiche, grüne Stadtplätze zu wirken.

Im Jahre 1840 und 1843 faßte er alle Bebauungs- und Begrünungsvorschläge für Berlin in Gesamtplänen zusammen, worin sich wieder das durch alle seine Arbeiten laufende Bestreben nach Verwirklichung großer Zusammenhänge bestätigte.

17.8 Lennés Nachfolge

Durch die Gründung der Gärtnerlehranstalt gewann *Lenné* Einfluß auf die Ausbildung des Nachwuchses. Als Parkfachmann und Gartenkünstler nahm er im weiten Umkreis eine überragende Stellung ein. Die vielen Beispiele seiner Arbeiten, die Art, wie er seine Entwürfe in Plänen und Beschreibungen darstellte, wurden einer kommenden Generation zum Vorbild und machten Schule. Lenné vermochte durch seinen Kontakt zur Ausbildungsstätte junge Fachleute zu fördern und wurde bei Stellenbesetzungen um Rat gefragt wie beispielsweise von der Stadt Bremen bei der Suche nach einem Stadtgärtner für die neugeschaffenen Wallanlagen im Jahre 1850.

Einer seiner bekanntesten Schüler war *Gustav Meyer* (1816–1877). Er wurde sein Mitarbeiter und war Lehrer an der Lehranstalt. Im Jahre 1870 wurde er zum »Gartendirektor« der Stadt Berlin berufen und nahm damit als erster einen derartigen Posten im öffentlichen Dienst in Deutschland ein. Aus der Zusammenarbeit von *Lenné* und *Meyer* entwickelten sich Lehrmeinungen und feste Stilvorstellungen, an denen man weit über *Lennés* Zeit hinaus festhielt und die bis zum Ende des Jahrhunderts eine geschlossene Anhängerschaft behielten, die wegen ihrer späteren Eingleisigkeit in Verruf geriet. Man hatte nicht verstanden, mit der Zeitentwicklung Schritt zu halten.

Lenné selbst durchschritt in seinem langjährigen Wirken Phasen des Wandels in seinen gestalterischen Ausdrucksweisen. Er steigerte im Fortgang seines Schaffens die Fülle und Feinheit seines Formenkanons und tendierte schließlich auch wieder zur Regelmäßigkeit, wo es sich aus der Situation, wie bei in sich geschlossenen Gärten oder in der Umgebung von Gebäuden, ergab. Solche Gärten, gegen den offenen Park optisch getrennt und in regelmäßiger Aufteilung, nahmen bei ihm farbige Blumenbeete auf. Blühende und buntlaubige Pflanzen fanden darin reiche Verwendung, denn nach 1850 setzte allgemein wieder eine Entwicklung zu regelmäßigen Gartenbereichen mit Blumenschmuck ein.

18 Der Weg zu neuen Aufgaben

18.1 Der Wandel in Frankreich

Wie in England und Deutschland hatte man sich im Laufe des 18. Jahrhunderts auch in Frankreich vom geometrischen Garten abgewandt, und es entstanden Parkanlagen im landschaftlichen Stil. In der zweiten Hälfte des Jahrhunderts waren aus dem Wandel vom Barock zum Rokoko ähnlich wie in anderen europäischen Ländern Gärten mit unsymmetrischen, natürlichen Partien entstanden. Im Zeichen der Chinamode brachte man die englische Entwicklung mit Einflüssen aus dem fernen Osten in Zusammenhang und bezeichnete die neuen Gartenbilder als Stil »anglo-chinois«.

Einen großen Einfluß gewann der französisch-schweizerische Dichter, Kulturkritiker und Philosoph *Jean Jacques Rousseau*, der genau die Zeitstimmung treffend für eine fast exaltiert zu bezeichnende Natürlichkeit eintrat und trotz seiner schockierenden Thesen eine große Anhängerschaft hatte. Auf den Garten bezogen schwebte *Rousseau* eine für eine Realisierung recht ungeeignete Konzeption vor, denn er hatte eine Vorstellung von einer wilden, ungezähmten Bergwelt mit Felsen, Schluchten und Sturzbächen, die nichts von einem idealisierten Landschaftsbild hatte.

Rousseau, der 1778 starb, war zu sehr Wegbereiter der Französischen Revolution, um nur für die Ideale des Landschaftsgartens allein zu kämpfen. Er trat in seinen vielseitigen Aktionen für einen generellen Umsturz ein. Die französischen Beispiele aus der zweiten Hälfte des 18. Jahrhunderts, wie der Garten *Monceau* bei Paris oder das »*Petit Trianon*« in Versailles, zeigten bei den Gebäuden noch Parterreanlagen und Boskette, daran anschließend aber einen natürlich zurechtgemachten Garten mit vielen gewundenen Wegen und Wasserläufen und zahlreichen Staffagen, wie Pavillons, Lauben, Pergolen, Ruinen, ländliche Motive, wie auch regelmäßige Blumenbeete.

Der vom Marquis *de Girardin* in *Ermenonville* von 1766–1776 geschaffene Landschaftsgarten, in dem *Rousseau* von einer von Pappeln umstandenen Insel bestattet wurde, war bereits nach gründlicher Kenntnis englischer Beispiele und dortiger Gartenliteratur als »verschönerte Natur« im malerischen Sinne unter Verzicht auf eine gekünstelte Vielseitigkeit gestaltet worden.

In der Napoleonischen Zeit zu Beginn des 19. Jahrhunderts herrschte meist noch der landschaftliche Geschmack vom »jardin paysager« vor. Das Stadtbild von Paris bekam durch städtebauliche Veränderungen und durch breite Straßenaufbrüche ein neues Gesicht. In der nachfolgenden Zeit wurden große Parks für die Bevölkerung gebaut, bei denen der Gartenarchitekt *A. Alphand* besonders hervortrat. An der Peripherie entstanden nach allen Seiten hin ausgedehnte Parkanlagen. Im Süden der »*Bois de Vincennes*«, im Westen grenzte in voller Breite der »*Bois de Boulogne*« an das Weichbild der Stadt. Im Nordosten wurde in einem alten Steinbruch mit stark bewegtem Gelände ein Park angelegt, der »*Buttes Chaumont*«.

Den Höhepunkt bildete dort ein aus der zentralen Seefläche herausragender, stark zerklüfteter Felsrücken, der durch eine in der Höhe schwebende Hängebrücke erreicht werden konnte. Der bizarre Charakter der Anlage entsprach dem Zeitgeschmack und fand daher entsprechende Bewunderung. Aber für die eigentlichen Belange und Bedürfnisse der Bevölkerung, die diesen Volkspark aufsuchen sollte, waren damals noch keine geeigneten Einrichtungen entwickelt worden.

18.2 Der Ausklang in Deutschland – Das Ende des landschaftlichen Stils

Gustav Meyer zählte Ende der siebziger Jahre des 19. Jahrhunderts zu den Vorreitern einer »deutschen Gartenkunst«, von der man sich offenbar große Hoffnungen und Vorstellungen machte. Er galt als der legitime Nachfolger *Lennés* und war der für Berlin verantwortliche Grünplaner. Sein 1859 erstmals erschienenes »*Lehrbuch der schönen Gartenkunst*« und seine darin entwickelten Theorien und Formvorstellungen fanden weite Verbreitung und einen festen Anhängerstamm. Seine Aussagen fanden verhältnismäßig lange Beachtung, denn eine dritte Auflage der »*Schönen Gartenkunst*« erschien nochmals 1895.

Es war eine Epoche, in der die als führend geltenden Fachleute mit lautstarken, aber oft dürftigen Argumenten ihre »Gestaltungstheorien« gegen eine bereits unüberhörbar aufkeimende Kritik vertraten und in ihrer Selbstüberschätzung die großen Vorbilder und Leistungen eines *Sckell, Pückler* und *Lenné*, auf die sie sich zwar beriefen, nicht mehr ganz begriffen. *Meyer* duldete nach seiner Lehre regelmäßige und landschaftliche, freie Formen nebeneinander, regelmäßige Anordnungen aber nur im Zusammenhang mit Gebäuden. Er hatte durch seine Tätigkeit Gelegenheit, Beispiele für seine Theorie zu liefern, und in Berlin entstanden daher Stadtplätze und Volksparks (Humboldt- und Friedrichshain), die seine Handschrift trugen.

Bei regelmäßigen Standtplätzen oder landschaftlich gehaltenen Parkanlagen für eine öffentliche Nutzung gelang es ihm noch kaum, echte Bezüge zur eigentlichen Zweckbestimmung zu finden oder eine sinnvolle Anordnung von Wegen, Spielflächen, Liegewiesen, Wasserflächen oder auch Pflanzungen deutlich zu machen. Mit bewährten, formalen Elementen, mit Kurven, Schwingungen, Segmenten, Krümmungen und Biegungen oder bei regelmäßiger Gestaltung mit Kreisen, Vierecken und Diagonalen wurde jeder Grundriß, ob kleinflächig oder von großer Ausdehnung, in fast gleicher Weise schablonenartig ausgefüllt.

Nach derselben Methode verfuhr eine zahlreiche Gruppe von »Gartenkünstlern«, wie man sich zu bezeichnen pflegte, mit Blick auf *Meyer*, für den sich alle stark machten. Dabei wurde deutlich, daß man bei jeder Art von Grünanlage, ob Hausgarten oder Parkgelände für öffentliche Nutzung, weder in der formalen Gestaltung noch für den funktionellen Ablauf eine dem jeweiligen Projekt angemessene Lösung zu finden imstande war.

Man »produzierte« Ideen beinahe wie am laufenden Band, die durch Anhäu-

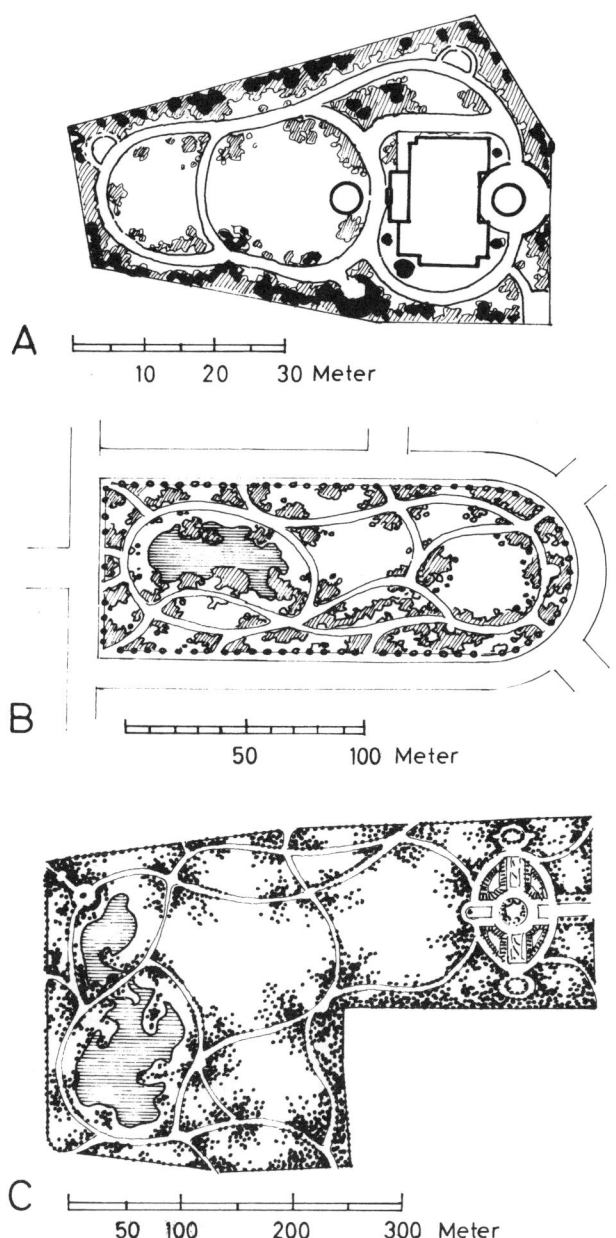

Abb. 76 Gestaltungsvorlagen von Hampel
Gartenanlagen für völlig unterschiedliche Zwecke und mit verschiedenartigen Größenverhältnissen wurden in immer wiederkehrenden und gleichen Motiven angeboten: Geschwungene Wege, Wasserflächen mit ausgebuchteten Uferlinien, dichte Pflanzungen wechselnd mit einzeln gestellten Baumgruppen und Lichtungen.
Neben den meist landschaftlichen, freien Gestaltungsformen wurden geometrische Elemente verwendet.

A. Villengarten – B. Öffentlicher Schmuckplatz – C. Volksgarten

fung und Verflachung wie auch durch Wirklichkeitsferne in ihrer Wirkung verpufften. Einer der Emsigen auf diesem Gebiet war *Carl Hampel.* Er legte 1894 ein Buch vor, *»Einhundertfünfzig kleine Gärten«*, das mehrfach neu aufgelegt wurde, und verfaßte weitere Serien über Schmuckplätze und Volksgärten, wobei maßstäbliche und gestalterische Unterschiede bei der Andersartigkeit der Objekte kaum zu erkennen waren. Es geschah alles in derselben schablonenhaften Manier *(Abb. 76).*

Neben den Vertretern der formalen Einseitigkeit und Wiederholung gab es andere, die die Gartengestaltung ganz aus der Verwendung und Kombination von Pflanzen zu beleben trachteten. Vielerlei eingebürgerte und exotische Pflanzenarten verdrängten die gestalterische Grundlinie und machten Raumwirkungen zunichte. Ohne Zusammenhang mit städtebaulichen Gegebenheiten oder ohne Bezug auf bauliche Umgebung wurden naturhafte Pflanzengruppierungen, Miniaturlandschaftsmotive, Wassertümpel mit Ufervegetationen oder ähnliches in einer Art Naturtümelei in den städtischen Bereich hineingezogen.

Die sich in all diesen Erscheinungen dokumentierende Unsicherheit konnte nur ein Beweis dafür sein, daß die noch geltenden Auffassungen in der Gartengestaltung von den übrigen Entwicklungen überholt worden waren. Die gesellschaftlichen Umwälzungen, das enorme Wachstum der Großstädte mit einem bisher in dem Maße noch nicht dagewesenen, technischen Versorgungsapparat, die alles nach und nach durchdringende Industrialisierung und die wachsenden sozialen Spannungen in der Bevölkerung verlangten endgültig nach neuen Kräften, Ideen und Anstrengungen.

18.3 Amerika als Vorbild in einer neuen Epoche der Grünplanung

Beispiele für die im Sinne des 19. Jahrhunderts neuzeitlichen Volksparks lieferte ab 1850 der »Neue Kontinent«, Nordamerika, mit seinen schnell anwachsenden Großstädten. Dort galt es den Bewohnern, für die sich die negativen Folgen einer Verstädterung bereits abzeichneten, etwas Natur zu ersetzen, die nur noch ganz verschwindend bei ihren Wohnunterkünften anzutreffen war, die Atmosphäre eines Gartens zu schaffen, wenigstens aber eine einfache Rasenfläche anzulegen, die zwischen den Bauten kaum noch Platz fand.

In Amerika waren die städtebaulichen Probleme bereits dringender als in Europa, deshalb sah man sich früher zu Maßnahmen gezwungen, legte Parks für die Bevölkerung zunächst in den großen Städten wie New York, Washington, Philadelphia und Chicago an, die ihnen auch zur Repräsentation dienten. Der führende Kopf war *Frederic Olmsted,* ein Agronom, Sozialwissenschaftler und Schriftsteller. Bei seiner Planung für den *»Central Park«* in Manhattan (1858) zusammen mit dem Architekten *Vaux* ging er wie bei allen späteren Parkschöpfungen davon aus, daß ein von einem Siedlungsgebiet umschlossenes, »grünes Zentrum« entstehen sollte. (Der »Central Park« lag bei seiner Entstehung noch am Rande der Stadt.) Zur freien Bewegung, Entspannung und Erholung sah er eine Reihe von Einrichtungen vor, wie Spielflächen, Festplätze, Flächen zum Eislaufen, Wasser- und Bootsbetrieb, Spazier-, Reit- und Fahrwege, weite Ausblicke und Blumenanlagen. Um alles störungsfrei genießen zu können, schuf er ge-

Amerika als Vorbild in einer neuen Epoche der Grünplanung 163

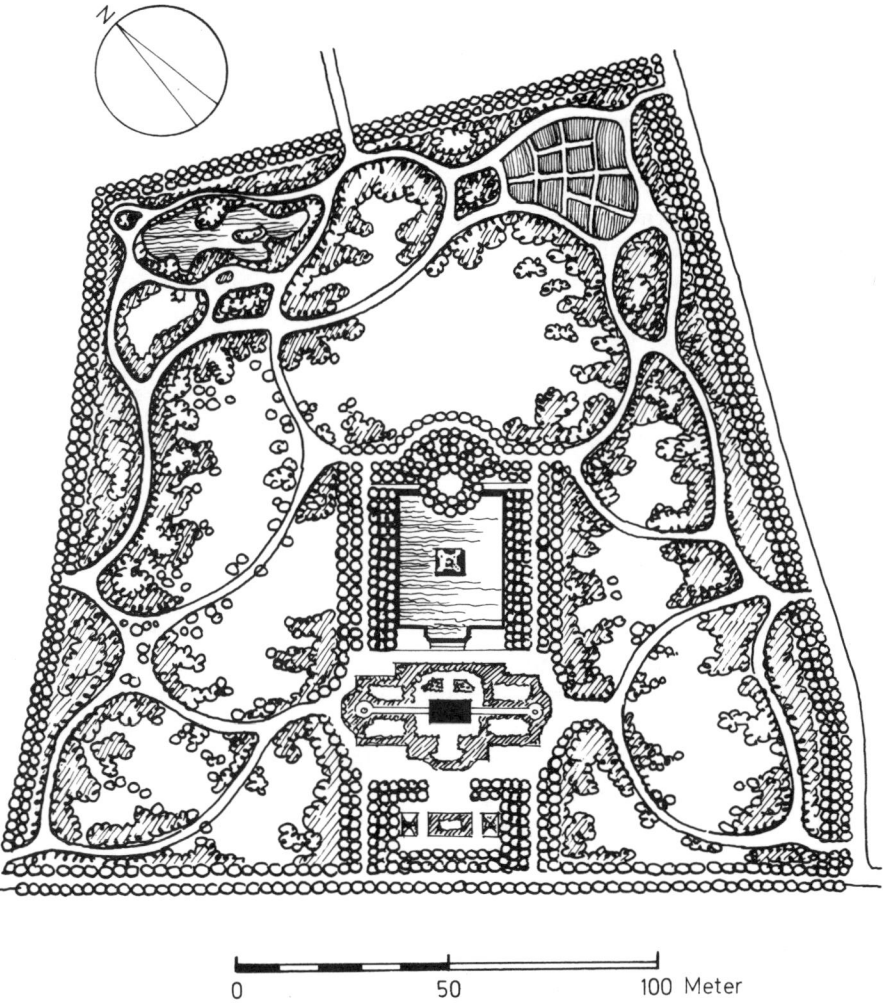

Abb. 77 Bürgerpark Bremen
Wilhelm Benques Plan für den *Bürgerpark* in Bremen von 1865 war der preisgekrönte Vorschlag eines Wettbewerbes zwischen vier Gartenarchitekten. Unter Benques Leitung entstand die Parkanlage in wenigen Jahren aus Mitteln, die von der Bremer Bevölkerung gespendet wurden.
Die einst baumlose Bürgerweide wurde zu einem Volkspark nach dem Motto seiner Gründer: »Für Herr und Gesind, Mann, Weib und Kind, zu Nutz und Freud auf alle Zeit«.
Benque hatte bereits in Amerika an einem ähnlichen Projekt Erfahrungen sammeln können, denn er war einige Jahre davor unter F. Olmsted bei der Anlage des Zentralparkes in New York tätig gewesen.
Benques Entwurf zeigt die für Volksparks in jener Epoche typischen Elemente:
Parkgebäude, Laubengänge, Alleen, ein großes Becken (Holler See), ein landschaftlicher See mit Inseln, Musikrondell, Spielplätze, einige weitere Gebäude als Schutzhütten u. ä.
Inmitten einer im landschaftlichen Stil gehaltenen Parkanlage liegen die den Schwerpunkt bildenden Einrichtungen wie Parkhaus, Holler See, Rondells, Laubengänge und Alleen als eine architektonische Einheit zusammengefaßt.
Problematisch treten die Übergänge vom architektonischen Teil zum landschaftlichen Parkbereich in Erscheinung, und die kurvige Wegeführung wirkt schablonenhaft.

trennte, kreuzungsfreie Verkehrssysteme mit Überbrückungen. Lastverkehr, Kutschieren, Reiten und Wandern vollzogen sich unbehindert voneinander. In *Olmsteds* späteren Schöpfungen, wie dem *»Prospect Park«* in Brooklyn (1870) und danach dem *»Franklin Park«* in Boston, vervollkommnete er diese Konzeption und ging bei seinen Vorschlägen davon aus, daß der einzelne Park nur Einzelglied eines Gesamtgrünsystems sei, das den Stadtkörper durchdringen und dabei allen Bewohnern geschützte und freie Bewegung von Stadtteil zu Stadtteil ermöglichen und Erholungseinrichtungen bieten sollte.

Durch die amerikanischen Projekte wurden europäische, darunter auch deutsche Architekten und Gartenfachleute angelockt. Sie konnten an Ort und Stelle Erfahrungen sammeln und kehrten mit neuen Erkenntnissen in ihr Land zurück. Der Bremer *Wilhelm Benque* hatte beispielsweise in New York bei der Mitarbeit am »Central Park« vieles gesehen und gelernt, was er bei der Planung des »Bürgerparkes«, seines Lebenswerkes, ab 1865 verwenden konnte. So wurden Volksparks aus Amerika zu Musterbeispielen, denen man eine Zeitlang vorurteilsfrei nacheiferte *(Abb. 77).*

18.4 Schrebergärten

Volksgesundheit und soziale Gesichtspunkte waren mit zunehmender Industrialisierung und dem damit verbundenen, schnellen Bevölkerungswachstum in den Städten für weitsichtige Männer Anlaß zu Appellen und grünpolitischen Maßnahmen. Sie kamen aus den verschiedensten Berufen, vornehmlich waren es Ärzte und Lehrer, Städtebauer, Grünplaner und auch Politiker.

Hier verdient die Kleingartenentwicklung erwähnt zu werden, bei der sich stärker als bei anderen Maßnahmen zeigte, wie die soziale Bedeutung und die funktionelle Bestimmung Inhalte und Formen der entstehenden Anlagen prägten.

In den sechziger Jahren des 19. Jahrhunderts wurden auf Initiative des Arztes Dr. *Schreber* in Leipzig »Familiengärten« eingerichtet. Seine berufliche Tätigkeit hatte ihn mit den ungesunden Lebensverhältnissen in Arbeitervierteln konfrontiert. Er wollte vor allem für die Kinder gesündere Entwicklungsmöglichkeiten schaffen und richtete dazu diese Gärten ein. Es waren zunächst nur Freiräume im Grünen, die Gartenarbeit gestatteten.

Diese »Schrebergärten«, wie sie nach ihrem Begründer benannt wurden, breiteten sich schnell in allen deutschen Großstädten aus, vor allem in Industriestädten mit einem hohen Anteil an Arbeiterbevölkerung. Berlin bildete dabei ein besonderes Beispiel mit seinen »Laubenkolonien«. Dort hatte die Bevölkerung in den Jahren von 1870 bis 1875 um 200 000 Einwohner vorwiegend durch Zuwanderung zugenommen bei einer Gesamteinwohnerzahl von 950 000, und 48 % der Bevölkerung bewohnten in dieser Zeit Hinterhäuser, also Hofbebauungen. Die unzureichende Wohnungslage führte dazu, daß bis zum Jahre 1900 in Berlin 40 000 Menschen auf Kleingartenparzellen als »Laubenkolonisten« lebten. Der Hauptzweck der Kleingärten wurde damals bereits in der Erholung gesehen. Die Gärten sollten der in Fabriken arbeitenden Bevölkerung eine ausgleichende Betätigung in frischer Luft ermöglichen und sollten ferner, da die

Arbeiter meist alle vom Lande in die Stadt übergesiedelt waren und sich als
»Landverdrängte« fühlen mußten, einen Ersatz für die durch Generationen
überkommene, ländliche Tätigkeit von Säen und Ernten im Jahresablauf der
Natur bieten. Der mittelalterliche Ring von Bürgergärten an der Peripherie der
Städte setzte sich in gewisser Weise auf breiter Ebene in den neuen Gartenkolonien fort, in denen sich Geselligkeit und Gemeinschaftsgeist entwickelten. Für
den einzelnen gewannen die Gartenerträge zum Lebensunterhalt ebenfalls an
Bedeutung, und die Gemüseernten wurden schließlich im ersten Weltkrieg von
1914 bis 1918 für große Teile der Bevölkerung oft lebensentscheidend, Grund
genug, um durch das Pachtschutzgesetz von 1919 und die Entstehung des
»Reichsverbandes der Kleingärtner« im Jahre 1921 in Deutschland die Kleingärten endlich in ihrem Bestande zu sichern, wodurch sie seither auch einen festen
Bestandteil aller städtischen Grünanlagen bildeten. Bald setzte sich auch die
Erkenntnis durch, daß Kleingärten als wichtiges Erholungsgrün zu zählen hatten
und in sinnvoller Zuordnung zu Wohngebieten für die Durchgrünung und
Durchlüftung des Stadtkörpers wertvolle Dienste leisten konnten *(Abb. 80)*.

18.5 Vom Kirchhof zum Friedhof

Die Entwicklung der Friedhöfe zu »Grünanlagen«, von Begräbnisstätten zu
baumbestandenen »Totenhainen« vollzog sich vor allem in den protestantischen
Ländern durch den Einfluß des Landschaftsgartens. Die in der Vergangenheit
vorherrschende, noch mittelalterliche Vorstellung eines düsteren Ortes des
Grauens und Todes verwandelte sich in das Bild einer friedlichen Stätte des
Gedenkens. Um großräumige Friedhofsanlagen zu schaffen, wie es den wachsenden Städten entsprach, mußten die althergebrachten Bindungen an die Umgebung der Kirche aufgegeben werden und eine Verlegung der Friedhöfe an den
Rand der Städte erfolgen, wo noch genügend Raum vorhanden war und landschaftliche Anlehnungsmöglichkeiten den neuen Gestaltungsideen entgegenkamen *(Abb. 78)*.

Die Bereitstellung der Flächen wurde eine Aufgabe der Kommunen, wodurch
sich die Übernahme der Bestattungspflichten von den Kirchen auf die Stadtbehörden anbahnte. Die Friedhöfe wurden damit Bestandteil städtischer Grünflächen, und nach 1850 wurden bereits Parkfriedhöfe angelegt, deren Gestaltung
sogar schon auf Grund von Ideenwettbewerben unter Architekten und Gartenarchitekten erfolgte. Gern stellte man diese Entwürfe unter ein Motto, das die
Idee der Planung charakterisieren sollte. So erläuterte um 1870 ein Friedhofsplaner in Bremen seinen Vorschlag mit folgendem, typischem Text: »Der Friedhof soll in uns kein Gefühl des Grauens vor dem Tode erzeugen, sondern in
sinniger Verbindung mit anmutigen Naturgegenständen uns aussöhnen mit
unserem Schicksal und neue Hoffnung in uns erwecken.«

Bei der in der zweiten Hälfte des 19. Jahrhunderts einsetzenden Verflachung
des landschaftlichen Stiles bestand dann allerdings die Gefahr, daß Sinn und
Inhalt dieser Begräbnisanlagen, das Grab als letzte Ruhestätte, durch schablonenhafte Ausstattungen und Zutaten verdrängt wurden.

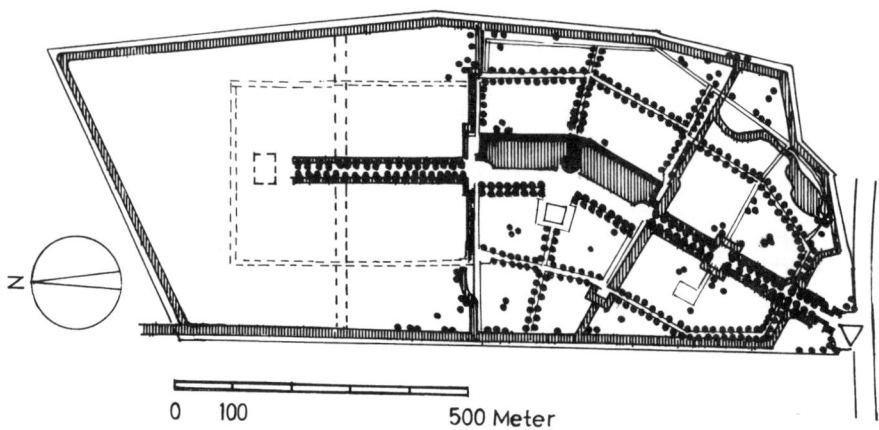

Abb. 78 Osterholzer Friedhof in Bremen als Beispiel einer neuen Friedhofsgestaltung
Der in seinen Grundformen architektonisch gehaltene Friedhofsplan war das Ergebnis eines Wettbewerbes, den zwei Berliner Künstler, Architekt Professor *Seek* und Gartenarchitekt *Paul Freye*, im Jahre 1910 gewannen. Von 1910 bis 1916 baute Freye, der damit in die Dienste der Stadt Bremen trat, den ersten Bauabschnitt aus. Der Friedhof war ursprünglich als Zentralfriedhof gedacht. Der erste Abschnitt umfaßte 35 ha, die geplante Erweiterung nochmals 30 ha.
Eine vierreihige Lindenallee bildete die architektonische Achse, die kurz vor der Friedhofsmitte leicht abgewinkelt wurde. An dieser Stelle entstand die breitflügelige Kapellenanlage mit zentralem Kuppelbau. Die langen Seitenflügel bildeten offene Urnenhallen. Die Lindenallee wurde in den Erweiterungsteil in voller Länge durchgeführt, um beim späteren Ausbau keinen Absatz spürbar werden zu lassen.
Die außen herum und im Inneren geführten Gräben sind ein wesentliches Gestaltungsmittel. Aus dem Aushub der Gräben wurde der Boden für die Aufhöhung gewonnen, die bei dem hohen Grundwasserstand erforderlich war.

19 Eine neue »Raumkunst im Freien«

19.1 Die Entwicklung in England

In der zweiten Hälfte des 19. Jahrhunderts wurde die freie, landschaftliche Gestaltung bereits in Frage gestellt. In England, dem klassischen Hort des Landschaftsgartens, traten zuerst Zweifel am alles überragenden »Naturalismus« auf. Die Bauten zeigten in der Epoche des klassischen Stiles im Grundriß architektonisch klare Strenge. Ihre Einbindung in den Freiraum forderte in nächster Umgebung zu geometrischer Gliederung nahezu heraus. Das wurde nach und nach immer mehr erkannt.

Andererseits sah man sich allmählich das einheitliche, nur gering variierende Grün der Landschaftsgärten langsam über. Man vermißte belebende Farbpunkte und setzte schließlich »Teppichbeete« dagegen; faßte sie in runde, ovale oder rechteckige Formen, bepflanzt mit kräftig buntem Sommerflor. Ähnlich wie sie Fürst Pückler auch vorgeschlagen hat. Man besann sich in England auf die heimischen, blumenreichen Bauerngärten, wo neben Einjahresblumen dauerhafte Stauden eingebürgert waren, die jedes Jahr wieder erblühten. Zu dieser Palette trugen Neueinführungen aus Übersee bei. Bäume, strauchartige Gehölze und Staudenarten erweiterten das Angebot, wobei allerdings ein Zuviel an exotischen Gewächsen auf ein falsches Gleis führen konnte. Züchterische Arbeit erweiterte die Pflanzenvielfalt. Bald lernte man nach anfänglichen Fehlern, meisterhaft Pflanzen und Farben zusammenzustellen.

Die Vorbilder für Terrassen und Treppenaufgänge aus der Renaissance rückten bei der Gestaltung von Gärten wieder in den Vordergrund. Man erkannte bald bei der Anlage hausbezogener Gärten, daß sie für verschlungene Wege, gekurvte Uferlinien und Hügel zu klein waren. Sie ließen sich dem dominierenden Gebäude nicht anpassen. Die große Linie ging im Gewirr der zusammengedrängten Motive völlig verloren.

In der Herrschaftsarchitektur vergangener Zeiten hatte es schon immer einen bestimmten Kanon der Raumgliederung gegeben. Hier Damenflügel, dort Herrenflügel und damit die Folge von Empfangsraum, Audienzimmer, Bibliothek oder Musikzimmer, Salon, Schlafzimmer und so fort. Die im 19. Jahrhundert entstehenden Villen und freistehenden Einfamilienhäuser strebten in ihrer Raumgliederung neben gewisser Repräsentation vor allem Wohnkultur verbunden mit Öffnung zum Garten sowie An- und Einbindung des Gartenraumes an. Wohnlichkeit stand im Vordergrund.

In England sind es vor allem zwei Architekten, Blomfield und Thomas, die sich diesen Fragen in Praxis und Theorie widmen. 1892 erscheint ihr Buch »The formal garden in England«, in dem sie den Garten als Erweiterung und Fortsetzung des Hauses darstellen, womit sie genau den Nerv der Zeit trafen. Bei der neuen Gartengestaltung greift man wiederum zur Schere. Man liebt es, Buchsbaum und Taxus bevorzugt in Wände, Kuben, Kegel, Pyramiden oder ähnliche Formen zurechtzuschneiden. Die dunkelgrünen Wände bilden den Hintergrund für den Sommer durchblühende Rabatten. Sie werden aufs feinste farblich abgestimmt und aus Staudenarten im Verbund mit Blütengehölzen zusammengestellt.

Eine Frau verdient in diesem Zusammenhang besondere Erwähnung. Sie wirkte im gewissen Sinne stilbildend für das 20. Jahrhundert: Gertrude Jekyll (1843-1932), war als Malerin ausgebildet. Mit 25 Jahren wurde sie als Gartengestalterin tätig, ohne professionelle Ausbildung, nur mit eigenen praktischen Erfahrungen. Sie war eine exzellente Pflanzenkennerin und -sammlerin. Aus der Sicht der Malerin fügte sie Pflanzengruppen zusammen und stellte sie bewußt in den architektonischen Rahmen des Gartens. Im Jahre 1889 traf sie mit dem viel jüngeren Edwin Lutyens (1869–1944) zusammen, den sie als Architekten förderte. Es folgten viele Jahre erfolgreicher Arbeit, wobei Lutyens feudale Landsitze baute und Gertrude Jekyll die Gärten dazu anlegte. Beide arbeiteten Hand in Hand. Was sie schufen, fand große Beachtung und übte entsprechenden Einfluß auf die allgemeine Entwicklung in England aus; wirkte auch bis nach Deutschland hin. G. Jekyll schrieb sehr viele Artikel und Bücher über Gartenthemen und setzte photographische Mittel ein, wodurch ihre Arbeiten zusätzlich bekannt wurden.

19.2 Die Entwicklung in Deutschland

Um 1900 wurden in schneller Reihenfolge wie in einem Aufbruch andere Akzente in Kunst, Architektur und im Städtebau gesetzt, die sich schon lange angebahnt hatten. Einer von *Alfred Lichtwark* beeinflußten Gartenbauausstellung in Hamburg im Jahre 1897 folgten bald weitere. Die Hamburger Ausstellung war im Gegensatz zum meist noch verbreiteten, landschaftlichen Stil für solche Anlässe ganz neuartig in strenger Regelmäßigkeit konzipiert.

Lichtwark wurde 1852 bei Hamburg geboren und wurde über den Lehrerberuf schließlich 1886 Direktor der Hamburger Kunsthalle. Er genoß einen weiten Ruf als Kunstkenner und nahm regen Anteil an architektonischen wie städtebaulichen Fragen und speziell auch an der Gartengestaltung seiner Zeit. Auf kulturellem Gebiet war er einer der führenden Männer um die Jahrhundertwende. Er starb 1914 und hinterließ zahlreiche Werke und Schriften über Kunst und Kunsterziehung wie auch über städtebauliche und ähnliche Themen.

In den folgenden Ausstellungen in Düsseldorf (1904), in Darmstadt (1905) und in Mannheim (1907) wurden Haus und Garten als architektonische Einheit präsentiert. Man sprach von »Architektengärten«, denn die Stilelemente dieser Gärten waren vorwiegend von fortschrittlichen Architekten meist im Widerstand gegen die zur Zeit noch gültige Auffassung der »Gartenkünstler« alter Schule geprägt worden.

An erster Stelle stand der Architekt und Begründer des Werkbundes, *Hermann Muthesius*. Nach seinem Aufenthalt in England, wo man seit geraumer Zeit schon Regelmäßigkeit in der Gartengestaltung wiederentdeckt hatte und bereits ausgereifte Beispiele vorweisen konnte, gab *Muthesius* folgende Definition, die für die in Deutschland nunmehr auch einsetzende Bewegung richtungsweisend gelten konnte: »Der Garten soll eine Aneinanderreihung von regelmäßigen Einzelteilen bilden, die sich etwa mit dem Grundriß eines Hauses vergleichen läßt, nur daß die Räume (Terrasse, Blumenziergarten, Rasenplatz und Küchengarten) nach oben offen sind. Bei einer großen Mannigfaltigkeit im einzelnen ist immer im wesentlichen die regelmäßig gewachsene Form, die waagerechte Gestaltung jedes Einzelteiles und die sichtbare Abgrenzung der Teile voneinander beizubehalten.«

Muthesius sah, so *M. L. Gothein*, »das Übereinstimmende des Gartens mit dem Haus nicht darin, daß wie in der Renaissance die äußerlich sichtbaren Linien des Hauses, seine Vertikalen und Horizontalen, der plastische Schmuck, durch den sie betont werden, sich im Gartenraum nur wiederholen und sich sozusagen die Architektur ins Freie hinausschiebt, sondern daß die Innenräume, das »Bewohnbare« des Hauses, sich möglichst im idealen Grundriß wiederholen sollte. Auch in der Ausstattung, den Gartenmöbeln, den Bänken, den umrahmenden Hecken oder Pergolen und den Wandelgängen sollte sich der Garten an die inneren Einrichtungen des Hauses anlehnen!« Nicht allein die äußere Form, sondern auch der Inhalt sollte vom Gebäude auf den Garten übertragen werden.

Etwa zur gleichen Zeit im Jahre 1902 erschien das Buch »Gärten« von *Schultze-Naumburg*. Er vertrat darin ebenfalls eine regelmäßige Raumgestaltung des kleinen, intimen Hausgartens, in dem Zweckmäßigkeit mit ästhetisch reiner Kunstform einen neuen Gartenstil prägen sollte. *Schultze-Naumburg* kam aus der Schule von *Lichtwark* und *Avenarius*. Sie standen zeitweilig an der Spitze der neuen Gartenbewegung. *Avenarius* zog in seiner 1889 gegründeten Zeitschrift »Der Kunstwart« gegen die gedankenlose Weiterführung des landschaftlichen Stiles auf kleinen Gartenflächen los, die er spottend mit »Piepenbrinkgarten« als Ausdruck von Spießertum und Rückständigkeit bezeichnete.

»Raumkunst im Freien« wurde das Schlagwort für eine neue Generation von Gartenarchitekten, womit auch der Zeitpunkt gekommen war, mit allen überholten Vorstellungen aufzuräumen.

Gerechter Weise muß man den Architekten dabei den Vorrang zugestehen. Die Gartenkünstler folgten zunächst zögerlich.

Ein Meilenstein für die neue Gartenbewegung war neben Ausstellungen und Schriften der von einer Zeitschrift (»Die Woche«) 1907 ausgeschriebene Wettbewerb für Hausgartenentwürfe im Sinne der neuen Vorstellungen. Eine Avantgarde von jungen Gartenarchitekten beteiligte sich daran und machte sich nun mit einem Mal bei allen Gelegenheiten durch Artikel, Vorträge und gestalterische Aktivität bemerkbar. Meinungsverschiedenheiten wurden oft lautstark in Fachgremien oder Zeitschriften ausgetragen. Gartenarchitekten und Gartendirektoren, Freischaffenden wie Beamten ging es gemeinsam um eine breite Erneuerung. Von der allgemeinen Entwicklung getragen, vermochten sie ihre neuen Ideen zu verbreiten und nach und nach in die Wirklichkeit zu übertragen.

Die Liste der bekannten Namen war umfangreich, eine Reihe von ihnen blieb fast bis in die Mitte des zwanzigsten Jahrhunderts aktiv: *Leberecht Migge, Camillo Schneider, Harry Maaß, Enke, Bergfeld, Roselius, Heike, Last, Bromme, Bauer* und *Janßen*. Die nunmehr von einer breiten Gruppe vertretene Garten- und Grünplanung konnte 1929 endlich nach jahrzehntelangen Bemühungen das Hochschul-

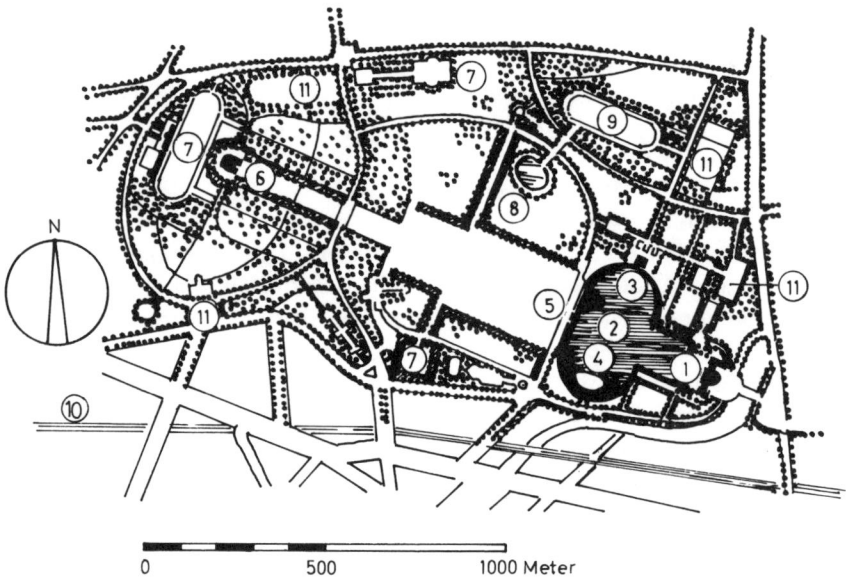

Abb. 79 Der Hamburger Stadtpark, Beispiel eines Volksparks zu Beginn des 20. Jahrhunderts
Nach Plänen von *Schumacher* wurde 1910 mit der Anlage begonnen, zu der auch *Lichtwark* zahlreiche Ideen beitrug.
Er wurde nach den Erkenntnissen seiner Zeit als Volkspark ausgestaltet und bot allen Bevölkerungskreisen Erholung und Unterhaltung mit verschiedenartigsten Einrichtungen.
Das Rückgrat des Parkes bildete die große, fast 2000 Meter lange Achse zwischen dem Wasserturm und dem großen Teich mit dem Gesellschaftshaus als Abschluß. Der Achse sind rechtwinklig oder diagonal Nebenachsen angegliedert, die, wie die Hauptachse, Räume mit perspektivischer Wirkung bilden und Einzelfunktionen des Parkprogramms aufnehmen.

Lageplan:
① Gesellschaftshaus
② Großer See
③ Kaffeehaus
④ Insel
⑤ Kaskade
⑥ Wasserturm
⑦ Stadion
⑧ Planschbecken
⑨ Sprunggarten
⑩ Vorortbahn
⑪ Spielplätze

studium für ihr Fachgebiet durchsetzen und damit für die erweiterten Wirkungsbereiche im Städtebau und in der Landschaftspflege auf wissenschaftlich fundierte Forschungen und auf einen für die vielseitigen Aufgaben vorbereiteten Nachwuchs hoffen, nachdem neben der von *Lenné* gegründeten Fachschule noch weitere in Deutschland und im europäischen Ausland entstanden waren.

Bei der »Raumkunst im Freien« der Jahrhundertwende mit der Betonung auf Raumbildung und Raumgliederung bemühte man sich um formalästhetische Prinzipien und Stilelemente. Bei jeder konkreten Planung suchte man aber den Bezug zu sachlichen und zweckdienlichen Gesichtspunkten, und man sah die Gestaltungsidee im großen, gegebenen Zusammenhang. Grünplanung wurde in die städtebaulichen Fragen integriert. Dieser Schritt in den gesamten öffentlichen Bereich erfolgte stetig, stufenweise und setzte eine breite Orientierung der Gartenarchitekten voraus *(Abb. 79).*

20 Grün als öffentlicher Auftrag im 20. Jahrhundert

Seit den Gartenbauausstellungen am Beginn des zwanzigsten Jahrhunderts trat der Garten und mit ihm der Gartenarchitekt ins öffentliche Bewußtsein. Grün wurde nicht nur in Straßenbaumreihen ein Bestandteil der Städte bzw. neuer Stadterweiterungen, es wurde in die Städteplanung mit einbezogen. Gärten und Grünanlagen erhielten einen ihrer jeweiligen Zweckbestimmung entsprechenden Inhalt. Gleichzeitig wurden soziale Funktionen herausgestellt. Grünplanung erschien mit einem Mal für jeden einzelnen wie für die gesamte Bevölkerung lebenswichtig und lebenserhaltend. *Harry Maaß* schrieb damals ein Buch mit dem bezeichnenden Titel »Der Garten Dein Arzt«. Sinnvolle Gartenbenutzung sollte Ersatz für Arzt und Apotheke werden. Der Garten sollte »bewohnbar« und der Aufenthalt in ihm so vielseitig wie nur irgend möglich gemacht, Rasenflächen sollten als Gymnastikwiesen genutzt werden. Man erfand heckenumschlossene Luft- und Sonnenbäder. Den Kindern wurde ein großer Raum eingeräumt, sie erhielten einen Sandkasten und ein Planschbecken. Eine Brausemulde mit Dusche durfte nicht fehlen. Diese Vorstellungen blieben jahrzehntelang beispielhaft für einen Wohngarten.

Die sozialen Tendenzen und Aufgaben förderten neue Begriffe und Bezeichnungen zutage. Eine neue Terminologie wurde gebräuchlich, und man sprach jetzt von »Park- und Grünanlagenpolitik« oder von »Arbeitergartengestaltung« wie auch von »sozialpolitischen Tendenzen bei Grünanlagen«.

Auf die sozialpolitischen Aspekte wurde kaum mehr von Politikern und den eigentlich Betroffenen als von Gartenarchitekten hingewiesen, die Rückstände und Versäumnisse herausstellten.

Nach dem ersten Weltkrieg (1914–1918) traten eine Reihe begabter Fachleute ins Rampenlicht. Sie arbeiteten als freischaffende Gartenarchitekten oder als städtische Gartendirektoren im weiten Maße für alle Bevölkerungsschichten.

Die Nachkriegsjahre waren für die Menschen vor allem in den Ballungsgebieten und Großstädten eine sehr harte Zeit. Es fehlte an Lebensmitteln. Der Besitz eines Kleingartens war da eine echte Hilfe.

Im Norden schuf Harry Maaß, der zeitweilig in Lübeck das Gartenamt leitete, zahlreiche Volks- und Kleingartenparks. Mehrfach beides kombiniert oder erweitert durch Luft- und Schwimmbäder. Er setzte sich intensiv in Theorie und Praxis mit der Volksparkbewegung auseinander und schrieb dazu Artikel und Berichte. Die Ausstattung solcher Anlagen wurde immer reichhaltiger je nach Größe und Bedarf *(Abb. 80)*.

Das richtete sich nach dem Einzugsgebiet. Man benötigte im Mittel 30 bis 60 ha, die aber gelegentlich weit überschritten wurden (Volkspark Hamburg 180 ha, Hamburg-Altona 150 ha, Jungfernheide Berlin 160 ha, Rehberge Berlin 125 ha, letztere beiden wurden von Erwin Barth geplant).

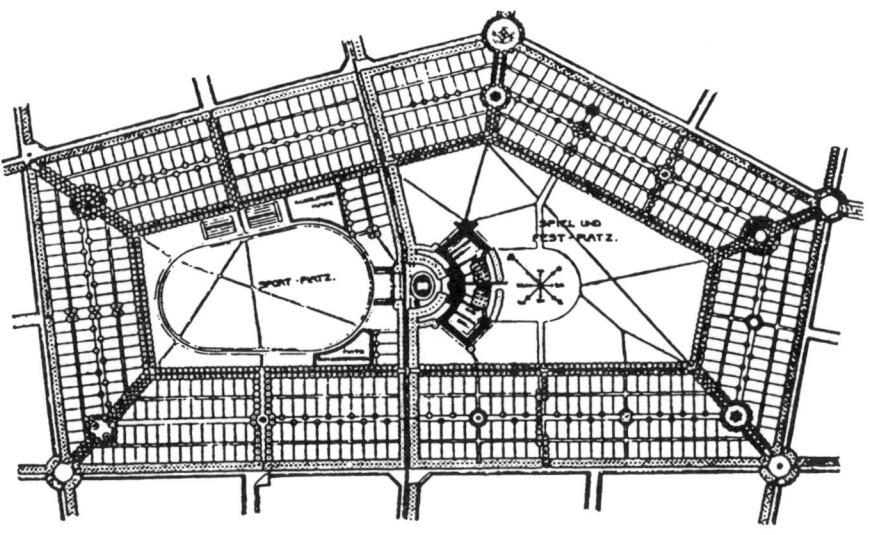

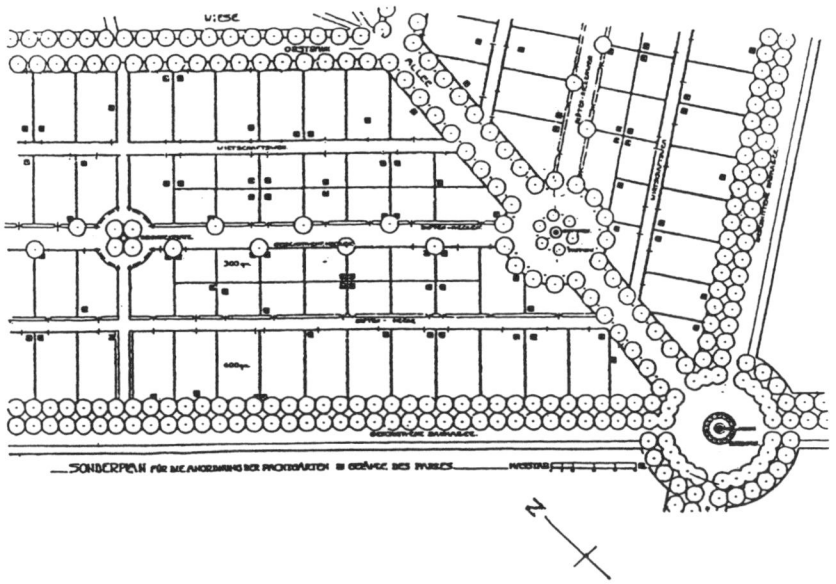

Abb. 80 Harry Maaß 1913 »Volkspark der Zukunft«
Oben: Um eine geschlossene Fläche im Zentrum zum Tummeln mit Sportplatz und Spielflächen und Festwiese für die Allgemeinheit ein geschlossener Kranz von Kleingärten, durch eine ringsum führende Baumallee abgeschirmt.
Unten: Detail der Kleingärten mit Zuwegungen, Anordnung der Lauben und Standorte der Obstbäume. Einzelgartengröße 300 bis 600 qm.

Abb. 81 Harry Maaß: Ansichtsskizze eines Wohngartens

Volksparks entstanden nach 1900 in allen größeren Städten, die keine früheren Residenzen waren, denn dort waren meist »Schloßparks« vorhanden.

Harry Maaß erläuterte in einzelnen Schriften seine Ideen sehr ausführlich und für den Laien verständlich. Er behandelte sämtliche Sparten seiner Tätigkeit. Neben Volks- und Kleingartenparks schrieb er über die Planung von Friedhöfen und die Anlage und Ausstattung von Hausgärten und ergänzte seine Ausführungen mit eingehenden Handskizzen. Sein soziales Engagement war vehement, wie man es auch bei anderen Kollegen beobachten konnte; denn im gleichen Atemzug sind Leberecht Migge, Fritz Encke, Erwin Barth und Friedrich Bauer zu nennen, die als Gartenarchitekten oder -direktoren richtungsweisende Werke hinterließen *(Abb. 81)*.

Migge, als Grünplaner dem kleinen Mann verpflichtet, strebte eine neue Gartenkultur an. Jedermann sollte möglichst einen eigenen Garten besitzen, den er selbst gestalten könnte. Er sollte funktionell durch die geometrische Form des Einzelbeetes als Grundmotiv bestimmt sein. 1913 erschien dazu seine »Gartenkultur des 20. Jahrhunderts«.

Encke und Barth planten auf fast gleichen Gebieten eine Reihe von Volksparks und Stadtplätzen. Encke vorwiegend in Köln (Klettenberg- und Vorgebirgspark, innerer Grüngürtel). Barth als Gartendirektor von Charlottenburg und später von Gesamt-Berlin (Volkspark, Jungfernheide und Rehberge, ferner zahlreiche Stadtplätze als grüne Inseln). Er wurde 1929 erster Ordinarius für Gartengestaltung an der Landwirtschaftlichen Hochschule Berlin *(Abb. 82 und Abb. 83)*.

Volksparks, Kleingartenanlagen und Stadtplätze, auch gelegentliche Gartenausstellungen, waren bis in die dreißiger Jahre die großen Aufgaben. Häufig wurden die gestalterischen Lösungen über Wettbewerbe ermittelt. Die Stilfragen waren kein Problem mehr. Man hatte sich für funktionelle, geometrische Planungen entschieden. Wenn man heute die Entwürfe vergleicht, ähneln sie sich auffallend als klare, der Topographie angepaßte Konzepte ohne jede Schnörkelei. Thema und Leitziel waren immer ganz dieselben. Es galt, für die ärmere Stadtbevölkerung grünen Erholungs- und Freiraum zu schaffen, wohnungsnah und leicht erreichbar. Dazu ließ man sich immer etwas Neues einfallen, so daß es lange Zeit keinen Stillstand gab. Erstaunlich war die Größe der Objekte, es stand eben auch noch reichlich Gelände zur Verfügung.

Obwohl nicht direkt vom Fach, wurde Karl Foerster in diesem Zeitraum zu einer integrierenden Persönlichkeit. Er betrieb zeitlebens eine Staudengärtnerei in Bornim bei Potsdam. Dort züchtete er zahllose Staudenneuheiten und schrieb darüber in einmaliger Art und Sprache. In dieser Gärtnerei – auch das ist eine Einmaligkeit – arbeiteten viele junge Gärtner, ehe sie sich später als Gartenarchitekten einen Namen machten. Es wurde ein großer Kreis ehemaliger Foersterianer. Foerster gründete 1920 die Zeitschrift »Gartenschönheit«. Sein bekanntestes Buch »Garten als Zauberschlüssel« schildert jahreszeitlich das Blühen und Leben im Garten mit verblüffenden Hinweisen. Er gründete in den zwanziger Jahren mit Hermann Mattern eine Arbeitsgemeinschaft, durch die zahlreiche Gartenanlagen in einem neuen Geist entstanden.

Über Bornim liefen wie erwähnt die Wege vieler Gartenarchitekten, die später zum Begriff wurden: Adolf Haag, Alfred Reich, Gottfried Kühn, Hermann Thiele und Gustav Lüttge.

Ferner gab es die Baumschule Ludwig Späth, Berlin. Sie hatte eine Gartenbauabteilung mit eigenem Entwurfsbüro, in dem zeitweilig bekannte Gartenarchitekten tätig waren: Hermann Mattern, Herta Hammerbacher, Wilhelm Hübotter, Otto Valentien, Gustav Allinger.

Jacob Ochs hatte in Hamburg ein Entwurfsbüro mit Zweigstelle in Berlin eröffnet. Dieses wurde von Leberecht Migge geleitet. Das Berliner Büro stand später unter der Leitung von Heinrich Wiepking. Wenig später machte Heinrich Wiepking sich in Berlin selbständig, schrieb ein Buch über Landsitze »Das Haus in der Landschaft« und wurde nach dem plötzlichen Tode von Erwin Barth 1934 dessen Nachfolger auf dem Lehrstuhl für Garten- und Landschaftsgestaltung. Er hatte in jungen Jahren, vor dem ersten Weltkrieg, bei einem längeren Aufenthalt in England die englischen Parks im Original und auch die neueren architektonischen Gärten kennengelernt. Dabei war er auch mit Gertrude Jekyll zusammengetroffen, die damals schon einen legendären Ruf besaß. Sicherlich hat das auch seinen Entwurfsstil beeinflußt, der ja durch gradlinige, strenge und rechtwinklige Formen bestimmt war. In späteren Jahren lenkte er sein Augenmerk auf landespflegerische Dinge und gewann Erkenntnisse über Wind und Wasserschutz. Er dachte in ähnlicher Richtung wie Alwin Seifert, München, der in den dreißiger Jahren bei der Autobahnplanung tätig wurde.

Irgendwann waren sich in diesen Jahren alle schon einmal begegnet, in der Ausbildung, bei beruflicher Zusammenarbeit oder wenn es um Streitfragen ging. Die Berufsgruppe war überschaubar, und die aktuellen Probleme beschäftigten alle in ähnlicher Weise.

Als 1933 die braunen Machthaber das Regime übernahmen, wurde der freie, offene und fruchtbare Meinungsaustausch unterbrochen, mindestens reichlich erschwert. Er hatte bisher in der Zeitschrift »Gartenkunst« seinen Niederschlag

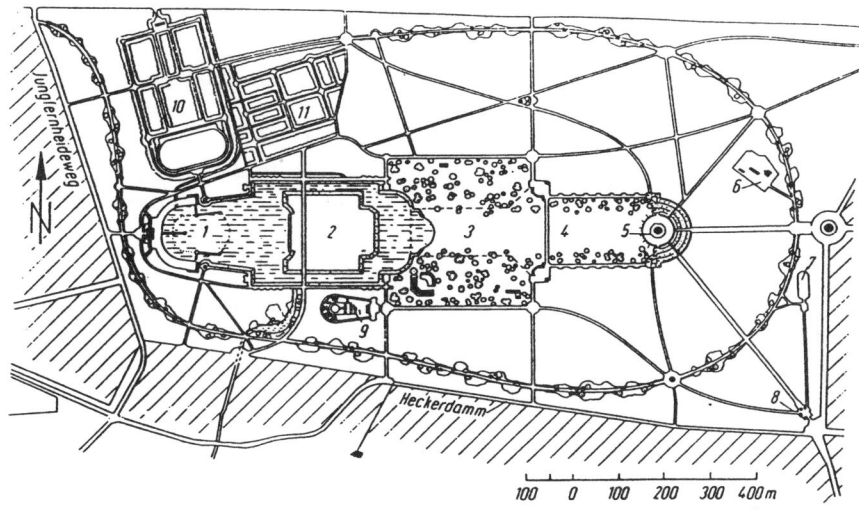

Abb. 82 Erwin Barth: Volkspark Jungfernheide, Berlin 1920–23

① Teich mit Freibad
② Insel
③ Wiese
④ Wiese
⑤ Wasserturm
⑥ Gärtnerei
⑦ Gedenkstätte
⑧ Südost-Eingang
⑨ Freilufttheater
⑩ Sportplatz
⑪ Baumschule

gefunden. Die Themen wurden von der Partei bestimmt. An die Spitze der Verbände und auf die wichtigsten Posten wurden Parteileute gesetzt, die im Fachgebiet unbedeutend waren. Das war eine Allgemeinerscheinung. Wer in der Lebensmitte stand, über lange Erfahrungen verfügte und auf erfolgreiche Arbeiten zurückschauen konnte, mußte unter Umständen irgendwie Konzessionen machen. Das gelang, wenn Ökologie und Parteirichtlinie unter einen Hut gebracht werden konnten, wie beispielsweise beim Autobahnbau, wo die Deutschtümelei sich in Grenzen hielt. Alwin Seifert, der mit der Eingliederung und landschaftlichen Einbindung der Autostraßen beauftragt wurde, arbeitete schon nach pflanzensoziologischen Unterlagen und setzte »Landschaftsanwälte« aus der Reihe der bekannten Gartenarchitekten wie Hübotter, Mattern, Valentien u. a. ein. Seifert, von Haus aus Architekt, hatte sich der Erhaltung der traditionellen Agrarlandschaft zugewandt und wurde zu einem Vorkämpfer der Landschaftsarchitektur. 1954 wurde er zum Professor an die Technische Universität München berufen. Seine Beiträge »Bauen in der Landschaft«, »Ein Leben für die Landschaft« und »Gärtnern, Ackern ohne Gift«, waren vorausschauend zeugen für seinen Einsatz für die gesunde Landschaft.

Kurz vor dem Kriege, im Frühjahr 1939, wurde in Stuttgart eine Reichsgartenschau eröffnet. Die Planung lag in den Händen von Hermann Mattern mit Adolf Haag zur Seite. Mit großem Können und Einfühlungsvermögen war die Anlage in einen alten Steinbruch auf dem Killesberg eingefügt. Viele Themen und

Motive waren in freier, zwangloser Weise aneinandergereiht. Die Art der optischen Führung durch das Auf und Ab des Geländes war erfindungsreich und führte zu erregten Disputen.

Je mehr der alles verzehrende Krieg größere Aktionen einschlummern ließ, um so utopischer wurden die Visionen. Nach dem Zusammenbruch dauerte es Jahre, bis ein sichtbarer Neubeginn vorgewiesen werden konnte.

Die erste Gartenschau nach dem Kriege wurde 1950 in Stuttgart eröffnet. Mattern hatte sie wiederum, nach Beseitigung der Kriegsschäden, auf dem Killesberg eingerichtet.

1955 plante er die Bundesgartenschau in der Karlsaue in Kassel, wo er hervorragende und originelle Ideen zeigte. Wie schon immer gab er auf vielen Gebieten Anregungen. Für die Anordnung von Kleingartenlauben; auf dem Friedhofssektor Anlage von Grabfeldern mit schlichten, einfachen Grabzeichen, entworfen von Bildhauern, manche als Kissenschalen wie Vogeltränken; für Bepflanzungen mit dem großen Staudenhang; schließlich als ein schön komponiertes Gesamtbild die Sommerblumenschau auf der großen Auenwiese: tropfenförmige Beete mit großem Schwung aneinander komponiert in raffinierten Farbabstimmungen. Das alles in einem souveränen, freien Stil und, wo passend und erforderlich, auch geometrisch. Alles überzeugend und sicher.

Mattern war Herausgeber des Buches »Wohnlandschaft« mit Artikeln von 12 kompetenten Mitarbeitern und der Zeitschrift »Pflanze und Garten«, die ganz aktuelle Fragen berührte. Die Gestaltung von privaten Gärten stand immer wieder im Mittelpunkt. Er war in den fünfziger Jahren Dozent an der »Hochschule der Künste« in Kassel und ab 1961 Ordinarius an der Technischen Hochschule Berlin.

Fast alle Gartenarchitekten der Vorkriegszeit waren wieder da. Verluste hatte es nur bei den Jüngeren gegeben, die noch im Studium waren. Es gab viele neue Aufgaben. Sie liefen parallel zu den Aufbauarbeiten in der Bundesrepublik. Stilistische Fragen traten hinter der Frage nach zweckentsprechender, funktionsgerechter Gestaltung und Ausstattung immer mehr zurück. Der Volksgarten und Volkspark von einst wurde mit dem Aufkommen des Breitensportes, der Leichtathletik und anderer, unterschiedlicher Erholungs- und Freizeitbedürfnisse gewissermaßen in differenzierte Spezialeinrichtungen aufgetrennt. Das Ziel nach Durchgrünung und Verteilung von Grünflächen zu den entsprechenden Einzugsgebieten innerhalb der Städte förderte die Auflösung kompakter, großer Parkkomplexe in eine mehr netzartige Struktur, die sich aus vielen, verschiedenen Arten von Grünanlagen zusammenfügte. Neben die schon erwähnten Parkanlagen allgemeiner Art, Stadtplätze, Kleingärten, Friedhöfe, traten Sporteinrichtungen (Rasensport, Fußball, Leichtathletik, Tennis u. a.), Freibäder, Kinderspielplätze, Grünzüge, Wanderwege, Straßen- und Wohngrün, jeweils immer mit zahlreichen speziellen Einrichtungen und Elementen.

Diese unterschiedlichen Grünbereiche wurden bald schon von konkurrierenden Gruppen gefordert und beansprucht. Ihre Anlage setzte Spezialkenntnisse voraus. Grün in Form von Baum, Strauch und Rasen blieb oft nur das einzige, verbindende Element dieser ganz verschiedenartigen Anlagen. Der Planung des einzelnen Objektes mußte eine großräumige Vorplanung vorausgehen. Der Grünplaner einer Stadt wurde schließlich zum Koordinator von Interessen und

Grün als öffentlicher Auftrag im 20. Jahrhundert   177

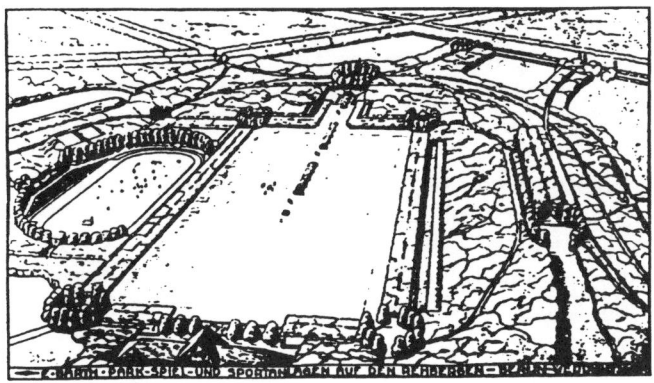

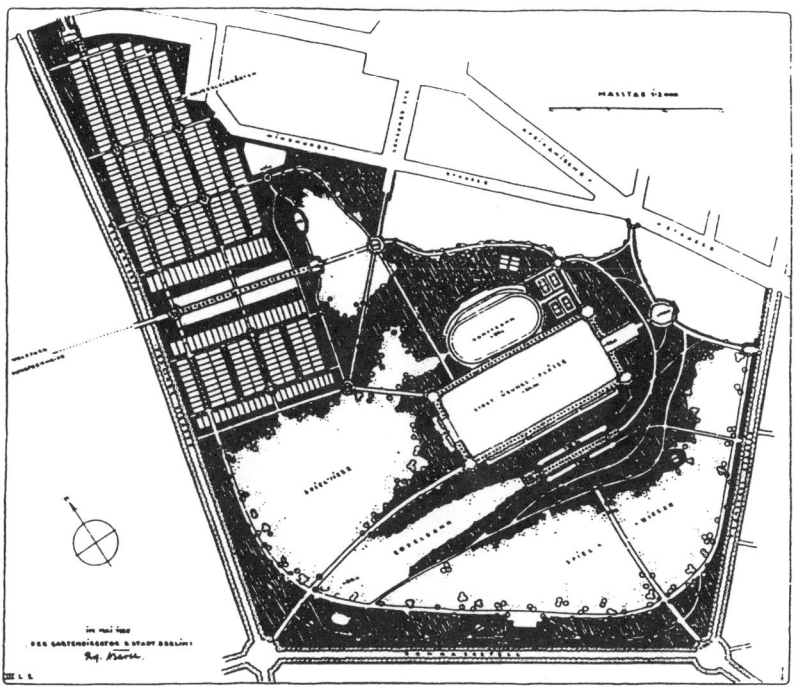

Abb. 83 Erwin Barth: Volkspark Rehberge, Berlin 1926–29
Oben: Vogelperspektive
Unten: Im Zentrum Kampfbahn, Spielfelder, Tennisplätze
Oben links: Kleingärten
Unterer Bereich: Spielwiesen und Rodelbahn

Bedürfnissen. Seine Tätigkeit wurde immer enger mit den Aufgaben der Gesamtstadtplanung verknüpft. Das »Garten- und Friedhofsamt«, wie die allgemein übliche Bezeichnung in den letzten Jahrzehnten lautete, erhielt immer mehr den Charakter eines »Grünflächenamtes«, das weit über Gärten und Parks hinaus auch die Betreuung von Waldgebieten und Landschaftsräumen als »Erholungslandschaften« im Weichbild der Stadt übernahm und Flächen für zukünftige Entwicklungen im voraus sicherstellte. Im Wirkungsbereich der Gartenämter zeichneten sich folgende Schwerpunkte ab:

Grünflächenplanung im Rahmen einer Bauleitplanung als großräumige Planung auf längere Sicht,

Planung und Ausbau einzelner Grünobjekte in Fortsetzung der traditionellen Aufgaben

sowie Pflege und Unterhaltung aller vorhandenen und neu entstandenen Grünanlagen.

Eingriffe in die Landschaft durch Verkehrsanlagen, Bau neuer Wasserstraßen, Maßnahmen bei der Flurbereinigung wie eine allgemeine Überbeanspruchung des landschaftlichen Freiraumes, die bis zu Zerstörungen führte, wiesen Fachleuten einen eigenen, besonderen Wirkungskreis zu, der allerdings schon fast immer im Rahmen der Garten- und Parkgestaltung mitgesehen wurde, in der Neuzeit aber erst infolge der Fülle und Schwierigkeit der Aufgaben als Sonderfachmann den »*Landschaftspfleger*« erforderlich machte.

Erklärungen zu den Bildtafeln

Tafel II

»Paradiesgärtlein« des oberrheinischen Meisters um 1420

Eine besinnliche Darstellung aus dem Madonnenleben. Maria sitzt in einem mauerumschlossenen Garten und liest in einem Buch. Ein Tisch mit Obst und einem Becher steht zu ihrer Linken. Ein junges Mädchen beschäftigt das Christuskind mit einer Zither, ein anderes schöpft Wasser aus einem Brunnentrog, ein drittes pflückt Früchte von einem Baum. Rechts unterhalten sich zwei Ritter mit einem Engel. Alles geschieht ohne Hast in der Ruhe einer Mußestunde. Im Hintergrund eine durch Bretter gestützte Blumenbank mit Levkojen, Goldlack, Schwertlinien und Malven.
Die Fläche, auf der die Figuren gruppiert sind, ist mit Wiesen- und Waldblumen bedeckt. Man erkennt Maiglöckchen, Gänseblümchen, Akelei, Veilchen und Walderdbeeren.
Das Bild vermittelt einen Eindruck von der Ungezwungenheit, mit der sich die Menschen der Ritter- und Burgenzeit in ihren Gärten bewegten. Darüber hinaus ist die Darstellung voller christlicher Symbolgehalte. Die verschiedenen Pflanzenarten bedeuten Symbolpflanzen der Maria. Bei den Frauengestalten handelt es sich um Heilige der Kirchengeschichte. Der Engel verkörpert den Erzengel Michael, der am Boden sitzende Ritter ist der Hl. Georg, der Drachentöter, und ein kleiner, getöteter Drache liegt auf dem Rücken neben ihm.
Der intime Reiz der Szene wird durch die aus der Zeitentwicklung her verständliche, noch ungelenke perspektivische Darstellung eher noch erhöht.

Tafel III

»Liebesgarten mit Schachspielern«
Kupferstich von 1446
Die Darstellung zeigt eine Burggesellschaft in einer charakteristischen Situation bei Spiel und Unterhaltung im Freien. Der kleine Gartenanger ist seitlich mit einer Holzbarriere eingefriedigt. Im Vordergrund fließt ein Bach vorbei. Im Hintergrund ist eine Rasenbank erkennbar, die von zwei Bäumen flankiert wird. Die drei Paare sind ganz unabhängig voneinander eng mit sich selbst beschäftigt.

Tafel IV

»Soest in der zweiten Hälfte des 16. Jahrhunderts«
Stich von Braun-Hogenberg
Der mittelalterliche Mauerring umschloß die engbebaute Stadt, in der kaum Bäume in Erscheinung traten. Außerhalb der Mauern reihten sich eingefriedigte Gärten aneinander mit hohen Eingangspforten und Gartenhäuschen.

Tafel VII

»Garten des Bürgermeisters Schwindt in Frankfurt«
Stich von Matthäus Merian 1641
Der Hof des Patrizierhauses war durch ein hohes, durchbrochenes und von Grün überzogenes Lattenwerk vom Ziergarten getrennt. Als erster Gartenteil folgte ein geometrisches Parterre aus Buchs, das mit Kübelpflanzen auf Bänken umgeben war. Dahinter flankierten einen breiten Mittelweg Statuen von Merkur und Herkules. Am Ende erstreckte sich als dritter Teil hinter zwei ebenfalls flankierenden Obelisken nochmals ein Parterre. Seitlich vom zweiten und dritten Teil führten als Raumabgrenzung überdachte Laubengänge mit tor- und fensterartigen Öffnungen.

Tafel VIII

»Schloß und Garten Hellbrunn bei Salzburg«
Nach einem Stich von Merian 1644
Als »Villa Suburbana« nach italienischem Vorbild vom Salzburger Erzbischof Markus Sittich in der Zeit von 1613–1619 erbaut, gliederte sich die Anlage in drei Teile:
Die lange von Bauwerken und Mauern eingeengte Zufahrt öffnete sich auf den Ehrenhof vorm Schloß und bildete eine Achse, die durch die Mitte des Gebäudes weiterführte und in einer Perseusgruppe gegenüber der Schloßrückseite endete. Vom Betrachter aus schlossen sich nach rechts ein Fasanen- sowie ein Bassingarten an.
Ein zweiter Gartenteil, ein Lust- und Ziergarten, lag nach links im Winkel von 30°. Schmale Stege führten hier auf eine zentral gelegene Blumeninsel, die von Wasserbecken umgeben war. Der dritte, größte Teil umfaßte ein ausgedehntes Tiergehege in freier Gestaltung, das rings von einer Mauer eingefaßt wurde. Inmitten des Geheges befand sich neben kleinen Kapellen und Einsiedeleien auf der Höhe das Casino »Wald-Emss«, von wo man eine weite Aussicht hatte.

Tafel XV

»Schloß und Garten Belvedere in Wien«
Stich von Salomon Kleiner 1731
Das länglich ansteigende Grundstück am Rande der Stadt war eingeschlossen von benachbarten Gärten in ähnlichem Zuschnitt, die etwa gleichzeitig entstanden. (Rechts der Garten des Grafen Mansfeld-Fondi, der 1715 in den Besitz der Schwarzenbergs überging; links Gebäude und Gärten des Nonnenordens der Salesianerinnen.)
Belvedere entstand in der Zeit von 1693 bis 1730. Zunächst wurde das Wohnpalais im Vordergrund am Hangfuß erbaut. Als 1717 Girard für die Gartenanlage gewonnen wurde, wurde das Konzept umgestellt und ging von dem Hauptschloß auf der Höhe mit vorgelagertem Parterre aus. Es diente der Repräsentation und Festveranstaltungen. Nach dem Tode des Prinzen Eugen 1736 ging die Schloßanlage in kaiserlichen Besitz über.

Tafel XVI

»Heemstede, Provinz Nordholland«
Radierung von D. Stoopendahl nach einer Zeichnung von J. Moucheron
In Holland kommt es erst nach 1670 zu bedeutenden und größeren Gartenanlagen, wie das Beispiel des Gartens in Heemstede zeigt, der in Nordholland wenige Kilometer südlich von Haarlem lag. Die für holländische Gärten charakteristischen Eigenarten traten dabei augenfällig in Erscheinung: Die Einordnung in das geometrische Grabensystem der ebenen Nutzlandschaft und eine klare, räumliche Anordnung wie Abgegrenztheit. Die Flachheit des gesamten Landschaftsraumes bot keine erhöhten Blickpunkte. Am Horizont erschien lediglich der weite Himmel.

Tafel XX

Plan von Sanssouci von P. J. Lenné 1836
Dieser Gesamtplan enthält mehrere als Einzelobjekte in vorangegangenen Jahren unter Mitwirkung von Lenné entstandene Gartenteile, wie den Eingangsbereich auf der rechten Bildseite, wo von einem Obelisken aus strahlenförmig Baumreihen in Richtung Eingangstor verliefen, ferner den umgestalteten Terrassenbereich unterhalb des Schlosses Friedrichs II.
Die lange Achse vom Eingang bis zum »Neuen Palais« aus der Zeit vor Lenné blieb erhalten.
Links unten im Bild befindet sich das Charlottenhofgelände, dem gegenüber oberhalb der Achse das Hopfenkrugquartier: Arbeiten Lennés aus den Jahren 1826 und 1827. Im Charlottenhof sind die architektonisch gestalteten Gartenteile auffallend, in denen sich eine Stilwende andeutete.
Gegenüber einem von Lenné 1816 vorgelegten Entwurf zeigt der Plan von 1836 bedeutende Geländeerweiterungen und ein Übergreifen in die Umgebung, das den fürstlichen Bedürfnissen entsprang, aber auch ganz im Sinne Lennés nach Ausweitung über die gesetzten Grenzen hinaus lag.

Tafel I 181

Blick in den Löwenhof der Alhambra
in Granada. Im Zentrum die von 12 Löwen
getragene Brunnenschale (Foto: E. Fink)
(siehe Seite 40)

182 Tafel II

»Paradiesgärtlein« des oberrheinischen Meisters um 1420
(siehe Seite 42)

Tafel III 183

»Liebesgarten mit Schachspielern«
(siehe Seite 44)

184 Tafel IV

»Soest in der zweiten Hälfte des 16. Jahrhunderts«
(siehe Seite 45)

Tafel V 185

Villa d'Este in Tivoli. Wasserorgel (Foto: K.-D. Bendfeldt) (siehe Seite 57)

186　Tafel VI

Villandry. Parterre auf der Schloßterrasse. Dahinter auf der unteren Ebene Küchengarten in geometrischer Gliederung (Foto: K.-D. Bendfeldt) (siehe Seite 63)

»Garten des Bürgermeisters Schwindt in Frankfurt«
(siehe Seite 74)

Tafel VIII

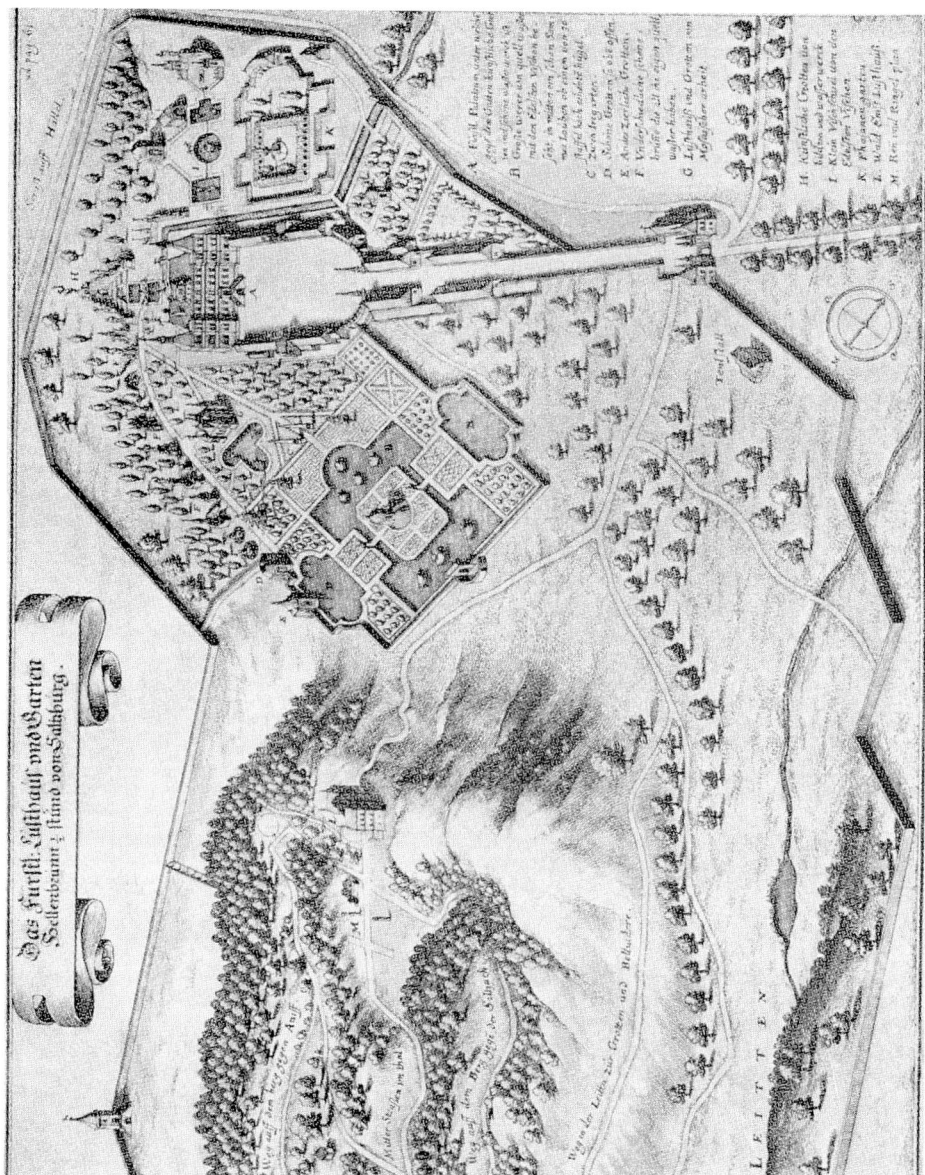

»Schloß und Garten Hellbrunn bei Salzburg«
(siehe Seite 76)

Tafel IX 189

Japanischer Trockengarten, nur geharkte Kiesfläche, einzelne aufrechte und gelagerte Steine nach einem genau festgelegten Prinzip (Foto: E. Fink)
(siehe Seite 86)

Japanisches Gartenmotiv. Zueinander gelagerte und gestaffelte Steine in flaches Moos gebettet (Foto: E. Fink) (siehe Seite 86)

Tafel XI   191

Flaches Gewässer in einem japanischen Garten,
am Ufer Kieselsteine, eine Laterne als Akzent,
sparsame Bepflanzung. Im Hintergrund großer
aufrechter Stein im Wasser und Ufereinfassung mit
großen lagernden Steinen (Foto: E. Fink) (siehe Seite 87)

Vaux-le-Vicomte: Blick zurück auf das
Schloß vom Hang mit der Herkules-Statue.
Im Mittelgrund der Querkanal mit Grotte.
Danach das Broderie-Parterre vorm Schloß
(Foto: E. Fink) (siehe Seite 88, 89)

Versailles: Blick über den Latona-Brunnen auf den in der Ferne verlaufenden Kanal (Foto: E. Fink)
(siehe Seite 92)

Herrenhausen: Broderie-Parterre; oben rechts das Gartentheater; unten die vier quadratischen Wasserbecken (Foto: E. Fink) (siehe Seite 103)

Tafel XV

»Schloß und Garten Belvedere in Wien«
(siehe Seite 113)

196 Tafel XVI

»Heemstede, Provinz Nordholland«
(siehe Seite 104, 115)

Das chinesische Teehaus im Park Sanssouci (1754/57) mit vergoldeten Figuren. Ein Beispiel der im Rokoko weit verbreiteten Chinamode (Foto: E. Fink) (siehe Seite 126)

Landschaftsgarten Wörlitzer Park: Schloß hinter der großen Wiese (Foto: E. Fink) (siehe Seite 140)

Branitz: Blick über Wassergraben und durch Baumkulissen. Fürst Pücklers Werk und Alterssitz (Foto: K.-D. Bendfeldt) (siehe Seite 155)

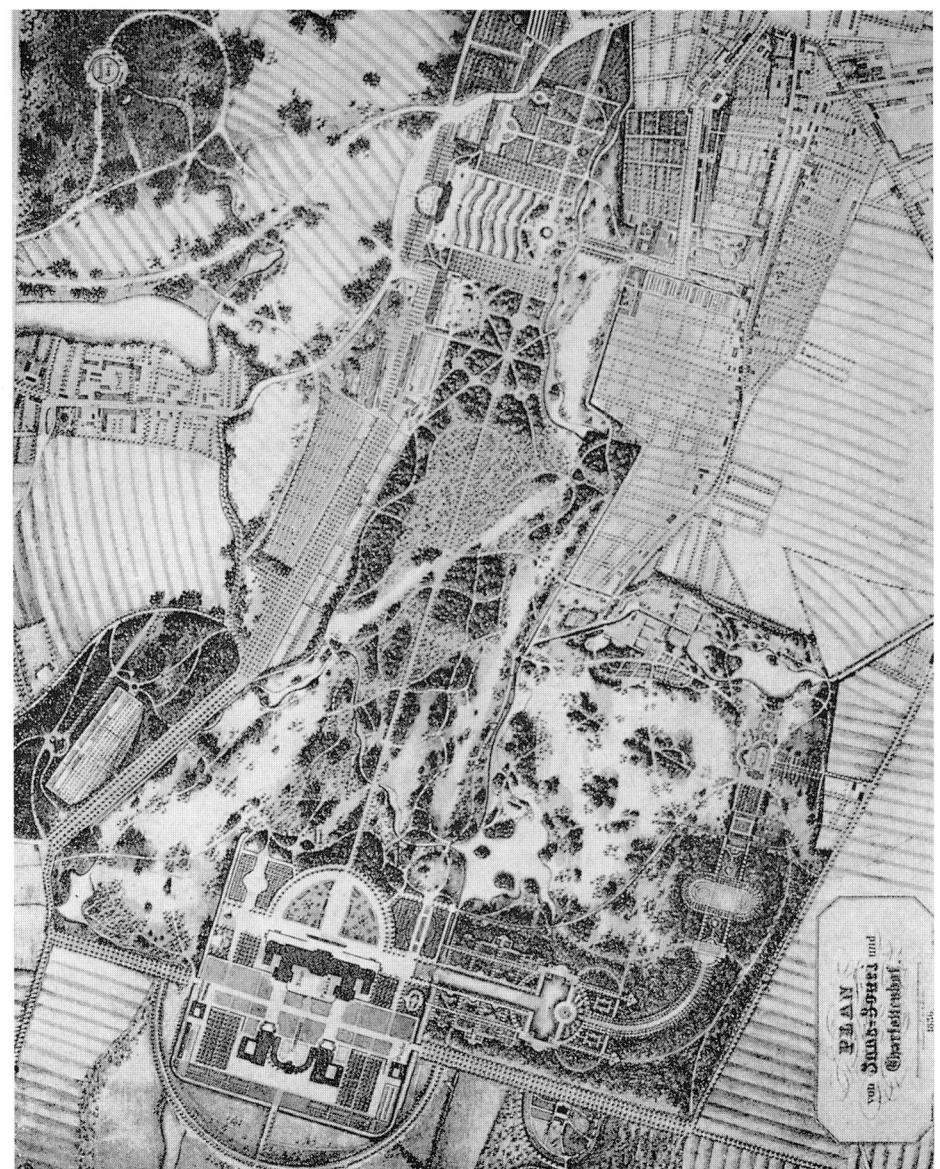

Plan von Sanssouci von
P. J. Lenné 1836
(siehe Seite 156)

Literaturverzeichnis

Agnelli, Marella u. a.: Italienische Gärten und Villen: verzauberte Welten. Herford 1988. Busse & Seewald.
Alex, Reinhard: Schlösser und Gärten um Wörlitz. Leipzig 1990. E. A. Seemann. 2. Aufl.
Allinger, Gustav: Das Hohelied von Gartenkunst und Gartenbau. Berlin 1963.
–,–: Der Deutsche Garten. München 1950.
D'Argenville, A. J. D.: La Theorie et la Pratique du jardinage. Paris 1760.
Bachmann, Erich: Eremitage bei Bayreuth 1957.
–,–: Schönbusch. München 1954.
Bauer, Christian: Der Würzburger Hofgarten. Würzburg 1961.
Bernatzky Aloys: Von der mittelalterlichen Stadtbefestigung zu den Wallgrünflächen von heute. Berlin-Hannover 1960.
Berral, Julia S.: Die schönsten Gärten. Düsseldorf 1969.
Beuchert, Marianne: Die Gärten Chinas. Köln 1983. Diederichs.
Bie, Madeleine: Die Schlösser der Loire. Bonn 1959.
Bongers, Aurel: Pompeji, Leben und Kunst in den Vesuvstädten. Katalog. Essen 1973.
Brandes, Gustav: Gärten einer alten Hansestadt. Bremen 1929.
Brinckmann, A. E.: Schöne Gärten/Villen und Schlösser. München 1925.
Brion, Marcel: Pompeji und Herkulanum. Köln 1961.
Buttlar, Adrian von: Der Landschaftsgarten. Köln 1989. DuMont.
Carroll-Spiellecke, Maureen: Der antike griechische Garten. Bd. 3: Wohnen in der klassischen Polis. München 1989. Dt. Kunstverlag.
Clarke, Ethne u. a.: Toskanische Gärten. Hildesheim 1991. Gerstenberg.
Clifford, Derek: Gartenkunst. München 1966.
Coats, Peter: Berühmte Gärten. Frankfurt 1963.
Dänhardt, Artur: Der Zwinger. Leipzig 1963.
Däumel, Gerd: Gustav Vorherr und die Landesverschönerung in Bayern. Stuttgart 1962.
Dohna, Ursula Gräfin zu u. a.: Private Gartenkunst in Deutschland. Herford 1986. Busse & Seewald.
Engelhardt, Walter Frhr. von: Kultur und Natur in der Gartenkunst. Stuttgart 1910.
Freeden, M. H. von: Die Weikersheimer Orangerie und ihr Meister Christian Lüttich. Schwäbisch-Hall 1948.
Friedell, Egon: Kulturgeschichte der Neuzeit. München 1931.
–,–: Kulturgeschichte Griechenlands. München 1949.
Garten + Landschaft: Zeitschr. H. 9/93.103 Jg. S. 13 ff.
Giersberg, Hans-Joachim: Schlösser und Gärten in Potsdam. Berlin 1990. Beuermann.
Gothein, Marie Luise: Geschichte der Gartenkunst. Bd. 1 u. 2. Jena 1926.
Grote, Ludwig: Deutsche Gärten des 18. Jahrhunderts. Stuttgart 1946.
Grzimek, Günther: Demokratisches Grün – Vom Schloßpark zum Volkspark – Zur Erholungslandschaft. München 1973.
Hallbaum, Franz: Der Landschaftsgarten. München 1927.
Hammerschmidt, Vallentin u. a.: Die Entdeckung der Landschaft. Englische Gärten des 18. Jahrhunderts. Stuttgart 1990. Deutsche Verlagsanstalt.
Hansmann, Wilfried: Gartenkunst der Renaissance und des Barock. Köln 1983. DuMont.
Heilmann, My: Florenz und die Medici. Köln 1968.
Hennebo, Dieter: Betrachtungen zur altägyptischen Gartenkunst. Berlin 1955.
–,–: Geschichte des Stadtgrüns. Hannover 1970.
Hennebo, Dieter u. a.: Geschichte der Deutschen Gartenkunst. Bd. 1, 2 und 3.
Hinz, Gerhard: Peter Joseph Lenné und seine bedeutendsten Schöpfungen in Berlin und Potsdam. Berlin 1937.
Hirschfeld, C. L.: Theorie der Gartenkunst, Kiel 1779/Stuttgart
Hofstätter-Pixa: Weltgeschichte. Baden-Baden 1967. Holle.
Keller, Herbert: Harry Maaß. Das Gartenamt 10/1972.

–,–: Grünplanung im Kleingartenbereich. Studienheft 36, Städtebauinstitut Nürnberg 1970.
–,–: Die Entwicklung des öffentlichen Grüns in der Freien Hansestadt Bremen. Diss. 1958.
Kemp, Gerald van der: Versailles. Versailles 1963.
Kinder/Hilgemann: Realienbuch zur Weltgeschichte. München 1970.
Kirsten-Kraiker: Griechenlandkunde. Heidelberg 1962.
Klausch, Helmut: Beiträge Alfred Lichtwarks zu einer neuen Gartenkunst in seiner Zeit. Hannover 1971. Diss.
Koch, Wilfried: Baustilkunde. München 1991.
Lenné, Peter Joseph: Volkspark in Arkadien. Berlin 1989. Katalog.
Lichtwark, Alfred: Park- und Gartenstudien. Berlin 1909.
Lowe, Alfonso: Spaniens Süden. 2. Aufl. München 1975.
MacKay, Alexander G.: Römische Häuser und Paläste. Feldmeilen u. a. 1980. Raggi-Verlag u. a.
Mader, Günter u. a.: Der architektonische Garten in England. Stuttgart 1992. Dt. Verlagsanstalt.
–,–: Italienische Gärten. Stuttgart 1987. Dt. Verlagsanstalt.
Masson, Georgina: Italienische Gärten. München 1962.
Melas, Evi: Tempel und Stätten der Götter Griechenlands. Köln 1970.
Messerschmidt, Hermann: Wilhelmshöhe. Münster/Westf. 1964.
Muthesius, Hermann: Landhaus und Garten. München 1907.
Nitschke, Günter: Gartenarchitektur in Japan. Köln 1991. Taschen Verl.
Oehmichen, Friedrich: Ein Park – Beginn der modernen amerikanischen Stadtplanung. Garten und Landschaft 12/1973.
Piltz, Georg: Schlösser und Gärten. Leipzig 1964.
Pückler-Muskau, Fürst von: Aus den Briefen eines Verstorbenen. Neuausgabe, Stuttgart 1958.
Rave, P. O.: Gärten der Barockzeit. Stuttgart 1951.
Reichow, Hans: Alte bürgerliche Gartenkunst. Berlin 1927.
Reinhard, Alex u. a.: Schlösser und Gärten um Wörlitz. Leipzig 1990. E. A. Seemann. 2. Aufl.
Reisinger, Claus: Der Schloßgarten zu Schwetzingen. Worms 1987. Werners.
René, Jaques: Schösser an der Loire. München 1959.
Schaarschmidt-Richter, Irmtraud: Der Japanische Garten. Würzburg 1980. Popp. 2. Aufl.
Schneider, Camillo Karl: Deutsche Gartengestaltung und Kunst. Leipzig 1904.
Schultze-Naumburg, Paul: Die Gestaltung der Landschaft durch den Menschen. 2. Teil. München 1916. Callwey.
Sckell, Friedrich Ludwig von: Beiträge zur bildenden Gartenkunst. 2. Aufl. München 1825.
Seifert, Alwin: Italienische Gärten. München 1950.
Shepherd und Jellicoe: Italienische Gärten der Renaissance. London 1953.
Sitte, Camillo: Der Städtebau nach seinen künstlerischen Grundsätzen. Wien 1901.
Stoffler, Hans-Dieter: Der Hortulus des Walahfrid Strabo. Sigmaringen 1978. Thorbecke.
Valentien, Otto: Der Friedhof. München 1953.
Weber, Hans-Jürgen: Skript – Historische Grundlagen Geschichte der Gartenkunst –.
Wimmer, Clemens Alexander: Geschichte der Gartentheorie.

Autoren der Farbbilder:
Landschaftsarchitekt Klaus-Dieter Bendfeldt, Eschenkamp 23, 24119 Kiel-Kronshagen. (Tafel V, VI, XIX)
Professor Eberhard Fink, Luisenstr. 6, 13505 Berlin. (Tafel I, XVII, XVIII, IX–XIV)

Verzeichnis der Fachausdrücke

äg.= ägyptisch
dt.= deutsch
eng.= englisch
fr.= französisch

gr.= griechisch
it. = italienisch
lat. = lateinisch
sp. = spanisch

additiv (lat.)	aneinandergereiht
aetas aurea (lat.)	Goldenes Zeitalter
A-ha	auch »Haha«, Ausruf der Überraschung, angewandt auf eine unsichtbare Abgrenzung in der Epoche des Landschaftsgartens
Allée (fr.)	langer, von Baumreihen gesäumter Weg, meist in gerader Linienführung
ambiente (it.)	Umgebung
ambulacrum (lat.)	von Bäumen gesäumter Weg, Wandelgang
ambulatio (lat.)	Spazierweg
aquarius (lat.)	Brunnenfachmann
Arabeske (gr.-lat.)	stilisiertes Pflanzenornament
arboretum (lat.)	Gehölzgarten als Sammlung und zu Studienzwecken
architettura (it.)	Architektur
atrium (lat.)	Eingangshalle eines römischen Wohnhauses mit rechteckiger Öffnung im Dach und Wasserbecken (impluvium) darunter
Balustrade (lat.)	Brüstung aus kleinen Säulen als Geländerstützen
Barock	barocker Stil, etwa 1600 bis 1775, von portugiesisch »barocco« = schiefrund
belt (eng.)	Gehölzgürtel mit Weg an der Peripherie des Landschaftsgartens
belvedere (it.)	schöne Aussicht
berceau (fr.)	bogenartiges Spalierwerk zur Wegeüberdeckung, Laubengang
berso (it.)	
bosquet (fr.)	regelmäßige Baumpflanzung zur Begrenzung der Gärten
bosco (it.)	
bowling-green (eng.)	ursprünglich Rasen zum Kugelspiel, dann im Landschaftsgarten gepflegte Rasenfläche im Bereich der Gebäude (auch boulingrin)
broderie (fr.)	Ornamentmuster für Barockparterre aus beschnittenem Zwergbuchs und farbigen Kiesen, ursprünglich Stickmuster
buen retiro (sp.)	Zufluchtsort (wörtlich »gute Zuflucht«), Bezeichnung für Nebenbauten im Barockpark
casa colonica (it.)	Bauernhof
casa del padrone (it.)	Herrenhaus
casa di villa (it.)	Herrenhaus
casa padronale (it.)	Herrenhaus
castello (it.)	Burg, fester Herrensitz
castle (eng.)	Burg, Schloß
chadouf (äg.)	Ziehbrunnen
chateau (fr.)	Burg, Schloß
cinquecento (it.)	16. Jahrhundert
clumps (eng.)	geschlossene Gehölzgruppen in weiten Rasenflächen (Landschaftsgarten)
compartiment de broderie (fr.)	großes, einheitlich gestaltetes Parterre im Gegensatz und als Fortentwicklung des frühen, französischen Parterres
compluvium (lat.)	Öffnung im Dach des Atriums

cotile (it.)	Ehrenhof, auch Wirtschaftshof
cour d'honneur (fr.)	Ehrenhof beim Barockschloß zwischen den drei Gebäudeflügeln
croix de S. André (fr.)	Wegegabelung wie ein X-förmiges Andreaskreuz
cryptoporticus (lat.)	überdachte Wandelhalle
diaeta (lat.)	Gartenhäuschen
Eremitage (fr.)	»Einsiedelei« als Gartenpavillon im spätbarocken Park
étoile (fr.)	wörtl. Stern, sternförmig von einem Punkt auseinandergehende Wege
euripus (lat.)	Ziergewässer, Wassergraben
exedra (gr.-lat.)	Anbau; bei den Römern Halle oder Raum mit Sitzgelegenheiten, meist zum Peristyl geöffnet
fattore (it.)	Gutsverwalter, Aufseher
fattoria (it.)	Wirtschaftstrakt der ital. Villa
fayence (fr.)	gebrannte Tonwaren
fontainizer (fr.)	Fontänenbauer
fontana (it.)	Brunnen, Wasserkunst
Formalismus (lat.)	leere Übertreibung des Formalen
Fresko (it.)	Wandmalerei
giardino segreto (it.)	kleiner, eingehegter Garten, nahe seitlich vom Gebäude in der Renaissance
glorieta (sp.)	Gartenlaube aus beschnittenen Gehölzen (meist Zypressen)
Gotik	Gotischer Stil/Frankreich etwa 1150–1480, Deutschland etwa 1235–1530
grand parc (fr.)	äußerer Parkbereich im Barock, meist waldartiger Teil mit Diagonalschneisen und Kanälen
grotta (it.) Grotte (dt.)	künstlich angelegte Höhlen mit grotesker Ausstattung
Grottierer (dt.)	Grottenbauer
herme (gr.-lat.)	Büstenpfeiler, bei den Römern Säule mit einem Porträtkopf
hortus (lat.)	Garten
impluvium (lat.)	Wasserbecken im Atrium zum Auffangen des Regenwassers
insula (lat.)	Häuserviertel; städtebauliche Untergliederung in römischen Städten bzw. Wohngebieten
jardin (fr.)	Garten
Karolingische Kunst	Kunst im Frankenreich Karls des Großen, 8.–10. Jahrhundert
Kaskade (dt.)	Wassertreppe (it. cascata)
Keramik (dt.)	allgemeine Bezeichnung für Tonerzeugnisse (Fayence, Porzellan, Terrakotta)
Klassizismus	Kunstrichtung mit Rückgriff auf die antike Kunst im 18./19. Jahrhundert
Komposition	sinnvolle Zusammenstellung von Massen und Flächen
lawn (eng.)	Rasenplatz
leporarium (lat.)	Hasengehege, später überhaupt Tiergehege
Manierismus	Stilentwicklung zwischen Renaissance und Barock in übersteigerter Formgebung
Naumachia (lat.)	Wasserturniere (vor allem in der Renaissance und im Barock gebräuchlich)
Nymphaeum (lat.)	Pavillon mit Quelle oder Brunnen
oecus (lat.)	saalartige Zimmer in römischen Häusern
Oktogon (lat.)	im Grundriß achteckiger Bau

orangerie (fr.)	Orangerie, Winterhaus für mediterrane Kübelpflanzen (Orangen, Palmen etc.)
Ornament	Geformte Verzierung, flächenhaft oder bandartig
padrone (it.)	Gutsherr, Patron
palaestra (gr.)	Ringerplatz, Ringerschule
palazzo (it.)	Palast, Stadthaus
parterre (fr.)	gemusterter Garten in ebener Lage (Muster aus geschnittenem Buchs, dazwischen Rasen oder farbige Kiesflächen)
parterre à l'anglaise (fr.)	Englisches Parterre, Rasenteppich Parterre
parterre de broderie (fr.)	Parterre aus Arabeskenformen
pavillon (fr.)	viereckiges kleines Gebäude, freistehend oder (am Barockschloß) mit dem Hauptbau verbunden
pergola (lat.-it.)	Säulengang mit aufgelegten Hölzern
peristyl (gr.-lat.)	offener, rechteckiger Gartenhof von einem überdachten Säulengang umgeben
petit parc (fr.)	innerer Parkbereich im Barock, Parterre und Boskets umfassend
piscina (lat.)	Badebassin in den Thermen, Fischteich
pleasureground (eng.)	wörtlich: Vergnügungspark; nach Pückler im Landschaftsgarten: Teil zwischen Gebäude und Park, der durch einzelne Elemente (plastischer Schmuck oder Blumenbeete) herausgehoben und geschmückt erscheint gegenüber dem natürlich gehaltenen Parkgelände
podere (it.)	Landbesitz, Landgut
point de vue (fr.)	Blickpunkt
polychrom (gr.)	mehrfarbig
Porticus (lat.)	von Säulen getragener Vorbau, meist vor der Fassade eines Gebäudes
Porzellan	Keramik aus Kaolinerde und Feldspat (ca. 1400 Grad Brenntemperatur)
prato (it.)	
Prado (sp.)	Rasenfläche für Spiele und Turniere
Prater (dt.)	
Porportion (lat.)	sinnvolles Verständnis von Teilen untereinander zum Ganzen
Quattrocento (it.)	das 15. Jahrhundert
rei rusticae scriptores (lat.)	antike Agrarschriftsteller
Renaissance (lat.-fr.)	Renaissance-Stil = Wiedergeburt der Kunst aus dem Geist der Antike; zwischen 1420 bis 1620
Rokoko	dekorativer Spätstil des Barock bis etwa 1780
Romanik (lat.)	Romanischer Stil, etwa 1000 bis 1250
Romantik (lat.-fr.)	Geistige Bewegung und Stilrichtung in der 1. Hälfte des 19. Jahrhunderts
ronds-points (fr.)	Knotenpunkt von Alleen als freier Platz
seicento (it.)	das 17. Jahrhundert
selvatico (it.)	waldartiges Dickicht, das als Tier- oder Jagdgehege dient
shrubbery (eng.)	dicht gepflanztes Buschwerk (im Landschaftsgarten)
solarium (lat.)	Dachlose Terrasse beim Hause (Sonnenterrasse)
special garden (eng.)	Sondergarten wie it. »giardino segreto«
Staffage (fr.-dt.)	Ausstattungselemente (Pavillons, Pergolen, Ruinen im Landschaftsgarten)
Substruktion (lat.)	untergebautes Stützwerk
tablinum (lat.)	Raum in der Achse des römischen Wohnhauses, zum Atrium wie zum Peristyl hin geöffnet; zur Abwicklung der beruflichen Geschäfte des Hausherren
tapis vert (fr.)	wörtlich: grüner Teppich; langes rechteckiges Rasenstück
Terrakotta (lat.-it.)	unglasierte, gebrannte Tonerde
Terrasse (lat.-fr.)	Geländestufe, Plattform, Austritt vor einem Gebäude

thermae (lat.)	öffentliche Badeanstalt im alten Rom
topiarius (lat.)	Kunstgärtner
Trecento (it.)	das 14. Jahrhundert
treillage (fr.)	Gitterwerk, Flechtwerk als Wegeeinfassung
triclinum (lat.)	Platz zum Speisen, Speiseraum im römischen Haus
Undulierende Linie	Wellenlinie; als »monumentale Schönheitslinie in ständig wechselnden Wellenbewegungen ohne alles Eckige« in England um 1750 zum Inbegriff geworden
vestibulum (lat.)	Eingangshalle beim römischen Haus
villa rustica (lat.)	Landgut
villa suburbana (lat.)	Stadtvilla
villa urbana (lat.)	Landvilla, Herrensitz
villicus (lat.)	Gutsverwalter
viridarium (lat.)	Ziergarten in Form eines Peristyls
xystos (gr.)	Säulenhalle für Spiele bei schlechtem Wetter
xystus (lat.)	Gartenterrasse an drei Seiten von Kolonnaden umgeben

Zeittafeln

(Hinweise auf kulturgeschichtliche Ereignisse, auf Kunstgeschichte, Baukunst und Gartenkunst in Kursivschrift)

3000–100 v. Chr.

Ägypten:

2850–2190	Altes Reich (1.–8. Dynastie) – Pyramidenzeit
2190–2052	1. Zwischenzeit (9.–10. Dynastie)
2052–1778	Mittleres Reich (11. u. 12. Dynastie)
1778–1610	2. Zwischenzeit (13.–16. Dynastie)
1610– 715	Neues Reich (17.–24. Dynastie)
	1530–1408 Thutmoiden
	Totentempel der Königin Hatschepsut (1520–1484) in Deir-el-Bahri. Expedition in das Land Punt in Mittelafrika
	1372–1358 Amarnaepisode: Amenophis IV. gen. Echnaton
	1314–1085 Ramessiden
715– 332	Spätzeit (25.–30. Dynastie)
332– 305	Griechische Herrschaft (Alexander d. Gr.)
305– 30	Zeit der Ptolomäer
	51–30 Kleopatra

Kleinasien/Mesopotamien/Syrien/Palästina/Persien:

5000–2500	Sumerer bilden erste Hochkulturen. Sie bleiben für spätere Völker richtungsweisend
2500–2150	Sumerisch-Akkadische Zeit. Akkader schaffen ein einheitliches Reich nach Zerbrechen der sumerischen Herrschaft
2070–1955	Neusumerische Zeit. Aufblühen der sumerischen Kultur nach Überwindung des Einfalles der Gutäer. Gilgamesch Epos. Ende der sumerischen Zeit nach Einfall der Elamiter und Amoriter
1830–1583	1. Dynastie von Babylon
	1728–1686 Hammurabi
	Babylon wird zur großartigen Herrscherredidenz ausgebaut
1200– 900	Vorzeit zu den Großreichen: Kleinfürstentümer
	1112–1074 Tiglatpilesar I. – *Anlage von Jagdparks*
883– 612	Assyrisches Großreich
	883–859 Assurnasirpal II. unterwirft die Phöniker und gründet das assyrische Reich
	721–705 Sargon II. – *Erste Abbildungen assyrischer Jagdparks*
	704–681 Sanherib baut einen Palast bei Ninive und das Festhaus des Gottes Assur
	814 Phöniker entwickeln sich zur ersten Seemacht und gründen Karthago
626– 539	Neubabylonisches Reich
	Meder verbinden sich mit den Babyloniern gegen Assyrien
	614 Zerstörung von Assur
	612 Zerstörung von Ninive
	605–562 Nebukadnezar II. erbaut den Palast von Babylon mit Terrassengärten (»Hängende Gärten«)
	587 Zerstörung von Jerusalem – Babylonische Gefangenschaft

559– 330   Persisches Großreich – Danach griechische Herrschaft
    559–529   Kyros II. erobert das medische Reich und unterwirft die griechischen Städte in Kleinasien
    521–486   Dareios I., Schöpfer des persischen Weltreiches

Antike Schriftsteller als Quellen für die vorderasiatische Gartenkultur:

Herodot von Halikarnassos, 484–420, »Vater der Geschichtsschreibung« – Historische Schilderungen der Kriege zwischen Griechen und Persern – Berichte über persische Grabhaine
Xenophon, 434–355, im Dienste des Perserkönigs Kyros – »Anabasis« und »Kyropädie«, Feldzug des griechischen Söldnerheeres und Biographie des Kyros
Diodorus sizilius, letztes Jahrhundert v. Chr., Verfasser der »Historischen Bibliothek« und Berichte über »Hängende Gärten« des Nebukadnezar II.
Strabo, 63 v. – 20 n. Chr., geographische Beschreibungen u. a. auch der »Hängenden Gärten« des Nebukadnezar II.
Plutarch, 46–125 n. Chr., Berichte von Baumparks zur Zeit des Artaxerxes, Persischer Großkönig

Griechenland/Griechische Inseln/Kreta:

2800–2000   *Frühminoische Kultur auf Kreta*
2000   Einwanderung indoeuropäischer Völker auf die Balkanhalbinsel. *Entstehung der mykenischen und minoischen Kultur*
1800   Könige von Knossos beherrschen ganz Kreta – Seeherrschaft und ausgedehnter Handel – *Palastbauten auf Kreta, darunter Knossos und Phaistos (Minoischer Stil) –*
    1800-1500   *Kretische Freskenmalerei*
1700   *Palastbauten in Mykene und Tiryns*
1600–1400   Mykene reißt die Seeherrschaft an sich – Höhepunkt der mykenischen Burgherrenmacht
1570–1500   *Mykenische Schachtgräber*
1400–1300   *Löwentor und Schatzhaus des Atreus in Mykene*
1200   Zusammenbruch der mykenischen Welt – Zerstörung Trojas – Invasion der Dorer in Griechenland
1200– 900   Das »Dunkle Zeitalter« – Ionischer Städtebund in Kleinasien
900   Gründung Spartas
900– 800   Dorer gründen Korinth – Griechen besiedeln die Küsten des westlichen Mittelmeeres
850– 700   *Geometrischer Stil – Kleine Bronze- und Terrakottafiguren*
776   *Erste Olympische Spiele*
700– 600   *Entwicklung der dorischen Säulenordnung*
750– 500   Kolonialzüge – Gründung von Siedlungen an den Küsten des Mittelmeeres und Schwarzen Meeres
683   Das Archonat ersetzt das Königtum
600– 500   *Archaische Epoche*
600   *Heratempel in Olympia*
594   Solons Reformen in Athen
500– 479   Perserkriege
    490   Schlacht bei Marathon, Sieg des athenischen Landheeres über die Perser
    480   Seesieg bei Salamis der Griechen über die Perser
479– 432   Athenisches Reich
443– 429   Perikles Herrscher in Athen
5. und 4. Jahrhundert Klassische Kunst
    470   *Zeustempel in Olympia*
    450   *Hephaistostempel in Athen*
    447– 432   *Parthenontempel auf der Akropolis von Athen*
    437– 432   *Propyläen auf der Akropolis von Athen*
    407   *Erechtheion auf der Akropolis von Athen*
431– 404   Peloponnesischer Krieg
399   *Tod des Sokrates*
387   *Plato begründet die Akademie in Athen*
3. und 2. Jahrhundert Hellenistische Epoche
    350   *Mausoleum in Halikarnassos – Theater in Epidauros – Plan der Stadt Priene in Kleinasien*

338	Philipp von Makedonien erringt Seesieg bei Chäronäa und damit Herrschaft über Griechenland
356– 323	Alexander der Große
	333 Schlacht bei Issus, Sieg Alexanders des Großen über die Perser
325	*Dianatempel in Ephesus*
190	*Nike von Samothrake – 180 Großer Zeusaltar in Pergamon –*
170	*Korinthischer Zeustempel in Athen*
150	Griechenland wird römische Provinz
	120 Beginn der Serienanfertigungen von Kopien griech. Plastiken – 100 Venus von Milo – 90 Laokoon Gruppe

Antike Schriftsteller als Quellen für die griechische Gartenkultur:

Homer, 8. Jahrhundert, »Ilias« und »Odyssee« – Beschreibungen von Gärten in mykenischer Zeit
Pindar, 522–448, griechischer Lyriker – Dorische Dichtung
Herodot von Halikarnassos, 484–420, »Vater der Geschichtsschreibung«
Aristophanes, 450–385, griechischer Komödiendichter
Theophrast, 372–287, »Geschichte der Pflanzenwelt«, eine Beschreibung der heimischen Pflanzenwelt, 10 Bände
Vitruv, 88–26, römischer Architekt – »De Architectura« mit Beschreibung der griechischen Gymnasien und Stadien
Strabo, 63 v. – 20 n. Chr., griechischer Geograph – Werke über Griechenland u. a.
Plinius der Ältere, 23–79 n. Chr., römischer Gelehrter – »Naturalis Historica« (Naturgeschichte)
Dioscurides, 1. Jahrhundert n. Chr., griechischer Arzt und Botaniker, Pharmakologe des Altertums – »De Materia medica«, Pflanzenbeschreibung von 400 Pflanzen
Plutarch, 46–125 n. Chr., griechischer Schriftsteller, Lebensbeschreibungen berühmter Zeitgenossen
Pausanias, 2. Jahrhundert n. Chr., griechischer Schriftsteller – Verfasser eines »Reiseführers« durch Griechenland mit Beschreibungen aller berühmten Bauwerke

Italien:

Um 1000	*Beginn der Eisenzeit – Villanova Kultur*
Ab 900	Einwanderung der Etrusker
750– 550	Gründung griechischer Kolonien in Unteritalien
	734 Syrakus
	708 Tarent
750– 474	Ausdehnung der ertusk. Herrschaft über Italien
	474 Seeschlacht von Cumae und Niederlage der etruskischen Macht
753	Gründung Roms
753– 510	Herrschaft der sieben Könige von Rom
450	Zwölftafelgesetz
387	Niederlage der Römer an der Allia gegen die Kelten und Zerstörung Roms
	380 Wiederaufbau Roms – Starke Ummauerung um die sieben Hügel
367	Zulassung der Plebejer zum Konsulat
343– 290	Samniterkriege
264– 146	Punische Kriege
	Römische Vorherrschaft in der Mittelmeerwelt
133– 30	Bürgerkriege – Reformbewegung der Gracchen
133	Sieg der Cimbern und Teutonen über die Römer
102	Besiegung der Teutonen (Aquae Sextiae)
101	Besiegung der Cimbern (Vercellae)

Mittel- und Nordeuropa:

Ab 1700	*Bronzezeit*
Ab 800	*Eisenzeit – Hallstattkultur*
Ab 450	*Jüngere Eisenzeit – La-Tène-Kultur*
Um 400	Einfall der Kelten in Italien
Ende des 2. Jahrhunderts	Wanderung der Cimbern und Teutonen von Nord-Jütland u. Schleswig nach Südwesten – Sieg bei Noreia in Kärnten über die Römer
	101/102 Niederlagen gegen die Römer (Aquae Sextiae u. Vercellae)

100 v. Chr.– 500 n. Chr.

Römisches Reich:

- 88– 64 Mithridatischer Krieg
- 73– 71 Sklavenaufstand unter Spartacus
- 63– 62 Catilinarische Verschwörung
- 58– 51 Eroberung Galliens durch Caesar
- 49– 46 Bürgerkrieg
  - 44 Ermordung Caesars
  - *70–19 Vergil / 43–18 n. Chr. Ovid*
- 30 Ägypten wird römische Provinz
- 27– 14 n. Chr. Kaiser Augustus

n. Chr.:
- 69– 96 Flavisches Herrscherhaus
  - *70–80 Collosseum*
  - *79 Vesuvausbruch – Pompeji, Stabiae und Herculeneum verschüttet*
- 96– 192 Adoptivkaiser
  - *Römische Imperialkunst*
  - *113 Trajanssäule*
  - *121–127 Hadriansvilla in Tivoli*
  - *126 Pantheon*
- 235– 325 Soldatenkaiser
  - *212–217 Thermen des Caracalla*
  - *280 Erste Katakombenmalereien*
  - *298–306 Bäder des Diokletian*
  - *306–310 Maxentiusbasilika*
  - *303–311 Letzte Christenverfolgung unter Diokletian*
- 324– 337 Konstantin der Große
  - 325 Konzil von Nicaea – Christentum Staatsreligion
  - 326 Byzanz wird Hauptstadt (Konstantinopel)
- 395 Teilung in West- und Oströmisches Reich
- 410 Einnahme Roms durch Alarich
- 493– 553 Ostgotenreich in Italien

Schriftliche Quellen für die römische Gartenkultur:

Cato, 234–149 v. Chr., Staatsmann und Schriftsteller – »De re rustica«
Varro, 116–28 v. Chr., Feldherr, Gelehrter und Schriftsteller – Beschreibung der Agrarverhältnisse
Cicero, 106–43 v. Chr., Staatsmann, Jurist und Schriftsteller
Vitruv, 86–26 v. Chr., Architekt und Schriftsteller
Sallust, 87–35 v. Chr., Geschichtsschreiber
Vergil, 70–19 v. Chr., Dichter – Lehrgedichte über die Landwirtschaft, 4 Bände »Georgica«
Horaz, 65–18 v. Chr., Dichter des »Goldenen Zeitalters« – Vertreter der Augusteischen Klassik
Columella, 1. Jahrhundert n. Chr., landwirtschaftliche Schriften
Dioskurides, 1. Jahrhundert n. Chr., griechischer Arzt und Botaniker, Pharmakologe des Altertums
Plinius der Jüngere, 61–113 n. Chr., Staatsmann

500–1000 n. Chr.

Mönchtum:

- seit 370 Entfaltung des westlichen Mönchtums
- 480– 543 Benedikt von Nursia gründet Kloster Monte Cassino und schafft den Benediktinerorden
- 10./11. Jh. Cluniazensische Reformbewegung
- 1098 Gründung des Zisterzienserordens (Bernhard v. Clairvaux)
- 1120 Gründung des Prämonstratenserordens
- 1182–1226 Franz von Assisi – Franziskanerorden
- 1216 Gründung des Dominikanerordens

In dieser Zeit Klerikerschriften: Garten- und Pflanzenbeschreibungen

Italien:

520		*Grabmal Theoderichs des Großen*
568–	774	Langobardenreich in Italien
553		Italien oströmische Provinz
888–	962	Nationale Könige unter Deutschen Kaisern

Frankreich:

483– 741 Merowinger
732 Schlacht bei Tours und Poitier – Sieg über die Araber
        714–741   Karl Martell
741– 911 Reich der Karolinger
        768–814   Karl der Große
843 Teilung des Reiches

Westfrankenreich:

843– 987 Französische Karolinger – Normanneneinfälle

Ostfrankenreich:

843– 911 Ostfrankenreich
        843–876   Ludwig der Deutsche
ab 919 Die Sächsischen Kaiser
        936–973   Otto I., der Große

Mittelfrankenreich:

843– 875 Lothringen

Spanien:

507– 711 Reich der Westgoten
735–1031 Islamische Dynastie der Omayaden

Romanik:
Deutschland:

Karolingische Epoche   *8. bis 9. Jahrhundert*
Ottonische Epoche   *919–1024*
Salische Epoche   *1024–1125*
Staufische Epoche   *1125–1254*

Frankreich:

Merowingische Epoche   *486–571*
Karolingische Epoche   *571–987*
Erste Ausprägung des Romanischen Stiles   *987–1080*
Bauschulen der Romanik   *1080–1150* *1. Poitou*
                                                 2. Auvergne
                                                 3. Aquitanien
                                                 4. Burgund
                                                 5. Normandie
                                                 6. Provence

1000–1500

1096–1270 Zeit der Kreuzzüge nach Palästina und Kleinasien – Insgesamt 7 Kreuzzüge

Frankreich:

 956–1388 Die Capetinger
1328–1488 Haus Valois
1339–1453 »Hunderjähriger Krieg« gegen England
              1412–31 Jeanne d'Arc (Jungfrau von Orleans)

Deutschland:

1137–1268 Die Hohenstaufen
              1152–1190 Friedrich I., Barbarossa
              1190–1197 Heinrich IV.
11.–14. Jh. Deutsche Ostkolonisation – Deutsche Ritterorden
13.–15. Jh. Ostseehandel der Hanse – Städtebünde
1273–1347 Könige aus verschiedenen Häusern
1347–1437 Luxemburgische Kaiser
              1346–1378 Karl IV.
1438–1740 Haus Habsburg

Britische Inseln/England:

1154–1399 Haus Anjou (Plantagenet)
1399–1461 Haus Lancester
1461–1485 Haus York
1485–1603 Haus Tudor

Gotik:

Frankreich: **Deutschland:**

1140–1190 Frühgotik *1235–1250*
1190–1250 Hochgotik *1250–1400*
1250–1525 Spätgotik *1400–1525 (Deutsche Sondergotik)*

England:

Gliederung der mittelalterlichen englischen Baukunst
1066–1190 Normannischer Stil (Romanik)
              1066–1110 Frühzeit (Early Norman)
              1110–1150 Hauptblüte (Norman)
              1150–1190 Übergang (Transitional)
1190–1600 Gotischer Stil
              1190–1250 Frühenglisch (Early English)
              1250–1280 Decorated (Geometrical)
              1280–1360 Decorated (Flowing)
              1360–1480 Perpendicular
              1480–1600 Tudor

Islam:

Der Prophet Mohammed (570–632), in Mekka (Arabische Halbinsel) geboren, verkündet ab 610 seine Lehre: Islam (wörtlich: »Erhebung«).

          622 Auszug nach Medina. Beginn der islamischen Zeitrechnung.
          630 Rückeroberung von Mekka; Kaaba als Pilgerstätte. Koran als islamisches Gesetzbuch für Glaubensfragen. Gläubige heißen Moslems. Die Verbreitung des Glaubens ist ihnen bedingungslos auferlegt, kriegerische Mittel eingeschlossen.

622– 661   Einsetzung von Wahlkalifen (Kalif gilt als Nachfolger Mohammeds).
634– 644   Kalif Omar: Umwandlung des arabischen Staates in ein theokratisches Weltreich. Aufbau einer Militärverwaltung. Eroberung von Syrien, Palästina, Ägypten, Persien.
          656 Verlegung der Hauptstadt Medina nach Kufa am Unterlauf des Euphrat.
661– 750   Omaijaden-Dynastie.
          Ab 667 Angriffe gegen Byzanz (Hauptstadt des oströmischen Reiches) von Südosten über Kleinasien und auf dem Seeweg von Alexandria aus. Die Angriffe sind erfolglos. Sicherung der Herrschaft in Nordafrika.
          698 Eroberung von Karthago.
705– 715   Unter Wadi I Höhepunkt der omaijadischen Macht. Eroberung von Samarkand und des Indusgebietes.
          711 Überschreitung der Meerenge von Gibraltar, von Afrika nach Spanien.
          750 Vernichtende Niederlage des Heeres der Omaijaden in Mesopotamien. Von den Überlebenden entkommt Abd-ar-Rahman I. Er geht nach Spanien und gründet das – Emirat Cordoba.
          Zwistigkeiten mit den Abbasiden führen zum Untergang der Omaijaden.
750–1258   Abbasiden-Dynastie.
          Gründung der Residenz Bagdad. Vorrangstellung der Araber wird beendet; Führung geht an die Perser über. Unter Harun-al-Raschid (786–809) beginnt die Auflösung des Reiches.
          1256 Einfall der Mongolen in Persien – Bagdad wird zerstört.
          Spanien als islamisches Teilreich.
          732 Schlacht zwischen Tours und Poitiers verhindert das weitere Vordringen der Araber im Westen.
755–1031   Dynastie der Omaijaden: Spanien erlebt eine große Blütezeit. Abd-ar-Rahman I. (756–788) wird in Cordoba zum Emir proklamiert. Er begründet einen geordneten und gesicherten Staat.
          Abd-ar-Rahman II. führt eine friedliche Regentschaft. Epoche des Wohlstandes. Verwaltung durch gut organisierten Beamtenapparat nach orientalischem Vorbild.
          Unter Abd-ar-Rahman III. Kalifat (912–961) erreicht das Omaijaden-Reich seinen Höhepunkt. Durch seine tolerante Regierungsführung erlangt er großes Ansehen, auch bei den christlichen und jüdischen Untertanen.
          Unter den Nachfolgern – vor allem unter Hischam II. (1010–1013) wird die Omaijaden-Herrschaft durch Aufstände und Zwiste unter den Teilfürsten geschwächt. Das führt zu Bürgerkriegen.
          1031 zerfällt Spanien in fünfzehn arabische Kleinfürstentümer.
          1031–1260 Reconquista (Spanische Rückeroberung). Am kantabrisch-pyrenäischen Nordrand sind bereits im 8. und 9. Jahrhundert Rückeroberungen von Landstrichen erfolgt.
          1085 mit der Eroberung der Stadt Toledo ist der erste Abschnitt der Reconquista beendet.
1047–1230   Almohaden-Reich mit der Hauptstadt Sevilla. Unter ihrer Regierung Beginn der Gebietsverluste durch die Reconquista. Ihre Nachfolger, die Nasriden, werden nach Süden zurückgedrängt und begründen in Andalusien von 1231–1492 das Nasriden-Reich mit der Residenz in Granada. Es erlebt als letztes arabisches Emirat auf europäischem Boden wirtschaftlich und kulturell noch einmal eine große Blütezeit.
          1492 verlassen die Araber engültig Spanien.

Maurische Gärten:
Gärten oder Parks wurden im Zusammenhang mit Palästen angelegt. Erhalten sind nur einige wenige, auch meist im Laufe der Jahrhunderte umgestaltet oder verwildert und danach teilweise restauriert.
Cordoba, als Residenz von Abd-ar-Rahman I. (756–788) auserwählt, wurde mit »heimatlichen«, morgenländischen Elementen geschmückt. Seinen dort erbauten Palast umgibt er mit einer Gartenanlage, in die er aus Syrien eingeführte Gewächse pflanzen läßt. Er bevorzugt vor allem Palmen, die damals im Westen noch unbekannt waren. Davon ist nichts mehr vorhanden.
Abd-ar-Rahman I. begründete 786 die Große Moschee in Cordoba, die in mehrfachen Bauperioden erweitert wurde und ein von hoher Mauer umgebenes Rechteck umfaßt (128 x 176 Meter). Über ein Drittel bildet den »Patio de los Naranjos«, der mit Baumreihen bepflanzt ist.
Unter Abd-ar-Rahman III. (912–961) ist ein großes Gebiet mit Villen und Gärten am Ufer des Guadalquivir, unterhalb von Cordoba, entstanden.
Im 12. Jahrhundert erbauen die Almohaden in Sevilla den Alcázar, der in nachfolgenden Zeiten mehrmals umgebaut und erweitert wird, aber durchaus noch maurische Elemente zeigt. In gleicher Weise ist es dem umgebenden Park ergangen, in dem sich noch maurische Reste befinden; er wurde mehrfach bis in neuere Zeit umgestaltet.
Zur Zeit der Nasriden wird in Granada die »Alhambra« und »Generalife« mit ihren Hof- und Gartenanlagen erbaut.

1500–1650

Italien:

14. u. 15. Jh. unter Herrschaft von Geschlechtern über einzelne Stadtgebiete (Signorien):
    Venedig, Verona, Mailand, Piemont, Ferrara, Genua, Florenz
16. Jh.–1815 unter spanischer, französischer und österreichischer Herrschaft
1420–1500   *Italienische Frührenaissance*
               Baumeister:
               L. B. Alberti (1404–1472)
               Bramante (1444–1514)
               Brunellechi (1377–1446)
               Michelozzo (1396–1472)
1500–1550   *Italienische Hochrenaissance*
               Baumeister:
               Michelangelo (1475–1564)
               Raffael (1483–1520)
               Giulio Romano (1492–1546)
               Jacopo Sansovino (1486–1570)
1550–1580   *Italienische Spätrenaissance*
               Baumeister:
               Ammanati (1511–1592)
               Michelangelo (1475–1564)
               Giacomo della Porta (1541–1608)
               Maderna (1556–1629)
               Vasari (1511–1574)
               Vignola (1507–1573)
       Maler und Bildhauer der italienischen Renaissance:
               Sandro Boticelli (1444–1510)
               Leonardo da Vinci (1452–1519)
               Tizian (1477–1576)
               Michelangelo (1475–1564)
               Raffael (1483–1520)

Gärten der Renaissance in Italien:

Toskanische Gärten:
»Il Trebbio« 1451 von Michelozzo für Cosimo de Medici.
»Villa Medici« in Fiesolo, 1458/61 von Michelozzo.
»Villa Medici« in Castello, um 1540 von Tribolo

»Boboli Gärten« in Florenz, Mediceer Gärten von Tribolo, nach seinem Tode 1550 Weiterführung durch Ammanati.
»Villa Bombici« in Colazzi um 1560 von Santi di Tito (1536–1603).
»Villa Capponi« in Arcetri um 1575.
»Villa Gamberaia« in Settignano um 1590.

Gärten in Rom und Umgebung:
»Cortile del Belvedere« Rom, Vatikan, nach Bramantes Plan unter Papst Julius II. 1503 entworfen, erst nach 1550 ausgeführt.
»Villa Pia« im Vatikan von Pirro Ligorio 1560 für Papst Pius IV.
»Villa Franesina« in Rom entstand gleichzeitig mit dem »Cortile del Belvedere« – Erste große Stadtvilla am Tiberufer für den Bankier Agostino Chigi, späterer Besitzer Kardinal Allessandro Farnese.
»Villa Madama« in Rom erste Renaissancevilla außerhalb der Stadtmauern für Kardinal Guiliano de Medici vom Architekten Giulio Romano, ab 1516 erbaut.
»Villa Medici« auf dem Monte Pincio in Rom 1544 von Annibale Lippi für Kardinal Ricci erbaut, ging 1580 durch Kauf in den Besitz von Kardinal Ferdinando de Medici über, bekannt durch große antike Skulpturensammlung.
»Villa d'Este« in Tivoli für Kardinal Ippolito d'Este von Pirro Ligorio um 1550 erbaut.
»Villa Farnese« in Caprarola für Kardinal Alessandro Farnese von Vignola um 1550 erbaut.
»Villa Lante« in Bagnaia für Kardinal Gambara ebenfalls von Vignola 1566–1580 erbaut.
»Villa Orsini« in Bomarzo bei Lante zur gleichen Zeit wie »Villa Lante« für und von Vicino Orsini – Architekt nicht belegt – gigantische Gestalten aus Felsen gehauen.
»Villa Muti« in Frascati besteht schon 1579 und ist die älteste in Frascati – Garten wird erst unter Kardinal Arrigoni 1595 begonnen, der Ausbau geht noch bis Mitte des 17. Jahrhunderts.
»Villa Aldobrandini« in Frascati 1598 nach Plänen von Giacomo della Porta und ausgeführt von Maderna für den Neffen Clemens VIII. Kardinal Pietro Aldobrandini (italienisches Barockbeispiel).
»Villa Garzoni« in Collodi bei Castello ab 1650 – Anlage der Hochrenaissance und typisch römisch in der Toskana.

Zeitgenössische Quellen der italienischen Gärten:
Vasari: »Lebensbeschreibungemn italienischer Künstler« um 1550. Michel de Montaigne, französischer Essayist, schildert toskanische und römische Gärten, wovon er alle wichtigen um 1580 besucht hat.

Frankreich:

1483–1498	Karl VIII.
	1494 Eroberung von Neapel
1498–1515	Ludwig XII.
1515–1547	Franz I.
1547–1559	Heinrich II.
1559–1560	Franz II.
1560–1574	Karl IX.
1562–1598	Hugenottenkriege
	1572 Bartolomäusnacht
1589–1610	Heinrich IV. von Bourbon
1610–1643	Ludwig XIII.
1624–1642	Richelieu, lt. Minister, Aufbau des Absolutismus

Die französische Renaissance:

1490–1610
Baumeister:
        1562–1626   Salomon de Brosse
        1512–1570   Philibert de l'Orme (oder Delorme)
        1510–1589   Jaques Androuet Ducerceau (oder Du Cerceau)
        1510–1578   Pierre Lescaut

Bauwerke der Frührenaissance (1490–1540)
        Ende 15. Jh.   Schloß Amboise
        1525 vollendet Schloß Blois: Nordflügel
        seit 1524   Schloß Chambord
        seit 1515   Schloß Chenonceaux
        Mitte 16. Jh.   Schloß Fontainebleau
Bauwerke der Hochrenaissance (1540–1590)
        seit 1546   Louvre Paris, Süd- u. Westflügel, Architekt Lescaut
        seit 1552   Schloß Anet, Architekt de l'Orme
        seit 1564   Tuilerien Paris, Architekt de l'Orme
Bauwerke der Spätrenaissance (1590–1610)
        seit 1564   Louvre Paris, Gr. Galerie, Architekt Métezeau
        seit 1615   Palais Luxembourg, Architekt de Brosse
        1616   Saint-Gervais, Fassade, Architekt de Brosse

Gärten der Renaissance in Frankreich:

Amboise, Ausbau nach 1495 durch Karl VIII. – Italienisches Gartenparterre von Pacello da Mercogliano.
Blois, Ausbau unter Ludwig XII. unter Mitwirkung von Pacello da Mercogliano.
Gaillon, zur gleichen Zeit wie Blois für Kardinal Amboise.
Chenonceaux, ab 1515 von Heinrich II. für Diane de Poitiers – unter Katharina v. Medici Galeriegebäude
    über den Cher und Anlage der Gartenterrasse.
Villandry, 1532 für J. L. Breton, Staatssekretär Franz I., Terrassengarten.
Fontainebleau, unter Franz I. als Wasserschloß, Kanäle und See, unter Heinrich IV. erweitert.
Chantilly, unter Franz I. ebenfalls als Wasserschloß mit Seeanlage.
Bury, für Florimont Robertet, Diplomat im Dienste Franz I. – Treppenanlage als architektonisches Element.
Dampierre, für Kardinal von Lothringen, Schloß und Parterre von Kanälen umgeben.
Anet, seit 1552 von de l'Orme im Auftrag Heinrich II. für Diana de Poitiers – Wassergräben umgeben
    Schloß und Ziergärten.
Verneuil, 1558 für Philippe de Boulinvilliers von du Cerceau angelehnt an den römischen Renaissance-
    garten.
Charleval für Karl IX.
Montargis, 1560 als Witwensitz für Renées, Tochter Ludwig XII., von du Cerceau.
Tuilerien, königl. Lustschloß bei Paris, ab 1564 für Katharina v. Medici von de l'Orme – Parterreanlagen
    von Boyceau.
Meudon, Grottenanlage von de l'Orme im Auftrage von Jean Guise, dem ersten Kardinal von Lothringen.
Gaillon, Eremitage und »maison blanche« um 1560 errichtet durch Kardinal Bourbon.
Saint-Germain-en-Laye, Schloß unter Heinrich IV. von de l'Orme begonnen, 1594 von Etienne du Pérac
    zu Ende geführt (vermutlich auch die Terrassierungen der Außenanlagen) – Garten im
    italienischen Stil von dem Italiener Francini.
Jardin du Luxembourg, 1615 für Maria v. Medici von de Brosse nach dem Vorbild der Boboligärten in
    Florenz.

Deutschland:

1438–1740	Haus Habsburg
1519–1556	Reich Karls V.
1521	Reichstag zu Worms
1521–1544	Krieg gegen Franz I. von Frankreich
1517	Thesenanschlag in Wittenberg
1520	Durchbruch der Reformation
1525	Bauernkriege
1529	1. Belagerung Wiens durch die Türken
1556–1564	Kaiser Ferdinand I.
1564–1576	Maximilian II. – Protestantismus gewinnt seine größte Verbreitung
1575–1612	Rudolf II.
1618–1648	Dreißigjähriger Krieg
ab 1648	Aufstieg deutscher Reichsfürsten

Niederlande:

1477–1568	unter den Habsburgern
1533–1584	Wilhelm von Nassau-Oranien
1568–1648	Niedl. Freiheitskampf
1585–1625	Moritz von Oranien
1648	Haager Frieden

Die Renaissance in Deutschland und in den Niederlanden:

Deutschland:

	Schlösser	*Baumeister*
1533–1560	Torgau: Schloß Hartenfels	K. Krebs u. N. Grohmann
seit 1553	Stuttgart: Altes Schloß	A. Tretsch
seit 1556	Heidelberg: Ottheinrichsbau	P. Flettner
1601–1604	Heidelberg: Friedrichsbau	J. Schoch
1605–1613	Aschaffenburg: Schloß	C. Riedinger

	Rat- und Bürgerhäuser	
beg. 1556	Leipzig: Rathaus	H. Lotter
1605	Danzig: Zeughaus	A. van Obbergen
1602–1607	Augsburg: Zeughaus	E. Holl
1614–1620	Augsburg: Rathaus	E. Holl
1612	Bremen: Rathaus	Lüder von Bentheim
1612–1616	Paderborn: Rathaus	

	Kirchen	
1499	Freudenstadt: ev. Kirche	Schickhardt
vollendet 1613	Bückeburg: ev. Kirche	
1583–1597	München: St. Michael	W. Dietrich u. F. Sustris
seit 1604	Wolfenbüttel: ev. Kirche	Franke

Niederlande:

1561–1565	Antwerpen: Rathaus	Cornelis Floris
vollendet 1597	Leyden: Rathaus	Lieven de Key
vollendet 1603	Haarlem: Fleischhalle	Lieven de Key

1465–1536	Erasmus von Rotterdam
1445–1533	Veit Stoß
1460–1531	Tillmann Riemenschneider
1471–1528	Albrecht Dürer
1472–1553	Lukas Cranach
1476–1545	Hans Baldung gen. Grien
1497–1541	Hans Holbein d. Jg.
1480–1538	Albrecht Altdorfer
1593–1650	Matthäus Merian

Renaissancegärten in Deutschland:

1525	Botanischer Garten in Erfurt
1550–1600	Botanische Gärten in Königsberg/Leipzig/Breslau/Heidelberg im Zusammenhang mit Universitätsgründungen

	Bürgergärten:
ab 1520	Gärten der Fugger in Augsburg
um 1550	Garten Christoph Peller in Nürnberg
	Garten Joh. Schwindt in Frankfurt
nach 1650	Gärten des Joseph Furttenbach, Stadtbaumeister in Ulm

Fürstengärten:

Ambras in Tirol, 1564 von Erzherzog Ferdinand von Tirol (Sohn Kaiser Ferdinands I.) für Philippine Welser, seine Gattin.

Neugebäude unter Maximilian II. (1564–1576) und Rudolf II. (1576–1612) als »Villa suburbana« in der Nähe von Wien.

Lustgarten zu Stuttgart, Anfänge durch Herzog Christoph von Württemberg (1550–1568), ab 1584 Bau des »Neuen Lusthauses«, 1609 Fürstenhochzeit.

Lustgarten zu Kassel unter Landgraf Wilhelm IV. (1567–1592) auf der Fuldainsel, später »Karlsaue« genannt.

Gärten zu Köthen ab 1603 vom Fürsten Ludwig von Anhalt Köthen (1579–1650).

Lustgarten zu Hessen gegen 1610 bei Wolfenbüttel vom Hofgärtner M. J. Royer.

Villa suburbana zu Hellbrunn bei Salzburg, 1613–1619 von Erzbischof Markus Sittich von Hohenems – Schloßanlage, Lust- und Ziergarten, Wasserkaskaden, Wasserscherze, Grottenanlagen, Felsentheater

Hofgarten in München, 1613–1618 entstanden durch Herzog Maximilian (1597–1651).

Hortus Palatinus in Heidelberg, ab 1616 begonnen durch Kurfürst Friedrich V. und seine Gemahlin Elisabeth (englische Prinzessin), Gartenarch. Salomon de Caus.

In den Niederlanden Entwürfe von Bürgergärten von Vredemann de Vries 1568 und 1583 als Stiche herausgegeben.

England:

1485–1603	Haus Tudor	
	1509–1547	Heinrich VIII.
	1529	Sturz von Thomas Wolsey
	1558–1603	Elisabeth I.
1603–1649	Haus Stuart	
	1603–1625	Jacob I.
	1625–1649	Karl I.

Renaissancegärten in England:

Hampton-Court, ab 1515 von Thomas Wolsey nach italienischen Anregungen begonnen, 1529 nach seinem Sturz an Heinrich VIII. und weiterer Ausbau.

Nonsuch, ab 1538 von Heinrich VIII. begonnen, endgültiger Ausbau unter Elisabeth I.

Theobalds, 1550 von W. C. Cecil Lord Burleigh (Premierminister unter Elisabeth I.) begonnen, 1607 an Jacob I.

Hatfield, 1615 von Salomon de Caus angelegt für Robert Cecil, Earl of Salisbury (Sohn von Lord Burleigh).

Wilton House, von Isaac de Caus (Sohn Salomons) angelegt für den Earl of Pembroke.

Montacute in Sommersethire Ende 16. Jahrhundert für Sir Edward Philips.

1650–1750

17. u. 18. Jahrhundert Zeitalter der Aufklärung, der Entdeckungen und Erfindungen.

Aufklärung: Voltaire (1694–1778), J. J. Rousseau (1712–78), G. E. Lessing (1729–81), I. Kant (1724–1804)

Entdeckungen: Arktis/Nordostpassage/Neuseeland/Neuguinea/Australien.

Wissenschaft u. Erfindungen: Newton/Galilei/Keppler/Grimaldi/Boyle/Huygens/Galvani/Linné/ v. Guerike/Fahrenheit/Celsius/Leibniz/Watt u. a.

Entwicklung des Barock in Italien:

1580–1630	*Frühbarock*
1630–1730	*Hochbarock*
1730–1800	*Spätbarock (Klassizismus)*

	Bauwerke		Architekten

Rom:
1514–1629	Peterskirche	Bramante, Raffael, Michelangelo, Vignola, Giacomo della Porta, Maderna, Bernini
1600–1650	S. Andrea della Valle	Maderna
1590	Palazzo Borghese	Longhi d. Ä.
1639–1640	Scala Regia, Vatikan	Bernini
1634–1641	S. Carlo alle Quattrofontane	Borromini

Venedig:
1631	S. Maria della Salute	Longhena

Turin:
1666–1687	S. Lorenzo	Guarini

Verbindung der Architektur mit dem Freiraum:

Rom:
1656–1657	S. Peter, Kolonnaden	Bernini
1723–1726	Spanische Treppe	Fr. de Sanctis
1642–1660	S. Ivo mit Vorplatz	Borromini

Frankreich:

1643–1661	Kardinal Mazarin
1661–1715	Ludwig XIV. – Vollendung des Absolutismus
1715–1774	Ludwig XV.

Entwicklung des Barock in Frankreich:

Bis 1650	Übernahme des neuen italienischen Stils als »Style Louis XIII.«	
1650–1715	Klassik – »Style Louis XIV.«	Architekten
	1655–1661 Vaux-le-Vicomte	Le Vau
	1665 Bernini in Paris, Entwurf für den Louvre	
	seit 1667 Louvre, Ostfassade	Perrault
	1675–1706 Invalidendom	Hardouin-Mansart
	1679–1710 Versailles, Schloß	Hardouin-Mansart
1715–1760	Rokoko	

Barockgärten in Frankreich:

		Bauherren	Architekten
1655–1661	Vaux-le-Vicomte	Minister Fouquet	Le Vau, Le Nôtre
1662–1710	Versailles	Ludwig XIV.	Le Vau, Hardouin-Mansart, Le Nôtre
1687–1688	Versailles: Grand Trianon	Ludwig XIV.	Hardouin-Mansart
1667–1684	Marly-le-Roi	Ludwig XIV.	Hardouin-Mansart

Weitere Le Nôtre zugeschriebene Gärten, teilweise nur Umgestaltungen:
1674	Clagny	Ludwig XIV.
1663–1671	Chantilly	Herzog von Condé
	Saint-Cloud	Herzog von Orleans, Liselotte v. d. Pfalz
	St. Germain	Ludwig XIV.
	Fontainebleau	Ludwig XIV.
	Tuilerien, Paris	Ludwig XIV.
	Meudon	Minister Louvois

Deutschland:

Aufstieg der Reichsfürsten:
Bayern, Haus Wittelsbach:
1597–1651   Maximilian I.
1651–1679   Ferdinand Maria
1679–1726   Maximilian II., Emanuel
            Ausbau Münchens zur Residenz: Schloß Nymphenburg,
            München wird Zentrum des süddeutschen Barock
1726–1745   Karl Albert wird als Karl VII. zum Kaiser gewählt
1745–1777   Maximilian III., Joseph

Sachsen, Haus Wettin:
1697–1763   Personalunion mit Königreich Polen
            1694–1733 August II. der Starke
            Daniel Pöppelmann erbaut den Zwinger in Dresden (1662–1736)

Hannover, Haus Braunschweig-Lüneburg:
1679–1698   Herzog Ernst August
1714–1837   Personalunion mit Königreich Großbritannien

Brandenburg-Preußen:
1640–1688   Friedrich Wilhelm, der Große Kurfürst
1688–1713   Friedrich I.
1713–1740   Friedrich Wilhelm I.
1740–1786   Friedrich II. der Große

Entwicklung des Barock in Deutschland:

1620–1680   Frühbarock
1680–1730   Hochbarock
1730–1780   Spätbarock bzw. Rokoko

	Schloßbauten	*Architekten*
1698–1706	*Stadtschloß Berlin*	*Schlüter*
1711–1718	*Pommersfelden*	*Welsch/Dientzenhofer*
seit 1719	*Schleißheim*	*Effner*
1745–1747	*Potsdam, Sanssouci*	*Knobelsdorff*
1710–1732	*Dresden, Zwinger*	*Pöppelmann*
1766–1784	*Münster, Residenz*	*Schlaun*
1725–1770	*Brühl, Schloß Augustusburg*	*Schlaun, Cuvilliés, Neumann*
1720–1744	*Würzburg, Residenz*	*Hildebrandt, Welsch, Neumann*
seit 1695	*Wien, Schönbrunn*	*Fischer von Erlach*
1714–1723	*Wien, Belvedere*	*Hildebrandt*
	Kirchbauten	
1698–1705	*Abtei Banz*	*J. Dientzenhofer*
1704–1712	*Fuldaer Dom*	*J. Dientzenhofer*
1704–1718	*Kloster Einsiedeln*	*K. Moosbrugger*
1715–1723	*Klosterkirche Weingarten*	*K. Moosbrugger*
1732–1754	*St. Paulin Trier*	*Neumann*
1738–1765	*Klosterkirche Zwiefalten*	*J. M. Fischer*
1746–1754	*Wallfahrtskirche Wies*	*Zimmermann*
seit 1716	*Karlskirche Wien*	*Fischer von Erlach*

Barockgärten in Deutschland:

	Bauherren	Gartenarchitekt (GA) Hochbauarchitekt (A)
Herrenhausen Hannover, Großer Garten	Herzog Ernst August später Kurfürst v. Hannover Gemahlin Sophie	ab 1674 Peronnet/GA 1696–1714 Charbonnier/GA
Schleißheim, München 1684–1687	Kurfürst Max Emmanuel von Bayern	Zuccalli/A – Effner/A Girard/GA, Carbonet/GA
Nymphenburg 1715–1730	Kurfürst Max Emmanuel von Bayern	Effner/A – Cuvilliés/A Carbonet/GA – Girard/GA
Wilhelmshöhe b. Kassel 1701–1718	Landgraf Carl von Hessen-Kassel	Guerniero/GA
Zwinger in Dresden 1709–1732	Kurfürst August der Starke von Sachsen	Pöppelmann/A
Großer Garten Dresden ab 1715	Kurfürst August der Starke von Sachsen	J. G. Starke/A – J. F. Karcher/GA
Groß Sedlitz 1719–1720	Kurfürst August der Starke von Sachsen	Pöppelmann/A – Longuelune/GA
Pillnitz bei Dresden	Kurfürst August der Starke von Sachsen	Pöppelmann/A – Longuelune/GA
Ludwigsburg/Stuttgart 1703–1727	Herzog Eberhard Ludwig von Württemberg	Frisoni/A – Weiß/GA – Nette/GA
Schloßgarten Karlsruhe 1715–1740	Markgraf Karl Wilhelm von Baden-Durlach	v. Batzendorf/GA – Thran/GA
Schloß Seehof bei Bamberg Marquardsburg 1698–1730	Fürstbischof Marquard Sebastian Schenk v. Stauffenberg, danach Fürstbischof Kurfürst Lothar Franz v. Schönborn (1655–1729)	A. Petrini/A – M. v. Welsch/A
Gaibach, Schloß und Gut begonnen 1677	Fürstbischof Kurfürst Lothar Franz von Schönborn	
Schloß Pommersfelden 1715–1723	Fürstbischof Kurfürst Lothar Franz von Schönborn	M. v. Welsch/A
Favorite zu Mainz 1700–1712	Fürstbischof Kurfürst Lothar Franz von Schönborn	
Schloß Augustusburg, Brühl	Erzbischof und Kurfürst Clemens August von Bayern (1700–1761)	D. Girard/GA, ab 1728
Schloß Charlottenburg 1694–1705	Friedrich III. von Preußen, ab 1701 König, Gemahlin Sophie Charlotte	Godeau/GA u. Dahuron/GA
Sanssouci, Potsdam 1744–1750	Friedrich der Große, König von Preußen	Knobelsdorff/A
Schwetzingen 1750–1760	Kurfürst Karl Theodor von der Pfalz	Pigage/GA – Petri/GA
Schloß Benrath b. Düsseldorf 1755	Kurfrst Karl Theodor von der Pfalz	Pigage/GA – Petri/GA
Bayreuth, Erimitage Neues Schloß 1749–1773	Markgraf Friedrich von Bayreuth u. Gemahlin Wilhelmine	J. Saint Peirres/GA
Würzburg Residenzgarten ab 1770	Fürstbischof Adam Friedrich von Seinsheim	J. P. Mayer/GA
Schloßgarten Weikersheim 1707–1725 Figurenprogramm Orangerie	Graf Carl Ludwig von Hohenlohe- Neuenstein-Weikersheim	D. Matthieu/GA Bildhauer J. J. Sommer J. Ch. Lüttich/A
Garten in Veitshöchheim 1721–1753	Fürstbischof Adam Friedrich von Seinsheim	J. P. Mayer/GA – J. A. Oth/GA Skulpturen: F. Tietz (1765–68)

Österreich:

1637–1657 Ferdinand III.
1647–1705 Leopold I.
1663–1699 Türkenangriffe
           1683 Belagerung Wiens
           1697 Prinz Eugen von Savoyen (1663–1736) Oberbefehlshaber
1705–1711 Joseph I.
1711–1740 Karl VI. – Größte Ausdehnung Österreichs
1740–1780 Maria Theresia

Barockgärten in Österreich:

	Bauherren	Gartenarchitekt (GA) Hochbauarchitekt (A)
Belvedere Schloß, Wien ab 1693	Prinz Eugen von Savoyen	v. Hildebrandt/A – Girard/GA
Schönbrunn, Wien ab 1695	Joseph I. v. Habsburg ab 1743 Maria Theresia	Fischer von Erlach/A ab 1706 Trehet/GA
Schwarzenberg-Palais 1697–1705	H. Fr. Graf Mansfeld Fürst Fondi	Hildebrandt/A Trehet/GA

England:

1642–1648 Bürgerkrieg
1649–1660 England als Republik
           1653 Cromwell als Lordprotektor
1660–1688 Restauration der Stuarts
           1660–1685 Karl II.
           1685–1688 Jacob I.

Konstitutionelle Monarchie
1689–1694 Wilhelm III. und Maria (Tochter Jacobs II.)
1694–1702 Wilhelm III.
1702–1714 Königin Anna
1714–1901 Haus Hannover
           1714–1727 Georg I.
           1727–1760 Georg II.

Barockgärten in England:

	Bauherren	Gartenarchitekt (GA) Hochbauarchitekt (A)
Hampten Court	Karl II. Wilhelm III. u. Gem. Maria	Chr. Wren/A Henry Wise/GA
St. James Park Gloucestershire 1682	Wilhelm III. Herzog Heinrich Beaufort in Derbyshire	
Melbourne Hall 1704	Thomas Coke	Henry Wise/GA
Chatsworth 1685	Herzog von Devonshire	Grelli/GA

Schweden:

1611–1632 Gustav II. – Begründet die Schwedische Großmacht (Gustav Adolf)
1632–1654 Königin Christine
1654–1720 Haus Pfalz-Zweibrücken
    1654–1660 Karl X. Gustav
    1654–1660 schwedisch-polnischer Krieg
    1660 Friede von Oliva
    1660–1697 Karl XI.
    1697–1718 Karl XII.
    1700–1721 Nordischer Krieg

Rußland:

1613–1762 Dynastie der Romanow
    1689–1725 Peter I., der Große
    1703 Gründung von Petersburg
    1725–1740 Katharina I. und Anna
    1735–1739 Türkenkriege
    1741–1762 Elisabeth I.
    1762–1796 Katharina II.

Barockgärten im übrigen Europa:

Rußland:

Objekt	Bauherr	Architekt
Schloß Peterhof 1716–1719	Peter I. der Große	Le Blond/A u. GA
Zarskoje Selo Sommerpalast 1749–1756	Elisabeth I.	B. F. Rastrelli/A

Niederlande:

Objekt	Bauherr	Architekt
Schloß Enghien Mitte 17. Jh.	Herzöge v. Enghien	
Haus Neuburg Mitte 17. Jh.	Wilhelm II. von Oranien	Groen
Het Loo	Wilhelm III. von England u. Gemahlin Maria	Marot
Honselaarsdijk ab 1621	Friedrich Heinrich, Statthalter d. Niederlande	Mollet
Heemstede	Wilhelm III.	Marot

Schweden:

Objekt	Bauherr	Architekt
Schloß Jakobsdal 1642–1644	Königin Hedwig Eleonore v. Holstein, Witwe Karls X.	Mollet
Schloß Carlsberg Größte Anlage, Mitte 17. Jh.		
Schloß Drottningholm ab 1661	Königin Hedwig Eleonore, später Luise Ulrike, Schwester Friedrichs d. Großen	

Dänemark:

Frederiksborg, Anfang 17. Jh. Christian IV.
Hirschholm
Fredensborg, nach 1720   Frederik IV.

China:

1500–1000 Shang-Dynastie.
Lehnstaaten unter einem König mit priesterlichen Funktionen.

1000– 770 Westliche Chou-Dynastie.
Feudalstaat, König umgeben von Vasallen. Allmähliches Erstarken der Vasallen. Anlage von Jagdparks.

770– 256 Macht des Königs schwindet, Lehnsherren gewinnen an Unabhängigkeit. Andauernde Kämpfe gegen einfallende Nomaden aus dem Norden.

551– 479 *Kung-tse (Konfucius), Begründer einer religiös vertieften Ethik. Glaube an den menschlichen Willen zur Humanität und Sittlichkeit. Im 6. Jahrhundert der Philosoph Lao-tse. Mittelpunkt seiner mystischen Lehre ist das Tao = Ursprung und Quelle alles Seienden und Wahren. Die menschliche Gesellschaft läßt sich durch einen weisen Lehrer lenken.*

403– 221 Zeit der kämpfenden Reiche. China zerfällt in Einzelstaaten. Die Verwaltung erfolgt durch Berufsbeamte. Die Bedeutung der Städte als Mittelpunkte der Verwaltung wächst, und es entsteht ein städtisches Bürgertum. Damit gewinnt Handwerk und Handel an Bedeutung.

221– 206 Ch'in-Dynastie.
Cheng mit dem Titel »Erster erhabener Herrscher« erobert sechs Einzelstaaten und vereinigt damit ganz China in einer Hand. Er baut einen von Beamten zentral gelenkten Einheitsstaat auf. Gewichte, Maße, Münzen und Schrift werden vereinheitlicht, ebenso die Achsspurweite der Transportwagen. Alles das dient dem Handel und Verkehr.
Die Chinesische Mauer wird zur Abwehr der Nomaden aus dem Norden unter Frondiensten zunächst nur als Erdwall begonnen.

206 v.–
9. n. Chr. Westliche Han-Dynastie.
Verfassung und Verwaltung werden demokratisiert. Unter Kaiser Wu-ti (140–89 v. Chr.) werden die Hunnen zurückgeschlagen, und das Reich hat seine bis dahin größte Ausdehnung. Er fördert Kleinindustrie, Handel, Feldbewässerung, Bau von Fernstraßen und Kanälen. Transkontinentaler Handel auf der Seidenstraße floriert.
Wu-ti legt in der Nähe von Chang'an einen Park an mit vielen Wasserflächen und Inseln.
Macht gerät in die Hände der führenden Familien, eine intelligente politische Elite. Der Kaiser wird immer mehr nur noch zum Repräsentanten.

25–
200 n. Chr. Östliche Han-Dynastie.
Machtstellung des Kaisers wird zurückgewonnen. Wirtschaftliche Blüte, Handel über die »Seidenstraße« und Überseehandel von Kanton aus. Der Persische Golf wird erreicht.
Aus Grabfunden Tonarbeiten: Menschen, Tiere, Gebäude. Kostbare Bronzegefäße mit eingelegtem Gold und Silber.
Um 100 n. Chr. Erfindung der Herstellung von Papier. Aufkommen des Buddhismus.

220– 265 Zeit der drei Königreiche nach dem Zusammenbruch der Han-Zeit. Infolge der Zersplitterung überall einzelne Kunstzentren. Kunstobjekte wurden in nachfolgenden Revolutionen zerstört, daher keine Beweisstücke, jedoch Hinweise aus der zeitgenössischen Literatur. Malerei stand in hoher Blüte, aber auch davon ist nichts erhalten. Keramikarbeiten von hoher Qualität als Weiterentwicklung gegenüber der Han-Zeit.
Die Hauptstädte der drei Reiche werden zu Zentren der Literatur.
Der Dichter T'ao Yüan-ming (gest. 427) wurde durch sein Werk, seinen Lebensstil und als »Meister von den fünf Weiden«, wie er sich selbst nannte, für die Nachwelt zum Idol und hatte nachhaltigen Einfluß auf die spätere chinesische Literatur.

	Der Buddhismus breitete sich aus in China; dadurch wurde seine Kunst gefördert. Beispiele sind die Fresken und Buddhastatuen in den Höhlen von Tunhuang aus dem 2. Jahrhundert, die von Mönchen angefertigt wurden.
265– 420	Die in Nordchina einfallenden Hunnen und tibetanischen Stämme bekämpfen sich lange untereinander. Die gesamte Epoche ist mit Kämpfen, Eroberungen und Rückeroberungen erfüllt.
420– 618	Zunächst das To-pa-Reich, ab 580 die Sui-Dynastie. In ihr wird wieder ein organisierter Beamtenapparat gebildet und anfangs auf große Sparsamkeit geachtet. Es erfolgten großzügige Flußregulierungen und Kanalbauten. Sie ermöglichten vermehrte Transporte mit Frachtkähnen. Zunehmender Wohlstand. *Bau von verschwenderischen Palastanlagen mit großen Parks.*
618– 907	Thang-Dynastie. China ist nach 360 Jahren von Nord bis Süd wieder vereint. Innere Reformen. Neues Landverteilungsgesetz, Militärverwaltungsbezirke. Mitte des 7. Jahrhunderts größte Ausdehnung des Landes. *Erfindung des Porzellans. Es wird zum begehrten Exportartikel (erreicht Europa im 17. Jahrhundert). 843/45 Verfolgung der Buddhisten mit der Folge, daß viele Klöster mit ihren Kunstwerken zerstört und damit die wirtschaftlichen Grundlagen des Buddhismus vernichtet werden. Nach zwei Jahren wird die Verfolgung gestoppt. Um 900 n. Chr. Erfindung der Buchdruckerkunst; um 950 liegen bereits vor: 5000 Bände buddhistischer Schriften, 4565 Bände taoistischer Schriften, daneben zahlreiche Romane und Gedichtbände. Zur Illustration werden handkolorierte Holzschnitte angefertigt. Neubelebung des Konfuzianismus und Taoismus. Es entstehen Monumentalpagoden mit bis zu 15 Stockwerken; bei den Terrakotten vor allem Tierplastiken, vorwiegend Pferde. Die Tang-Zeit wird als die klassische Epoche Chinas angesehen.*
907– 960	Zeit der fünf Dynastien: Reiche einzelner Militärgouverneure aus der Tang-Zeit. *Kunst und Kultur leiden keine Einbußen. Sie werden weiterhin gepflegt. Die Weiterentwicklung der Malerei hebt sich heraus; sie wird durch Wettbewerbe und auf Malakademien gefördert; es entstehen Gemäldesammlungen.*
960–1127	Nördliche Sung-Dynastie: Das System der Militärgouverneure wird durch Umstellung auf eine Zivilverwaltung beseitigt. Die Juchen, ein mongolischer Reiterstamm, erobern Nordchina.
1127–1279	Südliche Sung-Dynastie: hält bis zum Mongoleneinfall nur mit Mühe seine Selbständigkeit.
1264–1368	Mongolenherrschaft in China: Beginn mit dem Einfall Dschingis-Chans. Sein Enkel Kublai (1214–94) wurde zum Groß-Chan proklamiert und vollendet die Eroberung des gesamten Sung-Reiches unter Einsatz von Feuerwaffen. Er gründet die Yüan-Dynastie (1280–1368). Einteilung Chinas in 12 Provinzen und in ein Vier-Klassen-System; die Mongolen an der Spitze. Die Mongolen zeigen sich tolerant; so dulden sie auch das Eindringen des Islam von Westen her. Peking wird Hauptstadt und Handelsmetropole. Reger Handelsaustausch mit Europa. Der Venezianer Marco Polo (1254–1324) gelangt auf seiner Weltreise 1275 an den kaiserlichen Hof und reist durch das Land. Er schickt Berichte nach Europa. *In der Sung-Zeit fördert der Buchdruck bei der Bevölkerung Wissen und Gelehrsamkeit. Im Kreise der Sung-Philosophen entstehen Geschichtswerke und Enzyklopädien zur Bewahrung alten Gedankengutes und der Philosophiegeschichte. Es entstehen Philosophenschulen mit der Hinneigung zu einem Neokonfuzianismus. Blüte aller Literaturgattungen: Essays über alle Bereiche der Kultur und des Zeitgeschehens zur Anregung bildungsbeflissener Laien. Reiseberichte. Die Malerei ist bedeutendste Kunst der Epoche. Neu ist die Hinwendung zur Landschaftsmalerei.*
1368–1644	Ming-Dynastie: Sie beginnt mit Mißernten, Überschwemmungen und den Folgen dieser Katastrophen. Von 1368–98 werden die Mongolen unter Führung eines buddhistischen Mönches, Tschu-yüng-Tschang, vertrieben. Bei diesen Kämpfen Einsatz von Feuerwaffen. Ausbau der Großen Mauer auf eine Länge von 2500 km gegen die Einfälle von Norden her; die Lehmwälle werden zu gigantischen Mauerwerken aus Stein.

Bau einer starken Flotte zu Expeditionen der Kaiserlichen Marine nach Südostasien und Südafrika (1405–33).
1516 erster portugiesischer Stützpunkt im chinesischen Kanton (Hafenstadt im Süden).
1563 Vernichtung der japanischen Seeräuber.
Erweiterung des Außenhandels; kaiserliche Manufaktur zur Porzellanherstellung. Textilfertigung (Seidenstoffe), blühendes Kunsthandwerk, Lackarbeiten.
Eine literarische Sammlung umfaßt 23 000 Bände. Weite Verbreitung von ge-ruckten Büchern.
Neben Landschaftsmalerei Blumen- und Vogelmotive; weiterhin Förderung auf Akademien.
Kaisergräber in Nanking und Peking; Ausbau der Residenz Peking (Sommerpalast). Vollendete Gartenbaukunst mit Pagoden, Bogenbrücken, Vogelgehegen und Teehäusern.
Seit 1581 gewinnen Jesuitenpatres als wissenschaftliche Lehrer Einfluß am Kaiserhof.
Charakteristisch für die Epoche sind verfeinerte Lebenskultur und vollendete Umgangsformen.

1644–1911   Mandschu-Dynastie:
Kaiser Kang-tsi (1662–1722), bedeutender Herrscher Chinas als Feldherr, Staatsmann und Gelehrter. Er duldet die Jesuiten wegen ihrer mathematischen und technischen Kenntnisse, duldet aber keine religiöse Missionierung.
Sicherung der Herrschaft durch polizeistaatliche Mittel im Innern, nach außen Feldzüge gegen Westmongolen und Tanguten zur Bildung von Pufferstaaten im Norden. Eroberung Formosas im Süden.
Dauerhafte innere Befriedung. Bevölkerungszahl steigt bis 1780 auf 276 Millionen Einwohner.
Kaiser Kien-lung (1736–96) verbietet die christliche Mission. Konfuzianismus wird Staatslehre. Wachsendes Mißtrauen gegen Überfremdung und gegen das Eindringen des europäischen Handels (Opium). Langsames Erstarren des Mandschu-Systems.
Blütezeit der chinesischen Philologie: Kommentare zum klassischen Konfuzianismus; Geographie des gesamten Reiches; Lokalchroniken und literarische Sammlungen. – Ausbau und Vollendung des »Sommerpalastes«.
Der Einbruch europäischer Mächte (vor allem England und Frankreich) führt u. a. zum Opiumkrieg (1840/42). Die militärische Überlegenheit der Europäer tritt deutlich zutage, und die Schwäche Chinas reizt die europäischen Mächte zu aggressivem Vorgehen.
1860 setzt der Vertrag von Peking die Einrichtung europäischer Gesandtschaften durch und gleichzeitig die Freigabe des Handels und der christlichen Missionierung, sie hat durch die Verknüpfung mit der Politik wenig Erfolg.
1898 Pachtverträge mit England, Frankreich, Rußland und Deutschland (Erwerb von Kiautschou auf 99 Jahre).
1900 im Boxeraufstand entlädt sich der Fremdenhaß in einem Massaker unter den Christen und mit der Ermordung des deutschen Gesandten.
Die aus den europäischen Ländern eingeführten Industrieerzeugnisse verdrängen das alteingesessene Handwerk und Gewerbe, was zum sozialen Verfall und sinkendem Lebensstandard führt.
Als letzte Regentin des Mandschu-Reiches herrschte die Kaiserinwitwe Tzu-hsi (1881–89) für ihren unmündigen Sohn. Es bildet sich eine reaktionäre Bewegung, die 1898 zu einem Staatsstreich führt. Der Kindkaiser wird verhaftet. Die Gründung der Kuomin-tang (1905) durch den Arzt Sun Yat-sen (Nationale Volkspartei), mit ihrem Programm für Demokratie und Existenzsicherung für jedermann, bereitet eine Revolution (1911) der Jungchinesen zur »radikalen Erneuerung Chinas« vor und macht der Mandschu-Dynastie als letzter Dynastie und dem Kaiserreich ein Ende.

(Die chinesische Schrift ist eine Wort- bzw. Begriffsschrift. Für jedes Wort gab es ein besonderes Schriftzeichen. Bei der Umsetzung chinesisch geschriebener Eigennamen, Begriffszeichen in Buchstaben und Silben, ergeben sich Schwierigkeiten. Man muß also die Wortlaute in Buchstabenschrift übertragen. Dabei können sich unterschiedliche Schreibweisen ergeben. Hier wurde die allgemein verbreitete Schreibweise für chinesische Namen verwendet.)

Japan:

Das Inselreich wird von Korea und vom Süden her wie auch von der ostasiatischen Küste aus in Einwanderungswellen in frühgeschichtlicher Zeit besiedelt. Die Ureinwohner (Ainus) werden dabei nach Norden gedrängt. Die offizielle Chronologie des Kaiserreiches beginnt 660 v. Chr. Unter rivalisierenden Familien konnte die Yamato-Sippe die Herrschaftsgewalt erringen und eine Regierung bilden.
Der Kaiserin Jungu (201–269 n. Chr.) wird ein erfolgreicher Koreafeldzug zugeschrieben. Über Korea kommt Japan mit der hochstehenden chinesischen Kultur in Berührung. Im 5. Jahrhundert erfolgt die Einführung der Chinesischen Schrift. *Um 550 Einführung des Buddhismus von China aus. Bau von ersten buddhistischen Tempeln.*

645–1192   sogenannte Taika-Reformen und Zeitalter des Beamtenstaates. Die Geschlechterverfassung wird abgelöst durch Einsetzung kaiserlicher Beamter mit erblichem Landbesitz; dadurch Stärkung des Kaisertums.

784–1192   Heian-Zeit, benannt nach der neuen Residenz, dem heutigen Kyoto.
784 beginnt man mit der Anlage der neuen Hauptstadt Heian. Zehn Jahre später kann der Kaiser dort seine neue Residenz beziehen. Noch lange Zeit wird am Ausbau dieser Metropole gearbeitet, und auch hier folgt man noch chinesischen Vorbildern: Breite Haupt- und schmale Nebenstraßen. Sie kreuzen sich rechtwinklig und gliedern die Stadt in ein Schachbrettmuster. Kaiserpalast und große Klosteranlagen bilden Schwerpunkte. Nach dieser Stadt wird die Periode Heian-Zeit genannt: Hier ist vierhundert Jahre lang das politische und kulturelle Zentrum des Staates.
Es ist das klassische Zeitalter Japans, die Zeit der verfeinerten, höfischen Kultur und Künste.
Nachdem gegen 900 der Kontakt mit China abbricht, setzt eine eigenständige kulturelle Entwicklung ein. Träger der gehobenen Lebenskultur ist eine aristokratische Gesellschaftsschicht.
Durch neue Gedankensysteme und Lehren (beispielsweise die Shingon-Lehre, begründet durch den Gelehrten und Priester Kobo Daishi) gewinnt der Buddhismus uneingeschränkte Vorherrschaft.
In der Architektur wird schon in der Nara-Epoche (710–782) die Pagode zum kennzeichnenden, religiösen Bauwerk. Allmählich verliert sie ihre Bedeutung, und die Tempelanlage rückt in den Vordergrund. Sie wird immer prächtiger, fast zu einer Palastanlage. Ihre zahlreichen Innenräume werden mit Wandbildern und Plastiken ausgeschmückt, wobei Buddhastatuen den größten Raum einnehmen. Die Wandgemälde haben ein gewisses ikonographisches Programm. Das stellt Maler und Bildhauer vor reiche Aufgaben. Die Malerei zeichnet sich durch besondere Eleganz und Feinheit der Linie aus. Man malt auf Seide, und die Motive werden mit geschnittener Goldfolie verziert; das vor allem bei religiösen Bildern. Daneben werden profane Themen auf langen Handrollen dargestellt, wobei es sich um Illustrationen von höfischen Erzählungen oder um Geister- und Kriegsgeschichten handelt.
Bei der Plastik handelt es sich meist um Buddhafiguren; als Material wird fast ausschließlich Holz verwendet. Der anfangs blockhafte, plumpe Stil wandelt sich später zu einer fein durchgearbeiteten Darstellung. Die Skulpturen werden nicht mehr aus einem Stück gearbeitet, sondern aus mehreren Teilen zusammengesetzt.
In der Literatur war die Dichtkunst sehr geschätzt. Ein guter Dichter genoß hohes Ansehen. Man dichtet und schreibt nur noch in japanischer Sprache. Für die Schrift hatte man eigene japanische Schriftzeichen entwickelt. Trotz der immer noch sehr beliebten und bekannten chinesischen Werke fand man Geschmack an eigener Lektüre. Als geistvollste Prosadichtung galten Romane und Tagebücher japanischer Hofdamen. Daraus entwickelte sich eine gehobene Poesie.
Im 9. Jahrhundert entwickelt sich aus den Musikformen der chinesischen Tang-Epoche eine eigenständige, klassisch-höfische Musik. Man unterscheidet reiche Orchester-Musik und Musik zur Tanzbegleitung. Man spielt mit Blasinstrumenten, Saiteninstrumenten (Laute und Zither) und dazu Schlaginstrumente. Musik wird vor allem am kaiserlichen Hof und in den buddhistischen Tempeln gepflegt.

1192–1338   Kamakura-Zeit, eine Epoche, in der für den Kaiser ein »Shogun« zur Führung der Regierungsgeschäfte eingesetzt wurde. Sei es, daß der Kaiser noch ein Kind oder Mönch war. (Die Bezeichnung »Shogun« bedeutet wörtlich Heerführer, im Sinne eines römischen Imperators.)

Träger der Kultur in dieser Zeit waren in erster Linie eine Art Ritterschaft, die Samurai. Adelige, ähnlich wie im Mittelalter in Europa das Rittertum. Sie bestimmten auf der Grundlage des Zen-Buddhismus das politische und geistige Leben. Sehr viele Priester und Mönche betätigen sich intensiv mit der Gestaltung und Anlage von Gärten. Bevorzugt als Berater bei den kaiserlichen Gärten und tätig bei Tempelgärten. Parallel zu den Schulen, die sich mit Religionslehre befassen, wie die oben erwähnte Shingon-Lehre, sind die Eleven mit ihrem Meister gleichzeitig als Gartenmeister tätig. Ihre Hilfe und Erfahrungen sind gefragt. Einige werden zu bedeutenden Experten und ernten Ruhm.

1338–1639   Zeit des Ashikaga-Shogunats (Residenzen in Kyoto und Yoshino).
1138–1573   Muromachi-Zeit bedeutet politisch eine Periode der Schwäche, der Unruhen und der Bürgerkriege. In geistiger, kultureller und wirtschaftlicher Sicht eine reiche Periode. *Zen-Buddhismus kommt zu hoher Blüte, nicht nur bei Mönchen und in Klöstern, auch im Volk wird er geistliche Wirklichkeit. Gründer von Glaubensschulen, Verfasser von religiösen Schriften, Dichter und Schriftsteller, Bildhauer, Maler (Hauptmotive: Landschaften, Blumen und Vögel). Große, bekannte Teemeister sorgen für die Verfeinerung der Teezeremonie.*
1573–1615   Momojama-Zeit. Zeit der Bürgerkriege.
Niederer Adel erhebt sich gegen den Feudaladel; dadurch soziale Umschichtungen. Den Fürsten werden ihre Besitzungen genommen und nach unten verteilt.
Die neuen Herrscher, meist Emporkömmlinge, bauen riesige Paläste und bemühen sich, sie zu kulturellen Zentren zu machen. Diese Bauten zeigen Anmut und Stärke. Sie sind Schloß und Festung zugleich und ein architektonisches Charakteristikum der Epoche. Die Innenausstattung ist farbig und prächtig gehalten. Ein Betätigungsfeld der Bildenden Künste. Es entstehen gleichzeitig buddhistische Bauten im traditionellen Stil. Dagegen werden betont schlichte Teeräume errichtet, ganz im Sinne der Teezeremonie.
Das Kunsthandwerk nimmt einen Aufschwung, vor allem die Gestaltung von Keramik-Gefäßen.
Über die Portugiesen dringen europäische Errungenschaften in das Land (vermittelt durch jesuitische Missionare): Feuerwaffen, Land- und Seekarten, Medizin, Astronomie, Geographie und Physik.
In der japanischen Malerei werden Europäer dargestellt.
1542 Portugiesen erreichen Japan.
1549 erfolgreiche Jesuitenmission vom Süden her.
1573 Das No-Spiel wird zum klassischen Drama mit Musik und Tanz. Themen: göttliche und bürgerliche Welt und Historie (Frauenrollen durch Männer dargestellt).
1592–1598   Unterwerfung Koreas.
1603–1867   Tokugawa-Shogunat. Tokio als Residenz.
1639 Schließung sämtlicher Seehäfen. Totale Absperrung gegen die Außenwelt.
Entmachtung des Tenno, nur noch als religiöses Oberhaupt zu verehren.
Niedergang des Shogunats.
Ab 1680 Blütezeit der Lyrik, des Theaters und der Malerei (Holzschnitte).
1720 Zulassung europäischer Bücher.
Am Ende der Epoche nationale Shinto-Bewegung. Wiederaufwertung des Tennokultus mit Abwertung des Shogunats. (Shinto = Natur- und Ahnenkult aus frühester Zeit.)
1854 Öffnung Japans zur Außenwelt. Vertrag mit den USA mit Konzessionen für zwei Häfen. Handelsverträge mit europäischen Ländern.
1868–1912   Meiji-Ära: Es entsteht das moderne Japan. Übernahme europäischer Einrichtungen der staatlichen Verwaltung (Rechts-, Finanz-, Gesundheits-, Presse-, Militär-, Post-, Eisenbahn-, Polizeiwesen) und Einführung der allgemeinen Schulpflicht.
Bevölkerungsanstieg: 1867/26 Millionen,
1912/52 Millionen.
Der Anschluß an die Weltwirtschaft gelingt schneller als erwartet.
Mit dieser Öffnung nach Europa hin werden auch abendländische Kulturformen aufgenommen. Nach und nach durchsetzen sie die eigenständigen, japanischen Traditionen. Bald setzte ein vehementer Assimilierungsprozeß ein, der fortdauert und noch nicht abgeschlossen ist.

1750–1900

Deutschland:

2. Hälfte des 18. Jahrhunderts Durchbruch des Nationalbewußtseins in Dichtung und Philosophie: Lessing, Möser, Klopstock, Goethe, Herder-«»Sturm und Drang«-Periode
        Klassik: Goethe, Schiller, Winkelmann, Fichte
        Romantik: Schlegel, Tieck, Novalis, Brentano, Eichendorff

Preußen:
1740–1786	Friedrich II. der Große	
	1740–48	Österreichischer Erbfolgekrieg
	1756–63	Siebenjähriger Krieg
1786–1797	Friedrich Wilhelm II.	
1797–1840	Friedrich Wilhelm III.	
	1806–07	Krieg Frankreichs gegen Preußen
	1807	Preußische Reformen (Freiherr vom Stein)
	1812	Heeresreform durch Scharnhorst und Gneisenau; Kulturelle Reformen: Wilhelm v. Humboldt
1813–1815	Befreiungskriege gegen Napoleon (Preußen, Rußland, England, Österreich)	
1814–1815	Wiener Kongreß	
1815–1848	Zeitalter der Restauration und Revolution, Beginn der Industrialisierung	
1834	Deutscher Zollverein	
1835	Erste deutsche Eisenbahn Nürnberg-Fürth	
1840–1861	Friedrich Wilhelm IV.	
1848	Märzrevolution Berlin/München, Deutsche Nationalversammlung (Paulskirche Frankfurt)	
1848	Kommunistisches Manifest von Karl Marx	
1861–1888	Wilhelm I. (Kaiser)	
	1862	Bismarcks Berufung
	1871	Kaiserkrönung
1870–1871	Deutsch/Französischer Krieg	
1871	Deutsches Kaiserreich – Wilhelm I. von Preußen Deutscher Kaiser	
1888–1919	Wilhelm II.	
1890	Entlassung Bismarcks	
1914–1918	1. Weltkrieg	

Österreich:

1740–1780	Maria Theresia
1765–1790	Kaiser Joseph II.
1812–1815	Beteiligung am Krieg gegen Napoleon
1848	März-Aufstände in Wien und Flucht Metternichs
1848–1916	Franz Joseph I.
1867	Franz Joseph I. König von Ungarn

Landschaftsgärten in Deutschland:

Hohenheim bei Stuttgart, 1774–1784, Herzog Eugen von Württemberg (1773–1793)
Wörlitz bei Dessau, 1771–1790, Fürst Leopold Friedrich Franz von Anhalt-Dessau, Architekten: Erdmannsdorff, Neumark, Eyersbeck, Schoch
Wilhelmshöhe bei Kassel, 1766–1798, Landgraf Friedrich II. und Nachfolger Wilhelm IX. von Hessen Kassel, Architekten: Du Ry, Jussow, Schwarzkopf, Steinhöfer – 1794–96 Bau der »Löwenburg«
Seifersdorfer Tal bei Dresden, 1781–1792, Graf Hans Moritz Brühl und Gemahlin Christiane
Ettersburg bei Weimar, Herzogin Anna Amalia, 1776–1778
Weimarer Park, 1778–1787 Herzogin Anna Amalia und Sohn, Großherzog Karl-August (1775–1828), Goethe
Tiefurt bei Weimar, ab 1781, Anna Amalia und Karl August

Arbeiten von Friedrich Ludwig von Sckell (1750–1823):

Schwetzingen, Randzone, 1777, für Kurfürst Karl Theodor, mit Pigage
Jagdschloß Schönbusch bei Aschaffenburg, 1775–1800 Bauherr Kurfürst Joseph Freiherr von Erthal
Mainzer Favorite, landschaftliche Umgebung der Schloßanlage, 1785 im Auftrag Kurfürst Karl Theodor
Mannheim, 1800, Entwurf für die Umwandlung der Festungsanlagen; Projekt für einen Friedhof
Arbeiten während der Schwetzinger Amtsperiode (1776–1804):
    Karlsberg bei Homburg/Pfalz für Karl II. August v. d. Pfalz
    Schloß Oranienstein bei Diez/Lahn, 1786 für Wilhelm V. von Nassau-Oranien
    Trippstadt, Pfalz, »Karlstal« für Freiherr von Hacke
    Schöntal, Aschaffenburg, Umwandlungen der Festungsanlagen
    Wörstadt/Rheinhessen, Schloßpark für Gräfin Salm-Grimbach
    Grünstadt, Schloßpark für Grafen Leiningen-Westerburg
    Dirmstein bei Grünstadt, Schloßpark für Gräfin Brühl
    Blieskastel bei Zweibrücken, »Annahof« für Gräfin Marianne von der Leyen
    Herrnsheim bei Worms für Freiherr zu Herrnsheim, Schloßpark
    Dürkheim und Amorbach, Odenwald, Schloßparks für das Haus Leiningen
    Birkenau, Odenwald, Schloßpark für Freiherr von Wambolt
    Neckarshausen, Schloßpark für Graf Oberndorff
    Rohrbach bei Heidelberg, Schloßpark für Maximilian Joseph von Pfalz-Zweibrücken
    Oppenweiler, Württemberg, Schloßpark für Freiherr von Sturmfeder
    Landshut, Bayern, Herzogsgarten für Wilhelm von Bayern
Arbeiten während der Münchener Amtsperiode (1804–1823):
    Englischer Garten, ab 1789, Plan von 1807
    Nymphenburg, 1801–1823
    Bebauungspläne für München, 1804–1812
    Botanischer Garten München, 1808–1814
    »Naturgarten« des Ministers Graf von Montgelas in Bogenhausen, 1805
    Schloß Tegernsee, Seeuferbepflanzung – Uferpark
    Schloß Berg am Starnberger See – Uferpark
    Schloßpark Biebrich am Rhein für Fürst Nassau-Weilburg

Fürst Hermann Pückler (1785–1871):

Hermann Fürst von Pückler-Muskau bekanntestes Werk: »Andeutungen über Landschaftsgärtnerei«

Muskauer Park, ab 1815–1845
Park in Branitz, ab 1845
Zahlreiche Beratungen bei Parkanlagen u. a. Prinz Carl von Preußen

Arbeiten von Peter Joseph Lenné (1789–1866):

Potsdam:	*1816*	*»Neuer Garten«*
	1818–1825	*stufenweiser Weiterausbau*
	1826	*Charlottenhof*
	1827	*Hopfenkrug*
	1840	*Marlygarten, ferner Orangerie, Nordischer Garten, Sizilianischer Garten*
1818		*Pfaueninsel und Klein-Glienecke*
1819		*Schloßpark Charlottenburg*
1820		*Gut Reichenbach in Pommern*
1824		*Magdeburg: Kloster-Berge-Garten*
1833–1839		*Tiergarten Berlin*
1833		*Garten beim Schloß Babelsberg*

Weitere Arbeiten in und um Berlin:
Prinz-Albrecht-Garten, Park Niederschönhausen, Charité-Gärten, Invalidenpark
Stadtplätze: Wilhelmplatz, Belle-Alliance-Platz, Hausvogteiplatz, Leipziger Platz

Bebauungspläne für Berlin 1840–1843 und für weitere Städte
1842   Plan zur Verschönerung der Insel Potsdam

Umwandlung der Befestigungsanlagen in Promenaden im landschaftlichen Stil:

als Beispiele:	Gartenarchitekten:
1797 Braunschweig	P. J. Krahe
1791 München	
1798 Mannheim	Sckell/Zeyherr
1801 Düsseldorf	Pigage/M. Fr. Weyhe
1802 Bremen	Bossel/Altmann
1804 Frankfurt/M.	Seb. Rinz
1804 Hamburg	Altmann
1804 Lübeck	Behrens
1805 Hildesheim	
1807 Breslau	

Volksparks mit Wiederaufnahme geometrischer Stilelemente:

als Beispiele:		Schöpfer- und Gartenarchitekten:
um 1850	Berlin, Friedrichshain	
	Berlin, Schillerpark	
ab 1865–1884	Bürgerpark Bremen	W. Benque
1905	Köln, Klettenbergpark	Encke
1909–1910	Köln, Vorgebirgspark	Encke
1910	Hamburger Stadtpark	Schumacher
1921	Berlin, Volkspark Jungfernheide	Barth
1923–1924	Köln, Innerer Grüngürtel	Adenauer/Encke

Friedhöfe:

als Beispiele:
1896–1899	München, Nordfriedhof
1911–1916	Bremen, Osterholzer Friedhof
1920–1921	Hannover, Seelhorster Friedhof

Entwicklung des Kleingartenwesens:

1808–1861	Dr. Schreber, Leipzig, Arzt
1808–1866	Dr. Hauschild, Leipzig, Schuldirektor
1864	Gründung des »Vereins zur Schaffung von Kinderspielplätzen«, Gesell, Lehrer (gest. 1897)
1869	Erste Gartenordnung, Leipzig
1919	11. August: Pachtschutzgesetz
1921	14. August: Reichsverband der Kleingartenvereine Deutschlands

Bau- und Gartenbauausstellungen:

1869	Hamburg, Internationale Gartenbau-Ausstellung (14 ha)
1887	Dresden, I. internationale Gartenbau-Ausstellung (19 ha)
1896	Dresden, II. internationale Gartenbau-Ausstellung (12,5 ha)
1897	Berlin, Gartenbau-Ausstellung im Treptower Park
1897	Hamburg, Allgemeine Gartenbau-Ausstellung (20 ha)
1904	Düsseldorf, Gartenbau-Ausstellung mit Planschau bekannter Gartenarchitekten
1905	Darmstadt, Allgemeine Gartenbau-Ausstellung mit den »Farbengärten« von Joseph M. Olbrich
1907	Mannheim, Jubiläums-Gartenbau-Ausstellung (12 ha) mit Sonderausstellung für Wohngärten (Garten von Peter Behrens)
1913	Breslau, Gartenbau-Ausstellung mit Abteilung Friedhofsschau
1926	Dresden, Jubiläums-Gartenbau-Ausstellung (30 ha), erste große Ausstellung nach dem 1. Weltkrieg
1907	Gartenstadtprojekt Hellerau bei Dresden, Architekten: K. Schmidt, Riemerschmid, Tessenow

England:

1760–1820 Georg III.
           1768–1779 Weltumseglung des Kapitän Cook
           1783–1806 William Pitt d. Jg.: Ausbau der englischen Kolonialmacht
           1806   Kontinentalsperre
1820–1830 Georg IV.
           seit 1829 Reformen
1830–1837 Wilhelm IV.
1837   Ende der Personalunion England-Hannover
1837–1901 Viktoria – Viktorianisches Zeitalter

Landschaftsgärten in England:

	Bauherr	Architekt/Gartenarchitekt:
Twickenham, 1719		Pope
Chiswick, ab 1729	Lord Burlington	Kent (1685–1748)
Rousham-House		Bridgeman, Kent
Stowe	Lord Cobham	Bridgeman
	Lord Dacre	Kent ab 1748 Brown
Blenheim	Geschenk von Königin Anna an den Herzog Marlborough	Palastbau 1722 van Vanbrugh Wise Brown
Warwik Castle, 1750		Brown (1715–1783)
Chatsworth House		Brown
Cliveden		Brown
Harewood		Brown/Repton (1752–1818)
Longleat		Brown/Repton
Sheffield		Brown/Repton
Holkham		Brown/Repton
Kewgarden	Prinzessin Augusta und Frederick, Prinz of Wales	Chambers (1726–1796)
Leasowes, seit 1743		Shenstone (1714–1763)
Rainshill, um 1750		Shenstone
Stourhead, um 1750	Henry Hoare, Besitzer und Architekt	
Wilton, 1737	Lord Henry Pembroke, Besitzer und Architekt	
Ashridge		Repton
Russel Square (Öffentlicher Platz)		Repton

Rußland:

1741–1762 Zarin Elisabeth
1762–1796 Zarin Katharina II.
           1768–1774 Krieg gegen die Türken
           1772–1795 Aufteilung Polens
1801–1825 Zar Alexander I.
           1815   »Kongreßpolen« mit Rußland vereinigt
1812   Krieg Napoleons gegen Rußland
1825–1855 Zar Nikolaus I.
           1853–1856 Krimkrieg
1855–1881 Zar Alexander II.
           1856–1874 Reform-Ära
           1861   Aufhebung der Leibeigenschaft
           1828–1910 Graf Leo Tolstoi
           Narodniki – Nihilisten
           1856–1918 Plechanow
           1870–1924 Lenin
1881–1894 Zar Alexander III.
1894–1917 Zar Nikolaus II.

Frankreich:

1789–1795	Franz. Revolution
	1792 Frankreich Republik
1792–1797	Erster Koalitionskrieg – Österreich und Preußen gegen Frankreich
1795	Eroberung Hollands
1795–1799	Regierung des Direktoriums
1796	Napoleons Sieg über die Österreicher in Italien
1798–1799	Zug Napoleons nach Ägypten
1799	Staatsstreich Napoleons: »Erster Konsul«
1804	Napoleon I. Kaiser der Franzosen
1806–1807	Krieg Frankreichs gegen Preußen
1806	Kontinentalsperre gegen England
1812	Napoleons Krieg gegen Rußland – Untergang des französischen Heeres
1814	Abdankung Napoleons
1814–1824	Ludwig XVIII.
1830	Julirevolution in Paris – Louis Philippe von Orléans »Bürgerkönig« (1830–1848)
1848	Februarrevolution in Paris
1852	Kaiserwahl Napoleon II. (1808–1873)
1870–1871	Deutsch-französischer Krieg
1871	März bis Mai Aufstand der Pariser Kommune
1875	Dritte Republik
1894–1906	Dreyfus-Affäre
1862–1932	Aristide Briand

Gärten im landschaftlichen Stil in Frankreich und Gärten für das Volk:

als Beispiele:
Versailles »Klein Trianon«, 1774, Marie Antoinette (1755–93), Gattin Ludwig XVI. – Architekt: Richard
Park Monceau, 1780 für Philipp v. Orléans – Architekt: Carmontelle
Ermenonville für Marquis de Girardin – Architekt: J. M. Morel (Pappelinsel mit Rousseau-Grab)
1852–1865 Neugestaltung von Paris nach den Plänen von Haussmann (1809–91), Beginn der Anlage von Volksparks
»Bois de Boulogne«, Paris, Volkspark der Ära Haussmann – Architekten: Hittorf, Varé, Alphand
»Bois de Vincenne«, Paris, Architekt: Alphand
»Buttes Chaumond«, Paris, Architekt: Alphand

Nordamerika:

1775–1783	Unabhängigkeitskrieg
1776	Unabhängigkeitserklärung
ab 1750	Klassizistischer Kolonialstil
1789	Verfassung der USA
1801–1809	Präsident Jefferson
1861–1865	Sezessionskrieg
1861–1865	Präsident Lincoln

Parkanlagen in Amerika:

als Beispiele:
1858   New York, Central Park in Manhattan, Architekten: F. L. Olmsted und C. Vaux
1886   Chicago, Vorort Riverside, Architekten: Olmsted und Vaux
1893   Chicago, Weltausstellung, Architekt: Olmsted
1870   Prospect Park Brooklyn, Architekt: Olmsted
1892   Gesamtgrünplanung Boston und Franklin Park Boston, Architekt: Olmsted

Deutschland ab 1918:

Abdankung Wilhelms II.
1919	Waffenstillstand, Friedensvertrag von Versaille
	Weimarer Verfassung: parlament. demokr. Verfassung
1920	Gründung der NSDAP (Nat. soz. deut. Arbeiter Partei)
1930	Weltwirtschaftskrise
1933	Januar: Machtübernahme durch Hitler
1938	November: organisierte Progrome gegen Juden im ganzen Land
1939	September: Deutscher Angriff auf Polen, Kriegsbeginn
1940	Mai/Juni: Feldzug gegen Frankreich
1941	Juni: Deutscher Angriff und Einfall in Rußland
1942	November – 1943, Januar: Kessel von Stalingrad: Kapitulation
1945	Mai: Bedingungslose Kapitulation Deutschlands, Besatzungszonen, Teilung Deutschlands
1945/46	Nürnberger Prozesse gegen Kriegsverbrecher
1949	Grundgesetz für Bundesrepublik, Proklamation der DDR
1961	August: Errichtung der Mauer in Berlin

Nach 1945 Trümmerbeseitigung und Wiederaufbau
Allmähliche Ausweitung der Aufgaben in der Freiraumplanung über zahlreiche Gebiete: Nebenerwerbssiedlungen, sozialer Wohnungsbau, Grün- und Außenanlagen für neue Schulbausysteme, Spielplätze, Sportanlagen, Friedhöfe, Verkehrsgrün, Bebauungspläne, Städtebauliche Planungen, Landschaftspflege, Internat.-Bundes-, Landesgartenschauen, Naturgärten, Ökologie und Umweltschutz

Personen-, Länder- und Ortsverzeichnis

Abessinische Berge 15
Abu Simbel 15
Achäer 25
Addison, Joseph 133
Afrika 40, 155
Ägäisches Meer 25
Ägypten 15, 16, 18, 19, 20, 21, 27, 35, 36, 115, 155
Ägypter 27
Akademie 26
Alberti, Leon Battista 48, 50
Aldobrandini, Kardinal 57, 105
Alexander der Große 21, 27
Alexandrien 27
Alhambra 38, 40, 41
Allinger, Gustav 174
Almohaden 41
Alphand, A. 159
Amalienburg 110
Amanus-Gebirge 22
Amboise 61, 62
Ambras 76
Amenophis III. 18
Amenophis IV. (Echnaton) 19
Amerika 71, 162, 164
Ammanati 51, 53
Angers 62
Anna, Königin von England 101
Anthoni, J. J. 107
Araber 35, 36, 37, 38, 41
Arabische Halbinsel 35
Arabische Wüste 15
Argenville, d' 96
Armenisches Hochland 21
Arundel, Graf von 71
Aschaffenburg 146, 148, 155
Assur 21, 22
Assurbanipal 23
Assyrer 23, 24
Assyrisches Reich 21, 22
Athen 26, 27
Attiret, Jesuitenpater 83
Augsburg 73
August der Starke 120
Augustus, Kaiser 31, 32
Augustusburg 110
Avenarius 169

Babelsberg 155

Babylon 21, 23
Babylonisches Reich 21
Bacon, Francis 71, 72, 75
Badenburg 110
Bagnaia 55, 57
Barelli, Agostino 110
Barth, Erwin 171, 173, 174, 175, 177
Bauer, Friedrich 169, 173
Bayern 123, 147
Bayreuth 122, 123, 124, 125
Belvedere, Vatikan 48, 49
Belvedere, Wien 112, 113, 180, 195
Benediktiner 41
Benoit, Jesuitenpater Michel 85
Benques, Wilhelm 163, 164
Berber 37
Bergfeld 169
Berggarten Hannover 102
Berlin 158, 164, 171, 173, 174, 175, 176, 177
Bethe 157
Bingen, Hildegard von 43
Blenheim 136, 137, 145
Blois 62, 63
Blomfield, Sir Reginald 167
Boboli-Gärten 51
Bois de Boulogne 155, 159
Bois de Vincennes 159
Böllstädt, Albert Graf von 43
Bonn 110
Bonn-Poppelsdorf 155
Bornim 174
Boscoreale 30
Boston 164
Boyceau 68, 95
Brabant 115
Bramante, Donato 48, 49, 50
Brandenburg 145
Branitz 155, 199
Braun und Hogenberg 74, 179
Bremen 158, 163, 166
Breslau 73
Bridgeman, Charles 134
Bromme 169
Brooklyn 164
Brown, Lancelot 132, 134, 135, 136, 137, 138

Bruchsal 145
Brühl 105, 110, 111, 112
Brühl, Graf Hans Moritz 144
Buchara 35
Bürgerpark Bremen 163
Burleigh, Lord 71
Buttes Chaumont, Paris 160

Cadard 103
Caesar 32
Carbonet, Charles 97, 101, 107, 108, 110
Carl Theodor *siehe* Karl Theodor
Carlsberg 119
Caserta 50
Castiglione, Pater 85
Cato 28
Caus, Isaac de 70, 72
Caus, Salomon de 72, 76f
Central Park Manhattan 162, 164
Ch'ang-an 82
Ch'in-Dynastie 80
Chambers, William 134
Chambord 62, 63, 69
Chantilly 92
Charbonnier, Martin 103, 104
Charleval 65, 104
Charlottenburg 158, 173
Chateau de Clagny 91
Chelsea 145
Chenonceaux 64
Chicago 162
China 78, 79, 80, 85, 86, 112, 134
Chinesisches Haus 111, 112
Chou-Dynastie 82
Christina von Schweden, Königin 118
Cicero 34
Clemens August, Kurfürst 110
Cloud, Saint 92
Cloux 62
Collodi 59
Cordoba 41
Cordus, Henricus 73
Corneille 88
Cosima I. 52

Court, Hampton 69, 70
Coysevox 95
Cuvilliés, Francois 110, 123

Dänemark 103, 119
Damaskus 35
Darmstadt 168
De L'Orme, Philibert 67
Deir-el-Bahri 19
Deutschland 45, 48, 71, 73, 96, 101, 105, 159, 160, 168
Dientzenhofer, Johann 127
Diesel, Matthäus 110
Dippe 72
Dorier 25
Dresden 73, 120, 144
Dresdner Zwinger 120, 123
Drottningholm 119
Du Cerceau 63, 65, 66, 67
Düsseldorf 168
Du Perac 68

Effner, Joseph 107, 108, 110
El-Amarna 19
Elbe 139
Elisabeth I. 69, 71
Encke, Fritz 173
England 45, 47, 64, 71, 73, 75, 83, 101, 127, 133, 134, 138, 139, 145, 155, 159, 167, 168, 174
Englischer Garten 147
Enke 169
Erdmannsdorff 139
Erfurt 47, 73
Ermenonville 159
Ernst August, Herzog 102, 103
Eugen von Savoyen, Prinz 113
Euphrat 21
Europa 40, 47
Eyserbeck, J. F. 139

Falkenlust 111, 112
Ferdinand von Aragon 40
Ferdinand, Herzog 76
Ferner Osten 35
Ferrari, Giovanni Battista 54
Fischer von Erlach, J. B. 113
Flandern 115
Florenz 50, 51
Foerster, Karl 174
Fontainebleau 62, 66, 68, 88, 92, 118
Fouquet, Nicolas 88, 92
Frankfurt/M. 179, 187
Franklin Park Boston 164
Frankreich 35, 45, 61, 63, 64, 65, 69, 71, 74, 88, 92, 101, 104, 105, 107, 108, 113, 116, 117, 118, 127, 145, 159
Franz I. von Frankreich 62, 66, 69
Franz I. von Österreich 113
Frascati 57, 58
Frascati-Villen 105
Fredensborg 119
Frederiksborg 119
Freye, Paul 166
Friedrich II. 119, 123, 124, 125, 180
Friedrich V. 72
Friedrich Wilhelm III. 156
Friedrich Wilhelm IV. 158
Friedrich, Caspar David 132
Friedrichshain Berlin 160
Fugger 74
Fulda 43
Furttenbach, Joseph 76
Fusijama 86

Garzoni 59
Generallife 40
Georg Wilhelm, Markgraf 122
Gibraltar 36
Girard, Dominique 97, 101, 108, 110, 113, 180
Girardon 95
Goethe, Johann Wolfgang von 140, 144, 153, 155
Goldenes Haus 34
Gothein, M. L. 169
Goysevox 118
Granada 38, 39, 40, 41, 181
Griechen 28
Griechenland 15, 21, 25, 27, 155
Großer Garten Herrenhausen 102, 103
Guerniero, Francesco 105, 106, 107, 145

Haag, Adolf 174, 175
Habichtswald 105
Habsburger 75
Hadrian, Kaiser 33, 34
Hadriansvilla 33, 56
Hamburg 168, 170, 171, 174
Hammerbacher, Herta 174
Hampel 161, 162
Han-Dynastie 82
Hannover 103
Hardouin-Mansart 92, 99
Hartfield House 72
Hartig 155
Hatschepsut, Königin 19, 20
Heemstede 115, 116, 180, 196
Heidelberg 47, 73, 105, 146

Heidelberger Schloßgarten 77
Heike 169
Heinrich II. 67
Heinrich IV. 67, 68, 118
Heinrich VIII. 69, 70
Hekademos 26
Hellbrunn 76, 180, 188
Herculaneum 34
Herford 120
Herkules 106, 192
Herrenhausen 102, 104, 105
Herrenhäuser Park 103
Herward, J. H. 75
Het Loo 115, 116
Hethiterland 22
Hildebrandt, J. L. von 113
Hirschfeld, C. C. L. 140, 143, 154
Hirschholm 119
Hogenberg 74
Hohenheim 144
Holland 71, 74, 101, 103, 115, 116, 145
Homer 25, 26
Hortus Palatinus 77, 104
Hübotter, Wilhelm 174, 175
Humboldthain Berlin 160

Iberische Halbinsel 36
Indien 35, 71
Indo-europäische Stämme 25
Innerafrika 15
Insel Potsdam 158
Ionier 25
Ippolito d'Este, Kardinal 56
Irving, Washington 41
Isabella von Kastilien 40
Isidorus Hispalensis 43
Italien 29, 40, 45, 48, 52, 60, 61, 63, 64, 65, 67, 68, 69, 71, 73, 74, 76, 92, 101, 105, 115, 116, 133, 139

Jacob I. 72
Jakobsdal 119
Janßen 169
Japan 78, 79, 85, 86
Jekyll, Gertrude 168, 174
Jerusalem 35
Johann Friedrich, Herzog 102f
Joseph I. 113

Kang-tsi, Mandschu-Kaiser 83
Karl Albrecht 110
Karl August von Weimar 156
Karl der Große 41, 42
Karl IX. 65
Karl Theodor von der Pfalz 124, 126, 145

Personen-, Länder- und Ortsverzeichnis 237

Karl Theodor, Kurfürst von Bayern 145, 147
Karl V. 39, 40
Karl VIII. 61, 73
Karl von Hessen-Kassel, Landgraf 105, 107
Karl, Prinz von Preußen 156
Karlsberg bei Kassel 105
Kassel 106, 145, 176
Kassel-Wilhelmshöhe 101, 104, 105, 106, 145
Kent, William 133, 134, 136
Kien-lung 83
Kimon 27
Kleinasien 21
Kloster St. Gallen 42
Kloster-Berge-Garten Magdeburg 157
Knobelsdorff 125
Knossos 25
Koblenz 155
Köln 110, 173
Konfuzius 80
Königsberg 73
Konstantinopel 35
Korea 85
Kreta 25
Kühn, Gottfried 174

La Fontaine 88
La piece de Suisse 91
Last 169
Le Blond 96, 118
Le Brun 88, 92
Le Nôtre 88, 89, 90, 92, 94, 96, 97, 98, 101, 108, 118, 132, 145
Le Vau 88, 92, 98
Leiden 47
Leipzig 47, 73
Lenné, Peter Joseph 155, 156, 157, 158, 160, 170, 180, 200
Leopold Friedrich Franz von Anhalt-Dessau 139
Libysche Wüste 15
Lichtwark, Alfred 168, 169, 170
Ligorio, Pirro 56
Löwenburg 145
Löwenhof 38, 39, 40
Loire 61, 62, 64
London 138, 154
Londoner Gartenbau-Gesellschaft 138
Lorenzo 52
Lorrain, Claude 131, 133
Lucca 59
Ludwig XII. 62
Ludwig XIV. 88, 92, 94, 97, 99, 118, 123

Lüttge, Gustav 174
Luise Ulrike, Königin 119
Lukullus 34
Lushan 82
Lustheim 107, 108
Lutyens, Edwin 168
Luxenburg 155

Maaß, Harry 169, 171, 172, 173
Machura, Pedro 40
Madrid 47
Magdalenenklause Magdeburg 110
Magdeburg 157
Mandschu-Dynastie 83
Manhattan 162
Mannheim 168
Mansart 98
Marburg 47
Maria Theresia 113
Marly-le-Roi 99, 100, 120
Marot, Daniel 116
Marquis de Girardin 159
Mattern, Hermann 174, 175, 176
Mauren 37
Maurus, Hrabamus 43
Max Emanuel, Kurfürst 107, 108, 110
Maxvorstadt 148
Mayer, Johann Prokop 127, 128
Mazarin 88
Meder 24
Medici 50
Medici, Katharina von 67
Melun 88
Memphis 15
Mercogliano, Pacello da 62
Merian 74, 179, 180
Mesopotamien 21
Meudon 92
Mexuar 38
Meyer, Gustav 158, 160
Michelangelo 52, 57
Migge, Leberecht 169, 173, 174
Ming-Dynastie 83
Minos 25
Mitteleuropa 21, 25, 35
Mittelmeer 36
Mittelmeergebiet 32
Mittelmeerraum, östlicher 21
Mohammed 35
Mohammed I. 38
Molière 88
Mollet, André 72, 118
Mollet, Claude 68, 72, 90, 118

Monceau 159
Mongolen 81
Montaigne, Michel de 55
Montpellier 47
Mosel 29, 35
Mozaraber 40
Mudejares 40
München 108, 145, 147, 148, 155, 174
Muskau 153, 155
Muskauer Park 154
Muthesius, Hermann 168, 169
Mykene 25
Myrthenhof 38, 39

Napoleon III. 155
Nasriden 38, 40
Neapel 31, 61, 73
Nebukadnezar II. 23
Neiße 153
Nero 34
Neuer Garten 156
Neugebäude bei Wien 76
Neumann, Balthasar 110, 127, 128
Neumark 139, 140
New York 162, 164
Niederlande 45, 104, 107, 115
Nil 16, 21
Nildelta 15
Ninive 21, 22
Nonsuch 69, 71
Nordafrika 29, 36
Nordamerika 162
Nordwest-Afrika 37
Nürnberg 74
Nymphenburg 105, 108, 109, 110, 112, 147

Ober-Ägypten 15, 16
Ochs, Jacob 174
Odysseus 25
Österreich 113
Olmsted, Frederic 162, 163, 164
Omajaden 35
Omar 35
Orient 21, 27
Orleans 62
Orth 128
Ostasien 78
Ostpersien 35
Oströmisches Reich 35
Oxford 47
Oxfordshire 133

Padua 46, 47
Pagodenburg 109, 110
Palästina 35

Palissy, Bernard 67
Papst Julius II. 48
Paris 47, 61, 62, 67, 92, 113, 127, 155, 159
Paul V. 55
Peking 81, 83, 84
Peller, Christoph 74
Peloponnes 25
Pembroke, Graf 70, 72
Permoser, Balthasar 121
Perronet, Henry 102
Perser 24, 27
Persien 35, 36
Persischer Golf 21
Persisches Großreich 21
Peter der Große, Zar 118
Peter I. 41
Petersburg 118
Petit Trianon 159
Petri, Ludwig 126, 145
Philadelphia 162
Philipp V. 40
Pigage, Nicolaus 126, 127, 145, 147
Pineau, Nicolas 118
Pisa 47
Plauensche Grund 144
Plinius 31, 33, 34, 48, 79
Polo, Marco 81, 83
Pompeji 29, 30, 34, 79
Pope, Alexander 133
Pöppelmann, Matthias Daniel 120, 121
Porta, Giacomo della 57, 58
Porticus Liviae 32
Potsdam 125, 155, 156, 158, 174
Poussin 133
Prag 47, 120
Prinz Eugen 180
Prospect Park Brooklyn 164
Provence 35
Pückler, Fürst 137, 153, 154, 155, 156, 157, 160, 167, 199
Punt 20

Reich, Alfred 174
Reichenbach 157
Repton, Humphrey 137
Reuchlin 73
Rhein 29, 35
Rheinsberg 125
Richelieu 88
Riggus, Michael 103
Rom 28, 31, 32, 34, 48, 49, 50, 55, 63, 82, 120
Römer 28
Römischer Aquädukt 145
Römisches Reich 15, 28, 31, 35

Rosa, Salvator 131
Roselius 169
Rotterdam, Erasmus von 75
Rousham 133
Rousseau, Jean Jacques 132, 159
Rousseau-Insel 142
Ruppin 125
Ruysdael, Jan van 131

Sachsen 145
Saint-Germain 62
Salerno 47
Salisbury, Lord 72
Sallust 34
Salzburg 76
Samarkand 35
Sanherib 22
Sanssouci 119, 125, 126, 127, 156, 158, 180, 197, 200
Sargon II. 22
Sartorio, Hieronymo 103
Schinkel 156, 157
Schirmer, J. W. 154
Schlaun, Konrad 110, 111
Schleißheim 105, 107, 108
Schlesien 145
Schneider, Camillo 169
Schoch 139, 140
Schönbrunn 112, 113, 155
Schönbusch 146, 148
Schreber 164
Schultze-Naumburg 169
Schumacher 170
Schwarzes Meer 22
Schweden 118, 119
Schwetzingen 124, 126, 145, 146, 147
Schwetzinger Park 145
Sckell 109, 126, 132, 145, 146, 147, 148, 149, 150, 151, 152, 153, 155, 157, 160
Seek 166
Seidenstraße 82
Seifersdorfer Tal 144
Seifert, Alwin 174, 175
Seinsheim, Adam von 128
Semper, Gottfried 121
Serlio, Seb. 54
Serres, Olivier de 67, 68
Sevilla 41
Shaftesbury, Earl of 131, 133
Sian 82
Siena 54
Sierra Nevada 38
Sixtus IV. 55
Sixtus V. 50, 55
Somaliland 20
Sonnenkönig 118, 123
Sophie von der Pfalz 104

Spanien 29, 36, 37, 38, 40, 45
Spanier 41
Späth, Ludwig 174
Stourhead 145
Stowe 134, 135, 136, 145
Strabo, Walafried 43
Straßburg 47
Stuart 72
Stuttgart 175, 176
Süddeutschland 35
Südeuropa 35
Südfrankreich 29
Sui-Dynastie 82
Sung-Dynastie 83
Syrien 35

Tang-Dynastie 82
Taoisten 82
Tenno 86
Theben 18
Theobald 71
Thetisgruppe 95
Thiele, Hermann 174
Thomas 167
Tibur 34
Tiergarten Berlin 157, 158
Tietz, Ferdinand 128, 129, 130
Tiglatpilesar I. 22
Tigris 21, 22
Tirol 76
Tiryns 25
Tivoli 33, 34, 55, 56, 185
Toskana 50, 52, 55
Trehet, Jean 113
Trianon de porcelain 98
Tribolo 51
Troja 25
Tuillerien-Gärten 67
Twickenham 133

Unter-Ägypten 15, 16
Uralgebiet 25
Utrecht 115

Valentien, Otto 174, 175
Vatikan 49
Vatikanpalast 48
Vaux 162
Vaux-le-Vicomte 68, 88, 89, 90, 92, 94, 98, 108, 110, 192
Veitshöchheim 124, 127, 128
Veldhuysen 116
Venedig 43, 47
Versailles 64, 68, 91, 92, 93, 94, 95, 97, 98, 99, 100, 101, 120, 127, 145, 159, 193
Victoria, Königin von England 138
Vignanello 54

Vignola 50
Villa Aldobrandini 57, 58, 59
Villa d'Este 55, 56, 58, 185
Villa Garzoni 59, 60
Villa Lante 55, 57, 58
Villa Medici 55
Villa Medici Castello 51, 52, 53
Villandry 63, 186
Villa Ruspoli 54
Vinci, Leonardo da 62, 63
Vitruv 26, 117
Vorderasien 21
Vorherr, Gustav 157
Vouet, Simon 92
Vredeman de Vries 116, 117

Wagner, Peter 128, 129
Washington 162
Weimarer Park 140
Welsch, Maximilian von 127
Welser, Philippine 76
Westdeutschland 35
Westermann 103
Westeuropa 118
Weyhe, Clemens 155
Wickelmann, Johann J. 139
Wien 47, 73, 113, 120, 155, 180, 195
Wiepking, Heinrich 174
Wilhelm III. 116
Wilhelm IX. von Hessen-Kassel 145
Wilhelm, Prinz von Preußen 155, 156
Wilhelmine, Markgräfin 119, 122, 123
Wilton House 70
Wörlitz 144
Wörlitzer Park 139, 140, 142, 143, 153, 198

Wörlitzer See 139
Wolsey 69
Woodstock 136, 137
Württemberg 144
Württemberg, Graf Eberhard von 75
Württemberg, Herzog Christoph von 76
Württemberg, Herzog Eberhard von 73
Würzburg 124, 127
Wu-ti, Kaiser 82

Xenophon 24, 27

Yang-ti, Sui-Kaiser 82

ZEN 86
Zuccali, Enrico 107, 110

Sachverzeichnis

A-ha 136
Abflußgraben 17
Absolutismus 88
Achse 55, 58, 92, 116, 120, 130, 170, 180
Achsenmitte 88, 92
Ackerbauland 16
Ackerbürger 28
Adonis 27
Adonisfest 26
Adonisgarten 27
Adoniskult 26
Allee 66, 68, 94, 101, 106, 112, 119, 124, 163
Anglo-chinois 134, 159
Antike 13, 21, 41
Anzuchtstätte 33
Aquarius 31
Arabeskenform 68
Arboreten 138
Architekt 40, 41, 50, 52, 61, 63, 67, 71, 95, 110, 112, 118, 120, 125, 127, 132, 133, 136, 139, 157, 168, 175
Architektur 14, 18, 25, 33, 36, 38, 40, 50, 77, 80, 98, 131, 145, 168, 169
Arena 32, 35
Atrium 29, 31
Atriumhaus 28, 29
Aussichtshügel 69
Axiale Ausrichtung 17

Bach 44, 79, 131, 144, 179
Bachlauf 43, 85
Bad 26, 32, 33, 144
Badebecken 26
Ballspiel 47, 71, 94
Balustrade 50, 53, 74, 97, 116
Barock 50, 55, 58, 79, 131, 132, 159
Barockanlage 107
Barockgarten 57, 59, 79, 103, 116, 126, 131, 154
Bassin 32, 54, 110, 114, 123, 124, 125, 127, 131
Bastion 64, 127
Bauleitplanung 178
Baum 19, 20, 21, 23, 26, 27, 32, 44, 47, 66, 68, 78, 80, 82, 116, 133, 134, 136, 148, 149, 151, 167, 176
Baumallee 71, 116, 127, 172
Baumart 17, 19, 20, 21, 22, 26, 32, 138
Baumdarstellung 22
Baumgarten 25, 43, 44
Baumgrube 19
Baumgruben 23
Baumhain 24, 26, 156
Baumkulisse 199
Baumkultus 24
Baumreihe 19, 24, 36, 95, 180
Baumschnitt 33
Baumsymbol 19
Baumverschnitt 71
Bauwerk 21, 23, 41, 50, 55, 57, 67, 89, 95, 98, 136, 140, 146, 149, 154, 180
Bebauungsplan 147, 158
Becken 17, 29, 30, 31, 33, 34, 37, 40, 55, 56, 57, 65, 75, 88, 89, 90, 91, 95, 105, 107, 128, 144, 163
Beet 17, 29, 39, 42, 43, 47, 51, 55, 57, 66, 74, 75, 97, 98
Befestigungsanlage 25, 127
Befestigungswall 47
Begräbnisstätte 144
Belt 135, 137
Berceaux 100
Bergwelt 159
Bewässerung 17, 18, 26
Bewässerungsanlage 23
Bewässerungsgraben 22, 23
Bewässerungsmethode 17
Bewässerungsnetz 19
Bewässerungssystem 15, 21, 22
Bewässerungstechnik 16
Binse 15, 16
Blume 27, 36, 37, 42, 43, 44, 57, 66, 67, 71, 78, 82, 97, 98, 101, 137, 138
Blumenanlage 162
Blumenarrangement 154
Blumenbeet 32, 70, 154, 158, 159
Blumengarten 42, 75, 137
Blumenkultur 35, 36
Blumenparterre 76, 97
Blumenpflanzung 68
Blumenstellen 87
Blumenterrasse 60
Blumenziergarten 169
Blumenzucht 27
Bodenmodellierung 72, 131, 136, 143
Bonsai 87
Bosco 59
Boskett 67, 70, 90, 91, 92, 93, 94, 102, 110, 111, 113, 116, 119, 120, 125, 127, 159
Boskettgarten 102
Boskettpflanzung 89
Boskettquartier 107, 112
Bosketts 65
Bosquet 58
Botanischer Garten 45, 46, 47, 73
Bowling 70
Bowling-Green 127, 133
Broderie 89, 101, 108, 110, 111, 192, 194
Broderiebeet 107
Broderien 71
Brücke 35, 55, 79, 81, 82, 84, 97, 119, 136, 140
Brunnen 33, 36, 37, 38, 39, 40, 44, 46, 51, 53, 54, 56, 57, 58, 65, 72, 74, 75, 76, 87, 95, 97, 116, 127, 193
Buchs 97, 179
Buchsbaum 33, 55, 67, 68, 133, 167, 168
Buchsbaumhecke 95
Buchshecke 57, 96, 117
Buddhismus 82, 85
Buen retiro 107
Bürgergarten 116, 165
Burg 25, 44, 73, 79
Burgbau 62
Burgbereich 25, 44
Burgberg 44, 79
Burggarten 21, 43, 45

Capability 137
Capitulare 41
Chinamode 98, 159, 197
Chinoiserie 98, 112
Clumps 136

Compartiment de broderie 68
Cour d'honneur 88, 94, 110, 120
Croix de S. André 95
Cryptoporticus 31

Darstellung 16, 17, 18, 20, 22, 29, 44, 69, 137, 179
Diagonalallee 110
Diagonalalleen 109
Diagonalschneise 112
Durchgrünung 158, 165, 176
Durchlüftung 165

Ebene 65, 66
Ehrenhof 112, 180
Einfriedung 44, 70
Eingangstor 17, 18, 87, 180
Einzelbeet 72, 74
Entwässerung 115
Eremitage 98, 110, 122, 123, 124, 125
Eremitagenstil 99
Erholungsanlage 32
Erholungsbedürfnis 176
Erholungsgrün 165
Erholungslandschaft 178

Fachschule 170
Fahrweg 162
Familiengarten 75
Feigenbaum 20, 25
Fels 159
Felsen 80, 83, 150
Felsengarten 138, 145
Ferme ornée 134
Fest 44, 60, 64, 92
Festlichkeit 49, 51
Festplatz 120, 162
Festspiel 26
Festungsmauer 48
Festungswall 73, 120, 157
Festveranstaltung 90, 180
Figur 33, 68, 71, 74, 97, 116, 128, 130, 179
Figurengruppe 93, 123
Findling 150
Fischbassin 76
Fischzucht 22, 65
Fluß 64, 66, 70, 78, 131
Fontäne 40, 54, 55, 56, 60, 65, 72, 74, 88, 95, 97, 100, 102, 104, 110, 111, 112, 113, 120, 123, 130
Fontänenallee 55
Fontänenbecken 121, 127, 130
Französischer Garten 97
Freibad 176
Freilichttheater 26

Freisitz 31, 99
Freitreppe 55, 59
Freizeitbedürfnis 176
Freske 30
Friedhof 144, 165, 166, 173, 176
Fruchtland 18
Frührenaissance 50, 61
Fürstengarten 76
Fürstlicher Garten 71

Galerie 62, 98, 108, 112
Gang 50
Garten 176, 195
Garten- und Friedhofsamt 178
Gartenachse 51
Gartenarchitekt 82, 95, 120, 133, 137, 144, 169, 170, 171, 173
Gartenarchitektur 27
Gartenbauausstellung 168, 171
Gartenbild 79
Gartendirektor 158, 171, 173
Gartendirektoren 169
Gartenflotte 94
Gartenhaus 31, 144, 179
Gartenhof 28, 30, 32, 38, 82
Gartenkasino 107, 108
Gartenkolonie 165
Gartenkunst 14, 40, 45, 52, 68, 73, 78, 79, 80, 81, 82, 101, 105, 133, 143, 148
Gartenkünstler 61, 62, 110, 117, 148, 158, 160, 169
Gartenlaube 17, 44
Gartenleben 44, 45
Gartenmöbel 169
Gartenparterre 65
Gartenpavillon 127
Gartenterrasse 23, 48, 62, 111
Gartentheater 59, 102, 103, 194
Gartentor 45
Gärtnerlehranstalt 158
Gebüsch 136, 149
Gehege 45, 180
Gehölz 36, 50, 86, 145, 167
Gehölzart 138
Gehölzgruppe 136, 154
Gehölzkulisse 154
Gehölzpflanzung 150, 157
Gemüse 41, 75, 79, 137
Gemüseart 17, 42, 63
Gemüsebau 41
Gemüsegarten 25, 42
Geometrische Stilform 13
Gewächshaus 33
Gewässer 82, 87, 132, 154, 157

Gewürzpflanze 71
Giardini segreti 53, 65, 110
Giardino segreto 57
Gilgamesch-Epos 21
Glashaus 138, 154
Glasterrasse 126
Gloriette 113
Götterheiligtum 26
Grabanlage 24
Graben 17, 19, 44, 88, 107, 115, 136
Grabkunst 16
Graft 102, 104, 110
Granatapfelbaum 17, 20
Grand parc 94, 98, 109, 110, 111, 112, 120
Grotte 30, 31, 51, 52, 54, 67, 74, 76, 77, 88, 89, 90, 97, 107, 122, 123, 124, 140, 143, 192
Grottenanlage 30, 89
Grube 19
Grünanlage 27, 144, 158, 165, 171, 176
Grünfläche 27, 148, 165, 176
Grünflächenamt 178
Grüngürtel 147
Grünplaner 173, 176
Grünplanung 169, 170, 171
Grünzug 176
Gymnasien 26
Gymnasium 27, 34
Gymnastikwiese 171

Ha-ha 150, 151
Hängebrücke 160
Hängende Gärten 22, 23
Hain 26, 53
Handelsgärtnerei 27, 33
Hang 26, 34, 38, 40, 48, 50, 51, 52, 55, 57, 60, 65, 67, 105, 113, 125
Hanglage 18, 51, 105
Hauptachse 112
Hauptkanal 110
Hauptparterre 110, 113
Hauptschloß 113, 180
Hausgarten 79, 81, 82, 160, 169, 173
Hecke 26, 44, 72, 75, 90, 103, 116, 169
Heckenboskett 104, 110
Heckengang 113, 128, 130
Heckengarten 128
Heckenlabyrinth 94
Heckenovale 127
Heckenquartier 127, 130
Heckenschnitt 33, 79
Heckentheater 128, 130
Heidegarten 72
Heilkräuter 44, 75

Heilkräutergarten 42
Heilpflanze 41
Heroenhain 34
Herrensitz 48
Hippodrom 33
Hochbeet 29, 43
Hochbrunnen 44
Hochrenaissance 50, 55
Hochschulstudium 169, 170
Hoffest 79, 93, 94
Hofgärten-Intendanz 147
Hofgärtner 92, 127, 145, 155
Höhle 123
Hohlweg 151
Horizontale 50, 169
Hortus 28
Hügel 22, 23, 79, 81, 82, 86, 90, 132, 167
Humanismus 75

Idealgarten 71
Ikebana 87
Innenhof 22, 42, 86, 120
Insel 36, 78, 80, 81, 82, 84, 85, 88, 107, 119, 137, 140, 149, 163, 170
Intensivwirtschaft 16
Irrgarten 58, 59, 65, 70
Islam 35
Isolotto 55

Jagdgebiet 22
Jagdhaus 45
Jagdhütte 45
Jagdpark 21, 22, 81, 82
Japanisches Gartenmotiv 190, 191
Jardin des pins 66
Jardin paysager 159

Kanal 18, 33, 34, 36, 63, 65, 66, 82, 91, 92, 94, 95, 108, 109, 110, 112, 115, 117, 119, 120, 131, 140, 193
Kanalgarten 63, 65
Kanalkreuz 112
Kaskade 33, 34, 55, 56, 57, 65, 97, 100, 106, 114, 127, 170
Katarakt 15
Kavaliershaus 98
Kegelspiel 110
Kehre 151, 152
Kinderspielplatz 176
Kirchhof 165
Klassizismus 131
Kleingarten 164
Klerikerschrift 43
Klerikerschriften 41
Kloster 41, 45
Klosteranlage 42, 144

Klostergarten 21, 43
Knotted beds 70
Königspalast 25, 38
Kräuter 41, 42, 57, 67, 75
Kräutergarten 112
Kretisch-mykenische Kultur 25
Kreuzgang 42
Kreuzzüge 44
Kreuzzüge 21
Kübel 74
Kübelbäumchen 127
Kübelpflanze 29, 120, 179
Küchengarten 63, 102, 111, 112, 169, 186
Küchenkräuter 44
Kugelspiel 70, 94
Kulturlandschaft 158
Kunstgärtner 33

Labyrinth 59, 74, 76
Landbau 28
Landesverschönerungskunst 157
Landgut 28, 41
Landgüterordnung 41, 42
Landschaft 34, 48, 50, 53, 54, 64, 78, 82, 108, 110, 115, 132, 133, 134, 144, 150, 157
Landschaftlicher Stil 131, 148, 153
Landschaftlichter Stil 156
Landschaftsbild 78, 81, 115, 131
Landschaftsgarten 79, 81, 124, 131, 132, 133, 137, 138, 143, 146, 147, 153, 159, 165, 167, 198
Landschaftsgärtner 132, 134
Landschaftspark 137, 153
Landschaftspflege 170
Landschaftspfleger 178
Landschaftsstil 139
Landsitz 31, 34, 35, 48, 64, 69
Landvilla 34, 73
Lattengerüst 45
Laube 69, 94, 117, 159, 172
Laubengang 62, 70, 74, 76, 77, 95, 97, 100, 116, 127, 163, 179
Laubenkolonien 164
Laubgehölz 151
Laubholz 151
Leichtathletik 176
Leporarium 31
Liegewiese 160
Lustgarten 30, 43, 47, 76, 127, 180
Lusthaus 76, 102
Lustschloß 125

Marmorkaskade 107
Menagerie 76, 91, 98, 113
Menagerien 45
Minnedienst 44
Mittelachse 51, 55, 57, 58, 76, 109, 110, 111, 112, 113, 114, 127
Mittelalter 115
Mittelkanal 107, 110
Mount 69
Mythologie 53, 54

Nadelgehölz 151
Naturtümelei 162
Nilschwemme 17
Nutzgarten 25, 27, 43, 47, 75, 79
Nymphäen 30, 34

Obelisk 125, 179, 180
Obst 75, 79, 179
Obstanlage 127
Obstart 41, 71
Obstgarten 157
Oktogon 110
Orangerie 76, 98, 120, 125, 126
Ornamental farm 134, 157

Pachtschutzgesetz 165
Palais 85
Palast 18, 22, 23, 25, 34, 37, 41, 48, 51, 81
Palisade 44
Papyrusstaude 15, 16, 20
Paradies 24, 27
Park 63, 197
Park- und Grünanlagenpolitik 171
Parkfachmann 155, 158
Parkfläche 101
Parkfriedhof 165
Parkgelände 22, 112, 134, 140, 145, 149, 160
Parklandschaft 134, 147, 148
Parterre 59, 62, 67, 68, 71, 72, 88, 89, 90, 91, 92, 93, 94, 95, 97, 98, 102, 107, 108, 110, 111, 112, 116, 119, 120, 123, 125, 126, 127, 179, 180, 186, 192, 194
Parterre à l'Anglaise 96, 97
Parterre de Broderie 70, 88, 89, 95, 96, 97, 113
Parterre de compartiment 97
Parterre pièces coupées 97
Patriziergarten 74
Patte d'oie 95
Pavillon 36, 37, 40, 57, 74, 76, 78, 81, 83, 84, 108, 112, 120, 121, 130, 159

Pergola 30, 31, 50, 159, 169
Peripherie 17, 45
Peristyl 26, 29, 30, 31, 42, 75, 79
Peristylgarten 26, 29
Perspektive 20, 49, 50, 56, 63, 84, 88, 94, 115
Petit parc 94, 110
Pflanze 18, 20, 27, 32, 36, 40, 41, 43, 44, 50, 55, 71, 82, 86, 96, 132, 138
Pflanzen 154
Pflanzenanzucht 138
Pflanzenart 18, 19, 20, 41, 71, 81, 86, 138
Pflanzenbezeichnung 35
Pflanzenforschung 71
Pflanzengruppierung 162
Pflanzenhaus 51
Pflanzenkunde 71
Pflanzenverwendung 71, 138
Pflanzenzucht 35, 75
Pflanzenzüchtung 71
Pflanzkübel 29
Pflanzung 19, 43, 53, 143, 150, 151, 160, 161
Pflanzungen 72
Pflege 178
Pflegearbeit 17
Pflegeaufwand 18
Pflegegerät 17
Philosoph 26
Philosophengarten 27
Physika 43
Piepenbrinkgarten 169
Planschbecken 170, 171
Plastik 29, 32, 66, 93, 95, 101, 128, 131
Platz 32, 44
Pleasureground 154, 156
Pliniusbrief 34
Point de vue 89, 108, 110, 120
Porticus 31, 32
Portikus 29
Prado 47
Prater 47
Pratum commune 47
Promenade 32, 67, 144
Promenaden 157
Proportion 13, 38, 49, 68, 78, 89, 94, 121
Pumpe 97
Pyramide 168

Quelle 24, 26, 31, 34, 43, 44
Quellwasser 30
Querachse 56, 127
Querbassin 70
Querkanal 65, 88, 89, 90, 98, 192

Querterrasse 105
Querweg 93

Rampe 26, 34, 49, 97, 114
Rampentreppe 114
Rasen 44, 45, 96, 176
Rasenbank 43, 44, 179
Rasenfläche 43, 70, 95, 101, 136, 162, 171
Rasenplatz 169
Rasenstück 71, 72, 75
Rasenweg 45
Raumkunst 169, 170
Reichsverband der Kleingärtner 165
Reihenpflanzung 17
Reiterspiel 120
Reitweg 162
Renaissance 13, 15, 50, 52, 53, 61, 64, 65, 66, 73, 77, 79, 116, 118, 167, 169
Renaissancegarten 48, 52, 56, 58, 64, 69, 76, 133, 154
Repräsentation 38, 41, 45, 47, 69, 74, 94, 112, 162, 167, 180
Repräsentationsgarten 90, 101
Reservoir 34
Residenz 19, 21, 23, 38, 64, 94, 98, 105, 108, 120, 127, 173
Ringerschule 26
Rokoko 123, 127, 159, 197
Rondell 130, 163
Rondelle 125
Ruine 116, 123, 133, 143, 145, 147, 149, 159
Ruinenbauten 146
Ruinengebäude 133, 144

Sandkasten 171
Säulenhalle 26, 76
Schaukeln 94
Schloß 59, 62, 63, 66, 69, 71, 77, 88, 89, 92, 94, 95, 102, 103, 106, 107, 108, 109, 110, 111, 112, 113, 114, 119, 120, 122, 123, 124, 180, 192, 195, 198
Schloß mit Vorplatz 91
Schloßanlage 45, 63, 64, 65, 73, 108, 180
Schloßbau 120
Schloßbauwerk 113
Schloßpalast 113, 114
Schloßterrasse 107, 113, 186
Schlucht 148, 159
Schmuckplatz 162
Schneckenberg 69, 72, 76, 124

Schöpfwerk 97
Schrebergarten 164
Schwimmbad 26, 171
See 66, 81, 82, 119, 131, 134, 135, 136, 145, 149, 150, 155, 158, 163
Seefläche 137, 140, 160
Sitzplatz 149
Skulptur 50, 52, 56, 61, 121
Skulpturensammlung 55
Sommerbahn 26
Sonnentempel 123
Soziale Funktion 171
Spaziergang 144
Spazierweg 26, 144, 162
Spiegelweiher 111
Spielfläche 160, 162, 172
Spielplatz 75, 170
Sportanlage 176
Sporteinrichtung 176
Springbrunnen 30, 31, 34, 77, 85, 93, 116
Stadion 26, 27, 32, 170
Stadtbefestigung 144
Städtebau 168, 170
Stadtplatz 158, 173, 176
Stadttor 47
Stadtvilla 31, 34
Staffage 124, 140, 154, 159
Staketenzaun 75
Statue 60, 70, 95, 113, 116, 179, 192
Staude 138, 167
Steinfigur 129
Steinpyramide 107
Steinsetzung 79, 86, 190
Stern 94
Strauch 67, 176
Strauchart 17
Sturzbach 159
Stützbogen 22
Stützmauer 32, 51, 53, 54, 56, 60, 62, 64, 67, 88, 115, 125
Substruktion 97
Sumpfbeet 138
Symbol 37
Symbolik 43
Symmetrie 117, 126, 127, 136, 139

Taoismus 80
Tapis vert 95
Teehaus 197
Teepavillon 110
Teezeremonie 87
Teich 22, 33, 40, 72, 79, 112, 131, 149, 150, 170
Tempel 18, 19, 22, 23, 26, 78, 124, 140, 144, 145
Tempelchen 128, 130, 144

Tempelgarten 19
Teppichbeet 154, 167
Terrasse 19, 23, 25, 31, 48, 49, 50, 52, 53, 54, 55, 58, 60, 62, 67, 77, 79, 88, 97, 125, 167, 169
Terrassengarten 22
Terrassierung 18, 76
Theater 32, 33, 59
Theaterbau 35
Tiergehege 31, 45, 128, 180
Tiergrotte 52
Tierkäfig 76
Topfkultur 27
Topia 55
Topiarius 33
Totenhain 165
Totenkult 16
Totentempel 19
Treibhaus 138
Treillage 72, 116, 123
Treillagen 62
Treppe 17, 18, 32, 34, 37, 49, 50, 53, 55, 60, 77, 97, 112, 114, 115, 125
Treppenanlage 49, 92, 116
Treppenführung 49
Treppenkaskade 118, 145
Treppenlauf 116
Trianon 91, 98, 100
Trianonanlage 99
Trianonschlößchen 98
Tribüne 26
Triclinum 29
Trockene Gärten 86, 87
Trockene Kaskaden 87
Tummeln 172
Tummelplatz 47
Turnieranlage 44
Turnierplatz 44

Überschwemmung 15, 21, 115
Ufer 134, 136, 150
Ufereinfassung 191
Uferlinie 137, 149, 161, 167
Ufervegetation 162
Undulierende Schönheits- linie 136

Variété 90, 93
Vase 68, 95, 97, 98, 116
Verstädterung 162
Vertikale 169

Villa 28, 31, 33, 34, 41, 48, 53, 64
Villa rustica 28
Villa suburbana 180
Villa urbana 28
Villenanlage 31, 34, 35, 50, 57
Villengarten 33, 161
Viridarium 30
Vogelvolieren 31, 45
Volksgarten 78, 144, 147, 152, 153, 157, 162, 176
Volksgesundheit 157, 164
Volkspark 157, 162, 163, 170, 172, 173, 176, 177
Vorhof 25, 88, 109, 110, 112, 114, 119
Vorplatz 51, 88

Waldboskett 113
Waldkräuter 22
Wall 139, 140
Wallgraben 62, 157
Wanddekoration 25
Wandelgang 29, 75, 169
Wanderweg 176
Wandgemälde 30
Wappenpflanze 15
Wappensymbol 16
Wasser 31, 34, 37, 39, 40, 44, 54, 55, 56, 67, 72, 75, 78, 80, 95, 100, 106, 110, 131, 150, 179
Wasserachse 55, 57, 100, 106
Wasserbecken 17, 18, 29, 30, 38, 43, 51, 59, 72, 87, 88, 90, 116, 120, 123, 128, 194
Wasserfall 79, 85, 87, 131, 144, 145, 148
Wasserfläche 38, 66, 80, 81, 84, 136, 140, 150, 156, 160, 161
Wasserfontäne 70, 108
Wasserführung 34
Wassergraben 36, 64, 65, 66, 69, 88, 89, 102, 111, 115, 199
Wasserkaskade 55, 58, 60, 104, 105, 106, 107, 116, 121
Wasserkunst 72, 94, 102, 110, 133, 139
Wasserlauf 36, 112, 135, 136, 159

Wasserleitung 22, 31, 35, 55, 97, 147
Wasserorgel 55, 56, 185
Wasserreservoir 91, 97, 114
Wasserreservoire 22
Wasserscherz 97
Wasserschlacht 94
Wasserschloß 106, 111
Wasserschneise 140
Wasserspiegel 17, 140
Wasserspiel 55, 56, 59, 74, 85, 93, 100, 101, 102, 122
Wasserstand 17
Wassertreppe 57, 58, 59, 60, 65
Wassertümpel 162
Wasserturnier 65, 94
Wasserturniere 63
Wasserversorgung 24
Weg 39, 45, 68, 72, 84, 94, 101, 114, 124, 136, 140, 143, 149, 151, 152, 159, 160, 161
Wegeführung 54, 114, 131, 152, 154, 156
Wegesystem 131
Weiher 63, 66, 85, 126
Weihrauchbaum 20
Weingarten 18, 25
Wettbewerb 147, 163, 169, 173
Wettkampf 26
Wiese 41, 75, 198
Wiesenfläche 43, 47, 154, 156
Wiesenhang 44
Wippe 94
Wohngarten 27, 43
Wohnpavillon 31
Wurzgarten 42, 44

Xystas 26
Xystos 26
Xystus 31

Yin-Yang 78
Yin-Yang-System 86

Zaun 116
Zedernberg 21
Zierbecken 100
Ziergarten 63, 66, 75, 82, 110, 179, 180
Ziergewächs 71
Zierpflanze 34, 138
Zirkel 126, 127

Raum für Notizen

Raum für Notizen

Fachbibliothek Grün

Die vom Verlag Paul Parey ins Leben gerufene Schriftenreihe »Fachbibliothek Garten-, Landschafts- und Sportplatzbau« ist in Blackwells »Fachbibliothek Grün« übergegangen. Die neue »Fachbibliothek Grün« bietet, der Vielfalt der vertretenen Fachgebiete entsprechend, ein großes Forum für einschlägige Literatur zu allen wichtigen Themenbereichen des Garten-, Landschafts- und Sportplatzbaus und den angrenzenden Disziplinen.
Die »Fachbibliothek Grün« möchte sowohl den Bedürfnissen derer entsprechen, die in diesen Bereichen tätig sind, als auch jene berücksichtigen, die sich noch in der Ausbildung befinden; sie vereint daher Fach- und Lehrbücher aus der Feder namhafter Autoren unter einem Dach.

Blackwell Fachwissen

Niesel, Alfred
Bauen mit Grün
Bearbeitet von Beier, Harm / Krems, Hans / Niesel, Alfred / Osburg, Gerhard / Pätzold, Heiner / Prasuhn, Karl / Schmidt, Hans
2., überarbeitete Auflage
1994. Ca. 438 Seiten mit ca. 688 Abbildungen und ca. 163 Tabellen.
21,5 x 30 cm. Gebunden DM 248,– / öS 1935,– / sFr 248,–
ISBN 3-8263-3023-4

Für alle, die etwas über den Umgang mit Grün wissen müssen oder lernen wollen, wird in der überarbeiteten zweiten Ausgabe beschrieben, wie man mit Boden, Beton, Steinen, Holz, Stahl und Wegebaumaterialien umgeht. Durch den besonderen Anwendungsbezug wird in vielen Beispielen verdeutlicht, wie das harmonische Zusammenspiel zwischen Gebautem und Gepflanztem realisiert werden kann.

Prasuhn, Karl
Vermessungstechnik im Garten- und Landschaftsbau
6., überarbeitete Auflage
1994. Ca. 144 Seiten mit 134 Abbildungen.
15,5 x 23 cm. Broschiert ca. DM 58,– / öS 453,– / sFr 58,–
ISBN 3-8263-3057-9

In diesem neubearbeiteten Werk werden alle Grundlagen, Techniken und Beispiele bautechnischer Vermessungen, wie sie im Zuge von Baumaßnahmen von Bedeutung sind, dargestellt. Insbesondere wird dabei auf die Belange des Landschaftsbaus bei Planung und Ausführung eingegangen. Darüber hinaus runden ein auf den allgemeinen Tiefbau ausgerichteter Anwendungsbezug und die Einführung in moderne elektronische Geräte und Arbeitsweisen das praxisnahe Werk ab.

Preisstand: 1. September 1994

Blackwell Wissenschafts-Verlag · Berlin

Fachbibliothek Grün

Blackwell Fachwissen

Lehr, Richard

Taschenbuch für den Garten-, Landschafts- und Sportplatzbau

Hrsg. von Beier, Harm / Niesel, Alfred / Pätzold, Heiner, unter Mitarbeit von Dümmler, Harald / Fried, Harald / Krems, Hans / Müller, Franz / Prasuhn, Karl. Begründet von Lehr, Richard

4., neubearbeitete Auflage
1994. 988 Seiten mit 900 Abbildungen, davon 500 Zeichnungen, und 40 Gleichungen. 20,5 x 14 cm. Gebunden
DM 198,– / öS 1545,– / sFr 198,–
ISBN 3-8263-3017-X

Nach drei erfolgreichen Vorauflagen ist dieses Werk zu einem unentbehrlichen Handbuch und Nachschlagewerk für alle die geworden, die schnellen Zugang zu dem gesamten Spektrum des technischen Grundlagen- und Detailwissens ihrer Berufssparte haben wollen. Auf dem neuesten Stand und konzeptionell völlig neu bearbeitet, steht das Werk nun wieder als praktische Arbeitsunterlage für alle Studenten und Dozenten, Ingenieure und Techniker, Planer, Unternehmer und Bauleiter im Garten-, Landschafts- und Sportplatzbau bereit.

Die Autoren haben sich in der vierten Auflage um eine auch didaktisch stark verbesserte Darstellung eines wichtigen Tätigkeitsfeldes von Landschaftsarchitekten und des Gesamtgebietes des Garten- Landschafts- und Sportplatzbaus bemüht, das Vegetations- und Bautechnik in sich vereint. Während die Vegetationstechnik vom Umgang mit Boden und Pflanze geprägt ist, umfassen die bautechnischen Bereiche Vermessungstechnik, Bodenphysik und Bodenmechanik, Erdbau, Mauer- und Betonbau, Wegebau, Ent- und Bewässerung, Metall- und Holzbau, Wasserbau sowie Sportplatzbau.

In besonderem Maße werden die vielen Querbeziehungen zwischen den einzelnen Kapiteln berücksichtigt und dem Leser damit ein tieferer Einblick in die arbeitstechnischen Zusammenhänge bei der Planung und Erstellung von Sportplätzen und grüngeprägten Freianlagen gegeben.

Preisstand: 1. September 1994

Blackwell Wissenschafts-Verlag · Berlin